検証
検察庁の近現代史

倉山満

光文社新書

検証　検察庁の近現代史　目次

第七章　ロッキード事件……261

はじめに　裁かれるのは誰か

最も身近な権力

裁くという言葉が正しいのなら、刑事裁判において裁かれるのは誰であろうか。被告人だろうか。では、あなたは何かの拍子に刑事事件に巻き込まれ、無実の罪で犯罪者にされそうになったとき、法廷で裁かれる立場に置かれるのか。

違う。

司法権は最も身近な権力である。いつ誰が巻き込まれ、そしていわれのない被害に遭うかもしれないのが裁判というものである。だからこそ考えてほしい。多くの日本人が誤解しているが、刑事裁判において裁かれるのは被告人ではない。では、誰か。

答えを急ぐ前に、私の身近で起こった事例をあげよう。

事の発端

以下、公人のみは実名で敬称略、一般人はイニシャルで表記する。

事の発端は、平成二六（二〇一四）年二月九日に投開票が行われた東京都知事選挙に遡《さかのぼ》る。これは、当時の都知事だった猪瀬直樹《いのせなおき》が政治資金問題で世論の非難を浴び任期途中で辞職したことから、急遽行われることになった選挙であった。

この選挙に、元航空幕僚長の田母神俊雄《たもがみとしお》が立候補した。田母神は、いわゆる「保守系文化人」であり、一般知名度も高かった。そうしたことから、周囲に担ぎ出されたというのが実態である。

選対本部長は、政治活動家のM島なる人物が務めた。M島は、田母神に出馬を要請した張本人である。事務局長がS本、会計責任者S木、参議院選挙出馬経験があり「田母神閣下《かっか》の懐刀《ふところがたな》」を自任するI井が選対本部を固める。S本、S木、I井は三人とも航空自衛隊出身者である。

都知事選挙で田母神は四位で落選したが、保守層への人気と知名度、そして期待から一億円を超える寄付金が集まった。この金をめぐり、事件が生じる。
以下は、検察の見立てに従い、しばらく話を進める。

田母神選対の実態は、田母神・S本・S木・I井の四人が牛耳っており、支援者からのなけなしの浄財は彼ら航空自衛隊関係者の懐に消えた。田母神は高級コリアンクラブでの遊興費や、服飾品、海外旅行に寄付金を私的に流用した。

こうした容疑で検察に告発したのは、選対本部長のM島である。平成二七年一二月のM島の告発を受け、翌平成二八年三月に東京地検特捜部は田母神の業務上横領に対する強制捜査に踏み切った。と同時に、特捜部は、田母神らに公職選挙法違反の嫌疑をかけた。再び、検察の見立てに従い話を進める。

田母神・S本・S木・I井の四人は集まった浄財を関係者に分配しようとし、候補者田母神ほか選対幹部や運動員に法定額を超過する現金を分配した。これは公職選挙法が禁止する事後買収である。

平成二八年五月二日、東京地方検察庁は公職選挙法違反で田母神を起訴した。起訴は、実際に金を配ったS本事務局長とS木会計責任者、現金を受け取ったI井、ウグイス嬢など運動員にも及んだ。

検察は法廷で、「候補者の田母神の関与が無い訳がない」と再三再四主張した。平成二九年五月二二日、東京地方裁判所は田母神に対し懲役一年一〇か月、執行猶予五年の判決を言い渡した。現在、田母神は東京高等裁判所に控訴中である。

不可解なこと

田母神の控訴に対し、政治に詳しい関係者の反応は一様に懐疑的である。

「なぜ、タモさんは控訴したのか。勝ち目はあるのか」

「執行猶予が付いたということは、実質無罪放免」

「何冊も本を出し、講演会も盛況で、仕事は逮捕前と同じようにできている。社会復帰できているのだから、それでいいではないか」

概して、公職選挙法違反で捕まった場合、執行猶予がついて実刑でなければ「実質的勝利」だというのが政治の常識だ。その裏には、「裁判など、真実を追求する場でも何でもない」「形式的には有罪で検察に花を持たせ、実質的には執行猶予で被告人を放免する。それが裁判というものだ」という含みがある。ある種の、諦念にも似た常識だ。

専門的な話になるが、裁判の相場では執行猶予を付ける場合、求刑通りの判決を下す。それが検察の求刑懲役二年に対し、二か月減軽している。裁判に詳しい事情通に言わせると、「裁判所の田母神さんに対する後ろめたさの表れ」「この一事でタモさんが勝ったと言っても良い」となる。

しかし、裁判で有罪判決を受けるということは、形式的には犯罪者扱いされていることには違いない。そもそも、なぜ検察に「花を持たせる」必要があるのか。無実の者が有罪になるのであれば、正義はどこにあるのか。

そういう日本の裁判に正義があるのかという根本的な問題はさておき、田母神事件に関して不思議すぎることが多くないだろうか。

たとえば、選挙では通常、候補者は選挙資金に関与することはない。選挙参謀に当たる人物（通常は選対本部長）が処理するものだ。候補者は選挙活動に忙殺されて、その余裕が無いからだ。ところが、田母神事件では候補者の積極的関与が主張されている。

事件の全容

真相を探るため、検察の見立てだけでなく、弁護側の主張や裁判の様子を取材した事実も含めて事件の全容を提示しよう。

田母神選対の実態は、M島・S本・S木・I井の四人が取り仕切っていた。

常識で考えて、当然だろう。田母神選対でも、候補者が選対本部長を蚊帳《かや》の外に置くことなど無い。これが大前提の事実である。

選挙終了直後、選対本部長のM島は、田母神の政治資金団体の口座に残った金をM島が主宰する団体名義の別口座へ移すことを提案したが、田母神はそれを断った。

検察は事件に関係の無い事情として無視したが、重要な事実である。より正確に言えば、田母神が「なんで？(原文ママ)」と問うたところ、M島が沈黙したので、この話は立ち消えになっている。なお、田母神に対して政治資金を自らの口座に移すよう提案したことは、M

島も公の場で認めている事実である（平成二七〈二〇一五〉年五月二七日、発言している動画が残っている）。

その後、田母神の名の下に集まった政治資金に関し五〇〇〇万円近い使途不明金があることが発覚し、田母神はS木会計責任者に対する内部調査を進めた。その際の相談相手がM島である。ところがM島は、インターネットの動画で田母神を横領犯であるかのごとく悪宣伝するのみならず、東京地検に告発した。

M島の告発により、田母神は、「強制家宅捜査～連日の取調べ～逮捕～勾留されての取調べ」の憂き目を見る。最初の容疑は横領である。では実態はどうだったか。

使途不明金の大半は、会計責任者のS木の使い込みであった。S木は連日コリアンパブで豪遊するなど、浄財の多くを浪費していた。

これはS木が自白し、裁判で確定している事実である。田母神は、このS木に会計を全面的に依託していた。倉山の取材により、事実を再現する。

田母神は月に一～二回、すべての領収書をまとめてS木に提出し、S木がその領収書の金額を田母神に渡す。S木は「とりあえずすべての領収書を出してください」と田母神に指示し、田母神は従っていた。

精算は年末に行うので、S木が政治活動費と私的な支出を精査して年末に田母神が私的なものと振り分けられた支出分を返す。

このやり方は、長年にわたり国会議員の秘書をしていた政治活動のベテランS本が、「S木は政治資金の処理に長けているから任せておけば大丈夫」と田母神に助言していたもので、田母神はS木の指示に従い、このやり方で処理していた。

信頼できる相手とのやりとりならば、特に問題が無い形態だろう。田母神は保守系文化人、つまりタレントである。会計責任者を設けて資金管理を任せる方が当然である。ところが、S木の能力には相当の疑問符を付けざるを得なかった。

田母神には豪遊の事実はなく、コリアンパブには一度も行った事が無い。また、服飾品や海外旅行に関しては問題が無かった。それどころか田母神は、S木の使い込みによって生じた不足を、私財で補充している。田母神の補填した金額は、一五〇〇万円を超える。

これが、検察が横領による起訴を断念した理由である。検察は田母神を横領で逮捕したが、横領に関しては田母神こそが被害者である。どこに不足分を自腹で補填する横領犯がいるか。検察は横領による起訴を嫌疑不十分で断念せざるを得なかった。

余談だが、これに納得できないM島は検察審査会に不起訴処分に対する審査の申立を行ったが、そこでも不起訴相当の結論が出ている。

やや話がそれるが、田母神選対の会計責任者はS木だが、支出に関する最高決裁権者は、選対本部長のM島である。だから、田母神はS木による使途不明金を選対本部長であるM島に相談したのだが、あろうことか、M島により検察庁に告発されるという仕儀《しぎ》に至ったのである。さらに、M島はインターネット上で田母神を横領犯であるかのごとく悪宣伝を始めた。M島による田母神への犯罪者扱いは約二年間も続いたが、検察の不起訴（嫌疑不十分）、検察審査会の審査確定の後も続けられている。平成三〇年現在、田母神はM島を名誉毀損で民事裁判に訴えている。ちなみに、名誉毀損は公人に対する一般人の言動でも成立する。加害者であるM島が公人であるか一般人であるかは、問うところではない。たとえば、右翼団体が街宣車で公人の悪口を言い触らしても、名誉毀損は成立しうる。

それはさておき、検察は横領での起訴を断念し、公職選挙法違反に切り替えた。前掲の通り、「田母神・S本・S木・I井の四人は集まった浄財を関係者に分配しようとし、候補者田母神ほか選対幹部や運動員に法定額を超過する現金を分配した。これは公職選挙法が禁止する事後買収である」が、検察のストーリーである。

田母神側の主張

田母神は逮捕前から一貫して横領および公職選挙法違反について否認し、無罪を主張してきた。検察が裁判に提示した唯一の物証は、現金の配布が行われた後のビデオテープである。現在、裁判が継続中であるので、公選法違反事件に関しては断定的な物言いは避ける。

だが、田母神本人および弁護側の主張は紹介しておこう。

・唯一の物証であるビデオテープは、田母神候補の事前の承認を裏付けるものではない。
・多くの被告人や証人がいる中で、田母神候補の供述だけが一貫している。
・一審判決を読むと、裁判所は有罪を推認している。これでは推定有罪ではないか。

最後の「**これでは推定有罪ではないか**」という部分は、まったく身に覚えのない事件で犯罪者の烙印を押されてしまった、田母神俊雄本人の言葉をそのまま伝えた。

より正確に言うと、推認でも有罪にはなり得る。ただし、「合理的な疑い」が一点でも残っている限り、有罪にはできない。

繰り返すが、この事件は現在高裁に控訴中の案件なので、裁判の争点となっていない部分に関し、指摘しておこう。

そもそも、検察の主張する「田母神選対の実態は、田母神・S本・S木・I井の四人が牛耳っており」という前提が不自然極まりない。

これは私（倉山）自身が証言できることだが、都知事選挙における田母神候補は気の毒なくらい、自分で何も決められなかった。なにせ、ある人の推薦で候補者本人である田母神が倉山に応援演説を依頼してきたのだが、選対本部長が「アイツは許さん」と激怒し、そのある人は二時間後に応援を断る電話を入れてきた、という珍事があった。
選挙中は諸事に忙殺されるので、応援演説撤回に至った経緯は候補者のあずかり知らぬところである。選対本部長が私の何を気に入らなかったかはどうでもいいとして、それにしても異常な事態であるのは理解できよう。この程度の些事すら選対本部長が仕切っているのに、候補者が無断で資金の差配などできるはずがないと考えるのが大人の常識だろう。

すべて検察の匙加減

選対本部長のM島は公判に、証人として呼ばれている。そこで明らかにされた事実を示しておこう。

S本事務局長から、ウグイス嬢について「法定は一万何千円だけれども、色を付けてやらなきゃまずいです」との報告を受け了承をした。

色を付けるとは、法定額以上の金額を支払うことで、もちろん違法である。何のことはない。普通の選対本部と同じように、選対本部長が資金の差配をしていたのである。

平成二九年一二月、この違法行為（犯罪である）に対して検察は、M島への起訴猶予を決定した。刑事訴訟法第二四八条には、「犯人の性格、年齢及び境遇、犯罪の軽重及び情状並びに犯罪後の情況により訴追を必要としないときは、公訴を提起しないことができる」とある。平たく言えば、「犯罪の事実があっても、裁判にかけるまでもない」との検察の判断が起訴猶予である。

候補者の田母神が証拠も無く有罪とされる一方で、法廷という公の場で明確に犯罪を自白しながら、選対本部長のM島は検察から何の責任追及も受けていない。

つまり、すべて検察の匙加減である。

司法制度の核心

誰もが、ある日突然、何かの拍子に刑事事件に巻き込まれ、無実の罪で犯罪者にされることがある。だからこそ文明国（＝マトモな国）では、そのようなことがないように、司法制度を設けている。その最も重要な部分が、「刑事裁判において、裁かれるのは被告人ではない」という大原則だ。

では、裁くという言葉が正しいのなら、刑事裁判において裁かれるのは誰であろうか。

検察官なのである。

たいていの日本人は驚かれるであろう。
だからこそ、本書を書いたのである。

序章

巨大権力

刑事裁判はどのように起こるか

「法の適正手続」

「ここ、テストに出します。過去の出題率、一〇〇%!」

そう宣言し、私は大学教員時代、本当に憲法のテストで必ず出題していた。これを理解せずして大学卒業資格を認めるべきではないとすら考えていた。たとえ理系であっても知っておかねばならない基礎教養が、デュー・プロセス・オブ・ロー(Due process of law)だと考えたからだ。デュー・プロセスを理解していないから、「刑事裁判で裁かれるのは被告人だ」という、およそ文明国(=マトモな国)では考えられないような誤解が広がっているのだ。

デュー・プロセス・オブ・ローとは何か。単にデュー・プロセスとも言うが、文字通り「法の適正手続」のことである。ただし、万国共通(少なくとも文明国共通)の、法的に特殊な意味がある。そして刑事裁判においてデュー・プロセスを守れない国は、文明国ではないのだ。

刑事裁判とは

そもそも、刑事裁判は、どのようにして起こるか。

まず事件が発生する。事件を警察が捜査して被疑者を逮捕する。逮捕後に警察で取り調べの後に検察に送られる（これを送検と言う）。検察でも同様に取り調べ、検察官が被疑者を起訴するか否かを決定する。起訴がなされれば、被疑者は被告人となり、裁判が開かれる。

刑事裁判とは、この過程（プロセス）に不正が無いかを、裁判官が審査することなのである。刑事裁判は、検察官の起訴によって行われる。訴えを起こすから、「起訴」である。そして、刑事裁判とは、検察官が起こした裁判を審査することなのである。だから、裁かれるのは検察官なのだ。

要するに、被告人が事件の真犯人であるとの立証責任（これを挙証と言う）を検察官が果たしたときに、被告人は有罪となる。その際、自白だけでは有罪にできず、物証がなければならない（憲法第三八条、刑事訴訟法第三一九条）。検察官は「合理的な疑いを差し挟む余地のない程度の立証」が求められる。平たく言えば、検察官が一〇〇%の挙証を果たさない限り、被告人を有罪にはできないのである。

厳密には、刑事裁判は「裁く」のではなく、審査する場である。なぜ被告人は被告人席に立っているのか、それを法廷において説明するのが検察官である。刑事裁判とは、司法権（裁判官）による行政権（検察官。広い意味では警察官も入る）の手続きに不正が無かったかどうかの審査なのである。

ちなみに、アメリカは「プロセス」の概念が極端に厳格で、物証が一〇〇％であっても、「警察官が人種差別的発言をした」という一点で被告人が無罪を勝ち取った判例すらある。アメリカの刑事裁判は、警察や検察のような行政権力に不正が無かったかどうかを司法権が審査するという概念が強いからだ。

また、日本では検察官が起訴の権限を独占してきたが（現在は建前上、検察審査会という制度がある）、諸外国では必ずしもそうではない。そのような国では、刑事裁判とは「行政権力への審査」という表現が適切な場合があるが、我が国の場合は「検察官への審査」と言っても、検察審査会が起訴した場合以外は、間違いではない。

以上、刑事裁判において裁かれるのは検察官だ、という意味が理解できただろう。しかも、物証付きの完全無欠の証明でなければならない。被告人（現実には弁護人）は、検察官の一点の誤り（瑕疵《かし》と言う）を証明できれば、無罪となる。自らの無罪など証明しなくても良いのだ。

では、検察官の勝率（つまり被告人の有罪率）は、どれくらいか。

九九・九％である。

無罪になるのは、一〇〇〇人に一人。日本の検察が「精密司法」と呼ばれる所以《ゆえん》である。

検察とは

民事裁判と刑事裁判

検察に起訴されたら、有罪率ほぼ一〇〇％。そのからくりを探る前に、検察とはどんなところかを簡単に説明しておこう。検察とは、裁判の中で刑事裁判を提起する機関である。

日本国憲法第七六条は「すべて司法権は、最高裁判所及び法律の定めるところにより設置する下級裁判所に属する」と定める。司法権を掌《つかさど》る裁判所は裁判を行う。その裁判は大きく民事裁判と刑事裁判に分かれる。

民事裁判とは、基本的に金で解決できる事件を扱う裁判である。それに対し、刑事裁判とは、犯罪に関する裁判である。

たとえば、殺人や覚せい剤の密輸は犯罪である。人を殺した場合は刑法第一九九条で「死刑又は無期若《も》しくは五年以上の懲役」、覚せい剤を密輸した場合は覚せい剤取締法第四一条で「一年以上の有期懲役」と規定されている。検察官が起訴すると、刑事裁判が開かれ、裁判官が審査することとなる。

審査する内容は二つ。一つは被告人が法に違反する犯罪を行ったか否か、すなわち無罪か有罪かである。もう一つは量刑で、どの刑罰が相当かを審査する。有罪の場合は、刑法に定める死刑・懲役刑・禁錮刑・拘留・科料、あるいは他の法律により罰金刑や追徴金といった刑罰を下すこととなる。

ただし、執行猶予といって、刑の執行を「待ってやる」こともある。たとえば「懲役二年、執行猶予三年」との判決が確定した場合、三年間罪を犯さなければ二年の懲役は執行されない。有罪であるので形式的には犯罪者としての前科は消えないが、事実上は無罪放免である。

ここで重要なのは、我が国の制度では、裁判所は法が定める以上の刑罰を科すことはできないということだ。覚せい剤の密輸をした犯人に、無期懲役の判決を下すことはできない。覚せい剤取締法には有期刑しか規定されていないからだ。

また、起訴されていない犯罪事実が判明しても、裁判所が勝手に起訴事実や刑を追加することはできない。たとえば、検察官がある人物を痴漢の罪で起訴したとしよう。その一方でその人物が万引きをしたことが明らかでありながら、万引きでは不起訴にしたとする。この場合、裁判官は万引きに関して刑を下すことはできない。

権力分立の本質

裁判を起こすのが行政権力である検察官ならば、判決を下すのが司法権力である裁判官である。裁判を起こす権力と判決を下す権力は分離している。前近代の絶対王権の時代ならいざ知らず、近代国家ではいかなる権力も、自分で起こした裁判の判決を自分で下すことは許されない。また判決を下す権限を握っている者が裁判を起こすこともできない。これが権力分立の本質である。

しばしば三権分立の重要性が言われるが、立法府と行政府の分立は厳密ではない。むしろ、英国で始まった近代憲法政治においては、総選挙で選ばれた衆議院の多数派が内閣を組織する立法府と行政府の「権力融合」の合理性が説かれ、世界の模範となっている（ウェストミンスターモデルと言われる。小著『総理の実力　官僚の支配』を参照）。

ただし、行政権に対する司法権の独立、特に裁判所と検察の分立は文明国の掟とされる。行政権に対する司法権の独立は、時の政権から独立していなければ公正な裁判は行えるはずがない、いかなる権力者も法に従わなければならない、との考えの上に成り立つ。そして、裁判所と検察が分立していなければならないのは、言うまでも無かろう。

法務・検察の組織

現行憲法下において、我が国の検察業務を担うのは検察庁である。

検察庁は法務省の特別の機関で、検察官の行う事務を統括する（検察庁法第一条）。まとめて「法務・検察」との呼び方をすることもある。組織構成上は、本省である法務省に属する機関であるが、検察庁から見ると「法務省はロジ」だそうである。ロジとは、ロジスティックス（後方、兵站《へいたん》）のことである。

この意識感覚は、法務省の序列に如実に表れている。

法務省以外の行政省庁では、事務方の長は事務次官であり、総合職（旧・国家公務員試験I種合格）採用のキャリア官僚が就《つ》くポストである。しかし、法務省で局長以上の役職に就くのは、司法試験に合格して検事に任官した者であり、キャリアであっても局長以上の役職に就いた例は稀《まれ》である。法務省において真のキャリアは、司法試験に合格した検事である。

その法務・検察の頂点は、検察庁の長である検事総長である。法務事務次官は、本省の事務方の長として、検事総長と並ぶ立場である。しかし、法務・検察全体での序列では三位より前にはならない。事実、法務事務次官を経験していない歴代検事総長も少なくない。ただし、近年の人事を見ると、法務事務次官から東京高等検察庁検事長を経て検事総長となるのが慣例になりつつある。

我が国の裁判制度は三審制で、最高裁判所（最高裁）〜高等裁判所（高裁）〜地方裁判所（地裁）の序列となっているが、検察もこれに合わせている。

検察庁は、最高検察庁（最高検）〜高等検察庁（高検）〜地方検察庁（地検）の序列である。なお、他に区検察庁（簡易裁判所に対応）を合わせ、四種類が設置されている。

検事総長と次長検事は、ともに最高検の首席と次席の検察官であるが、検察庁全体の首席と次席でもあることから、最高検検事総長、最高検次長検事とは言わない。言わなくても関係者ならわかるからだ。

検察庁法第一五条は検事総長、次長検事のほか、東京・大阪・名古屋・広島・福岡・仙台・札幌・高松の八つの高検の長である高検検事長について、内閣が任命し、天皇から認証を受ける官職（認証官）と定めている。法務事務次官が認証官ではないのと比べると、法務省における検察官の地位が高いことがわかる。なお、「東京〜高松」は、格の順である。

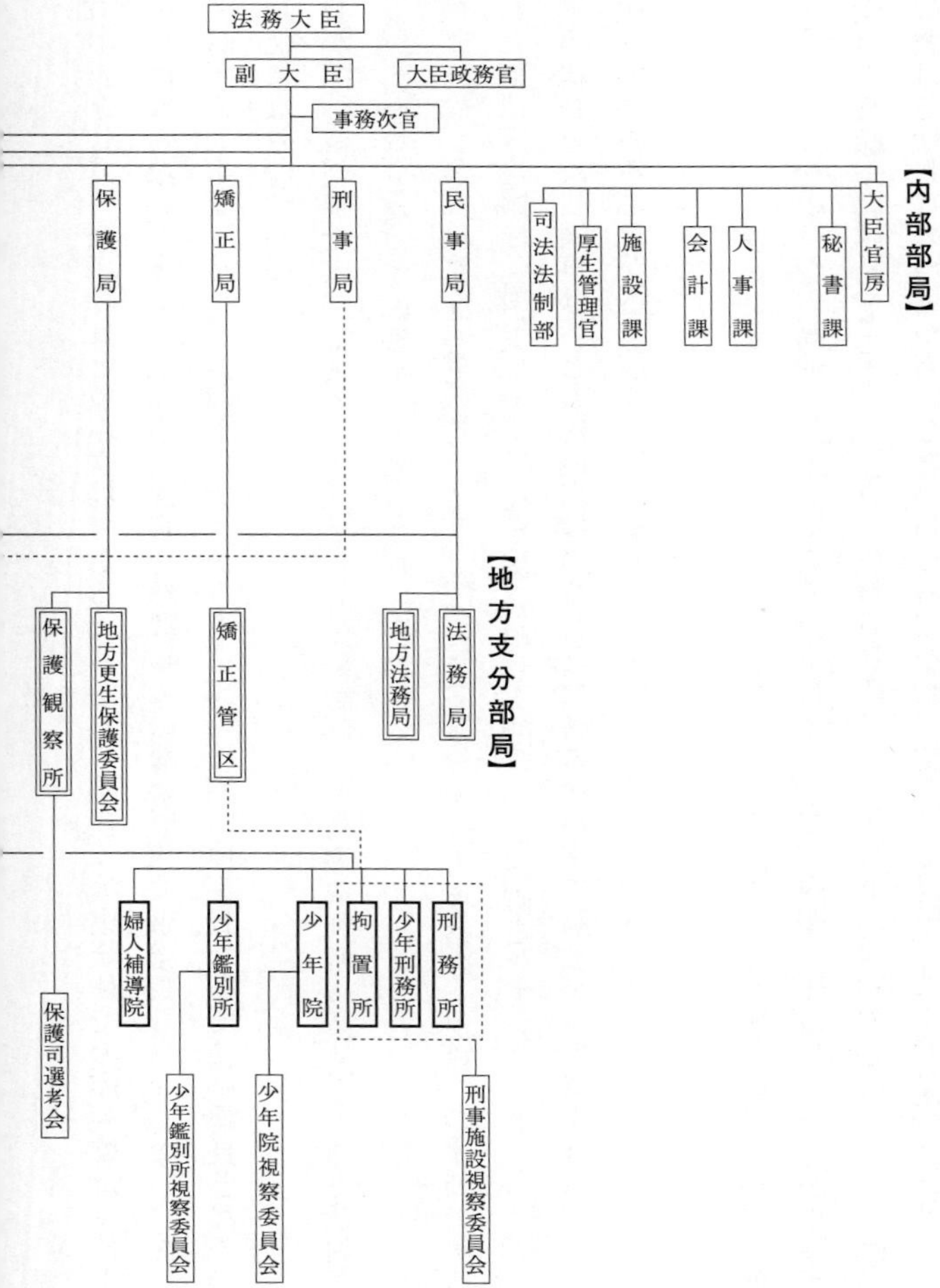
法務大臣
副大臣
大臣政務官
事務次官
【内部部局】
大臣官房
秘書課
人事課
会計課
施設課
厚生管理官
司法法制部
民事局
刑事局
矯正局
保護局
【地方支分部局】
法務局
地方法務局
矯正管区
地方更生保護委員会
保護観察所
刑務所
少年刑務所
拘置所
少年院
少年鑑別所
婦人補導院
刑事施設視察委員会
少年院視察委員会
少年鑑別所視察委員会
保護司選考会

法務省の組織簡略図

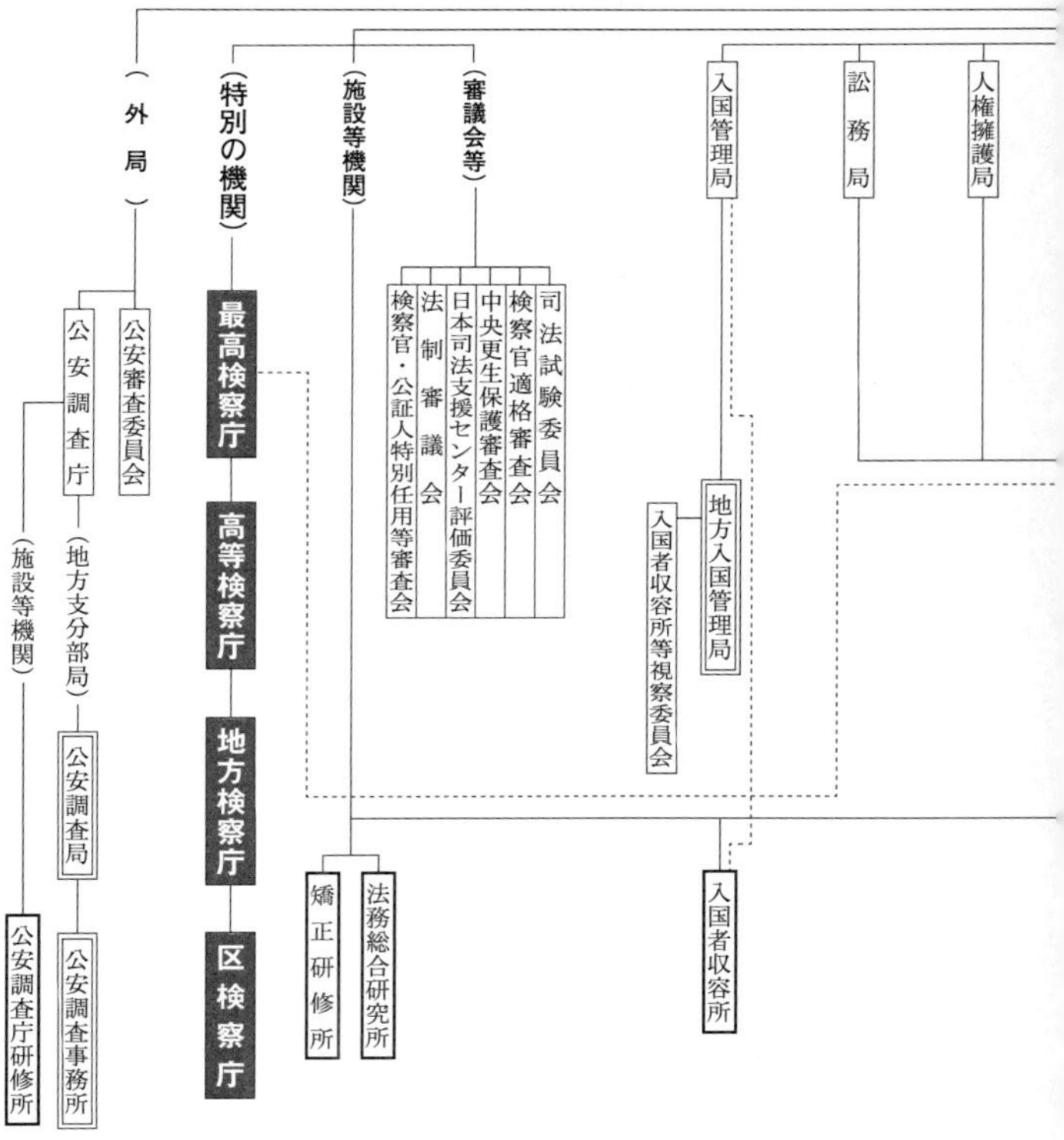

出所：法務省HPをもとに簡略化して作成（平成29年4月1日現在）

「検察官同一体の原則」

検察は、最高検察庁を頂点としたピラミッド型の組織であり、検事総長以下一体となって捜査、公判に当たる。個々の検察官に検察権が与えられているが、捜査、起訴、公判を通じて検察庁一体として動いている。これを「検察官同一体の原則」と呼ぶ。

なお、「検察官独立の原則」があり、一人の検察官は（財務省や外務省などの）官庁と対等であるとの建前になっている。しかし、「検察官同一体の原則」の方が実態を示しており、「検察官独立の原則」なぞは有名無実と化している。あえて例外を言えば、上司が中身を確かめもしないで判を捺《お》す場合や、何らかの事情で部下の検察官の暴走を誰も止められない場合くらいであろうか（その種のことは、いかなる組織でもあり得ることだろう）。

検察官が裁判所に事件を起訴する際は、起訴状のみを提出して行う。起訴状には、被告人の氏名その他被告人を特定するに足りる事項、公訴事実（どの行為が処罰対象かを特定）、罪名を記載するものと規定されている。刑事訴訟法第二五六条第六項は、起訴状に裁判官に事件につき予断を生じさせる資料の添付や、起訴状の中にその内容を引用することも禁じている。刑事裁判とは、裁判官が起訴状を読み、デュー・プロセスが守られているかを審査することなのである。

最高検察庁機構図

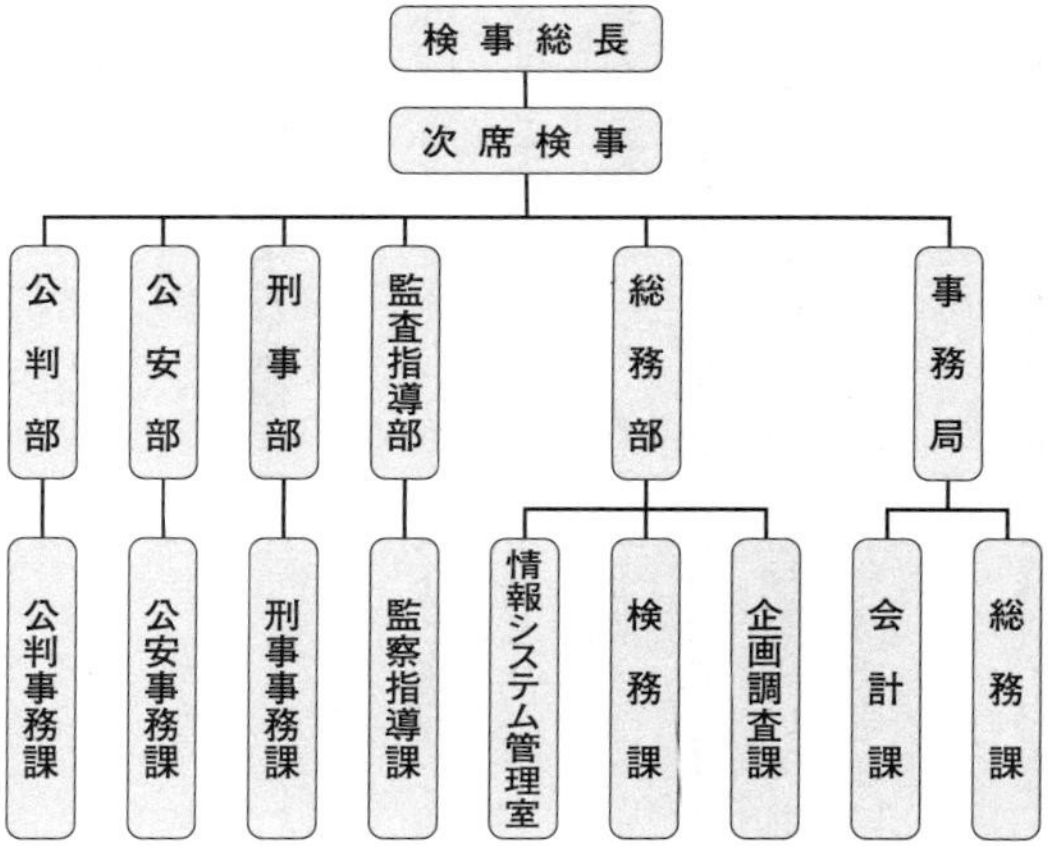

平成24年4月6日現在

出所：最高検察庁

捜査を行うのが警察や地方検察庁であっても、その捜査方針や担当捜査官を決める人事などが法務・検察の首脳による会議で決まり、その方針に基づいて現場の担当検事が捜査を行う。この「検察官同一体の原則」は徹底しており、重要事件に関しては検察首脳（法務省幹部を含む場合もある）の全員一致の下でしか動かない。検察首脳会議は、警察にも自己の意思を強要する。

警察は行政機関としては別組織なのだが、検察庁が捜査を行う事件に関しては、その指揮下に入る。警察が検察の指揮命令に従わない場合、当該警察官所属の長に対し罷免や処分を求める権限が検事総長に与えられている（刑事訴訟法第一九四条）。

検察官の権力の源泉

警察を上回る強力な権限

警察は巨大官庁である。しかし、検察庁は警察を上回る強力な権限を持っているのだ。結論から言えば、警察ができる捜査と逮捕を検察もできるが、起訴は検察にしかできない。警察が逮捕した被疑者を起訴するかどうかは、検察の一存なのである。

極端なことを言えば、警察が刑罰を下すことが社会正義であると信じて逮捕した犯罪者を、検察が不起訴にして無罪放免にすることもできるのだ。もちろん、警察の誤りを検察が正すこともあろう。しかし、警察と検察のいずれかが誤りであろうと、動かぬ事実がある。検察の決定に、警察は異を唱えることはできない。

これを、法律で追ってみよう。

犯罪が発生した場合、通常は警察が対応する。警察は事件を捜査し、犯人の逮捕を行うことができる。だが、警察が法に定める手続きに従ったとしても、犯人の身柄を拘束できるのは四八時間以内であり、その後は速やかに検察官に送致しなければならない（刑事訴訟法第二〇三条第一項）。裁判所への起訴を行うのは検察官のみと規定されている（刑事訴訟法第二四七条）。これを国家訴追主義、起訴独占主義と言う。警察官が自分で逮捕した被疑者を起訴することはできない（イギリスのように、できる国もある）。

犯罪の捜査を行う権限は検察官にも認められている（刑事訴訟法第一九一条）。検察庁法第六条は「検察官は、いかなる犯罪についても捜査をすることができる」と規定しており、警察の捜査を経ずに、検察庁が独自に捜査を開始する事件もある。

そして、検察が受理した事件のすべてが起訴手続きに進むわけではない。たとえば、被害者からの親告があることが成立要件となる親告罪であれば、被害者が親告を取り消した場合には犯罪事実そのものが成立しなくなるので起訴できない。捜査中に被疑者が死亡した場合、被疑者が心神耗弱の場合、時効が成立した場合、嫌疑そのものが無い場合、証拠が無い場合は、いずれも訴訟要件を欠くので起訴はできない。

刑事訴訟法第二四八条は「犯人の性格、年齢及び境遇、犯罪の軽重及び情状並びに犯罪後の情況により訴追を必要としないときは、公訴を提起しないことができる」と定める。検察官には、起訴が可能な事件について起訴猶予処分にできる裁量が認められているのである。

これを起訴便宜主義と呼んでいる。

起訴独占主義と起訴便宜主義こそが、検察官の権力である。ありていに言えば、犯罪の疑いのある相手を起訴するかどうかは、検察官の胸三寸《むねさんずん》なのである。

一応、この検察の起訴独占主義、起訴便宜主義には二つの例外がある。一つは付審請求といい、公務員と特別公務員（裁判、検察、警察の職に従事する者）の職権乱用や、破壊活動防止法などの重大な犯罪に限り、検察の不起訴処分に対して裁判所の審判を求めることができる制度である。もう一つは、平成二一（二〇〇九）年から施行した検察審査会による強制起訴の制度である。検察審査会が二回「起訴相当」と議決した場合に、裁判所が指定する指定弁護士が検察官役として起訴を行うことができるとした。だが、これらは現実には例外的な制度であり、事実上はいまだに検察官による起訴独占主義が健在である。

精密司法

起訴件数

では、検察はどれくらいの人を起訴しているのか。

平成二九年度『犯罪白書』によれば、平成二八年における検察庁が処理した人員の総数は、一一二万四五〇六人である。過去一〇年間で見ると、総数は減少傾向にある。

全体のうち、簡易裁判所や地方裁判所に起訴される公判請求は、全体の七・八%、いわゆる略式起訴と呼ばれる簡易裁判所への略式命令請求が二三・六%である。これに少年事件などで家庭裁判所送致の六・二%を合わせても、起訴に至るのは三七・六%であり、四割に満たない。一方、訴訟要件を欠くために不起訴処分となった数は五・九%であり、残る五六・五%は起訴猶予処分となっている。この傾向そのものは過去一〇年間でほとんど変化がない。

そして、検察官の公訴提起により裁判所が処理した総件数三二万四八八件のうち、無罪が確定したのは一〇四件で、パーセンテージにすると〇・〇三%という驚異的な数字になる。一万人に三人である。二〇年前の平成八年度の統計を見てみると、起訴総数一〇七万三二二七件のうち無罪は四五件である。計算すると、〇・〇〇四%となる。さらに、明治後期からの統計を紐解くと平成までの間、無罪判決率は一貫して下がっている。

要するに、事件の半分も検察は起訴しないが、起訴するとほぼ一〇〇%の確率で有罪となる。この数字ゆえに、日本の検察は「精密司法」と呼ばれる。

なぜ検察の勝率は高いのか

あまりの「精密司法」ぶりに唖然とする。では、なぜここまで検察の勝率は高いのか。誰もが思うこの疑問を取材したアメリカ人研究者がいた。その調査結果をまとめた、デイビッド・T・ジョンソン『アメリカ人のみた日本の検察制度』は興味深い。

ジョンソンは、「なぜ他の国と制度が大きく違わないのに、日本の裁判での有罪率（＝検察官の勝率）が高いのか」という疑問を抱き、実際に検察庁を取材した。当初、検察官たちは好意的だったが、途中でジョンソンがある事実に気づくと取材に非協力的になった。

その事実とは、日本の検察は異様なまでに自白に拘《こだわ》るということだ。

被疑者の自白に従って証拠を集めれば、裁判で有罪にできるに決まっている。だから、日本の検察官はあの手この手で自白を引き出す手練手管《てれんてくだ》に長《た》けており、有罪率が高いのだという事実だ。アメリカなどは日本と違い人種問題が深刻なので、検察官が被疑者と信頼関係を築いて自白を引き出すなど、至難の業だろう。

だが、自白に頼るということは、検察官が事前に作り上げた「ストーリー」に当てはめるという危険性もある。無実の人間を犯罪者にしてしまう冤罪の危険性だ。

もちろん、そのストーリーが誤りであったとしても、裁判官がそれを見抜ければ冤罪は防げる。だが、裁判員制度を導入する際、検察官の起訴状通りの判決文を書いた裁判官が問題になったほどだ。要するに、裁判官はまじめに裁判をしているのかという批判である。まともに事件と向き合っていれば、ここまでの高い有罪率になるはずがない。むしろ、裁判官は「検察官が起訴したということは、有罪なのではないか」と決めてかかって裁判をしているのではないか、との声もある。

裁判官が検察官の起訴状を頭から信じるのであれば、それは文明国の刑事裁判ではない。逆に、検察官が優秀であり、絶対に間違いのない犯罪者（と思われる被疑者）のみを起訴していたとしよう。ということは、言い換えれば検察官は絶対に勝てる事件のみを起訴していることになる。そして、少しでも勝ち目がなければ凶悪犯かもしれない被疑者であっても不起訴にし、事件の真犯人を野に放っているということになる。

裁判官の怠慢と検察官の卑怯。では、その両者が結びついていたとしたら？

判検交流

実際、裁判官（判事）と検察官の癒着を指摘する声もある。ここでは一事だけあげておく。なんと、平成二四年に廃止されるまで、「判検交流」と称される判事と検事の人事交流が存在したのだ。司法権の独立など、どこ吹く風の制度である。

私はかつて、「日本の真の三権分立とは、内閣法制局が立法権を、財務省主計局が行政権を、司法権を検察庁が握っていることである」と書いたことがある（前掲『総理の実力 官僚の支配』一三〇頁）。今回、本書を著すにあたり改めて自分の知識を整理し、検察の問題の重要性を痛感した。

何度でも言うが、裁判はいつ誰が当事者になるかわからないのだ。だから、司法権は最も身近な権力なのだ。そして、権力が誤った場合、あなたが無実でも犯罪者にされることもあり得るのだ。

ここからは、なぜ日本の刑事司法はこのようになったのか、検察庁の歴史を紐解きながら見ていくことにしよう。

第一章

司法省

1・1　初代司法卿・江藤新平

幕末維新の肥前藩

明治四（一八七一）年七月、現在の法務省の前身である司法省が設立された。今で言えば大臣に当たる司法卿の席は一年ほど空いていたが、明治五年四月に肥前藩出身の江藤新平《えとうしんぺい》が初代司法卿に就任した。

江藤が生まれた肥前（佐賀）は、独自の近代化を推進していた藩である。

文化五（一八〇八）年、イギリス軍艦のフェートン号が日本の制止を無視して長崎に入港し、当時イギリスの敵国人であるオランダ商館員の拉致を許した事件が起きた。

肥前藩は長崎御番という国防警備を任されていたので、屈辱である。のみならず、列強の軍事力との差を思い知ることとなる。その後の肥前は独自に科学技術開発をなし、富国強兵と殖産興業の道を歩んだ。

肥前は、嘉永六（一八五三）年のペリーによる黒船来航の四〇年以上前に、国際情勢の変化を我が事と考え、国防の第一線を担う責任を意識していた藩であった。だが、肥前藩は薩摩や長州に背を向け佐幕に徹し、慶応四（一八六八）年の鳥羽伏見の戦いで錦の御旗が薩長に翻り大勢が決してから方針を転換、江藤らを明治新政府に参加させたのである。

薩長としては、肥前の技術と人材は欲しいが、内心は「勝ち馬に乗りに来ただけの新参者」と敵視している。明治政府は薩長土肥の藩閥政府と言われるが、徳川相手に苦しい戦いを続けてきた薩長が主流派であり、時流に便乗した格好の土肥は体制補完勢力にすぎない。

新政府の中心は当初は大蔵省であり、業務の七割が集中していた。これはさすがに行きすぎであり、民部省、次いで内務省を設立して、税制と予算以外の業務を移管していくこととなる。かくして明治においては大蔵省と内務省が行政の中心となるが、両省は薩長の牙城である。

そこで、肥前出身者たちは別に居場所を見つけることとなる。それが司法省だった。

1・2　近代司法制度のはじまり

必要なのは「民心の安堵」

司法卿に就任した江藤は、わずか二か月で司法職務定制を定めた。我が国の近代司法制度のはじまりである。江藤は、それまで各地方の地方官に任されていた司法権（裁判）を地方官職から分離し、司法省の管轄下に置くこととした。現在の検察庁に当たる検事局を創設したのも、江藤である。

江藤は司法権の強化や、国民の権利の法的保護に拘った。それは、列強に対して、日本を文明国にしなければならないという理念がはっきりあったからである。

軍事力を背景に迫ってくる列強国と対等に対峙するには、富国強兵も必要であった。そのためには国民の権益保護の確立こそが重要であり、「民心の安堵」が必要だと繰り返し説いている。

江藤は、この時期すでに、司法権が国民生活と最も密着した権力であることを見抜いた傑出した政治家だった。江藤が司法卿に就任したのも、江藤を慕う司法省の中堅の人材の嘆願があったからである。

しかし、全国に司法省の裁判所を設置することは簡単に進まなかった。

地方では、地方官が司法権を掌握しており、知事にも県の最高責任者として司法権の行使が許されていた。また、地方官の職が情実《じょうじつ》で任命されることも多く、既得権をめぐって対立する構図になった。しかも、地方官を監督していたのは大蔵省であった。つまり、地方官との対立は、すなわち大蔵省との対立でもあったのだ。その大蔵省を仕切っていたのは薩長閥である。ここに江藤は切り込むこととなる。

山城屋和助の割腹自殺

明治五（一八七二）年一一月二九日、陸軍省で山城屋和助《やましろやわすけ》が割腹自殺をする事件が起きる。山城屋は長州の奇兵隊出身で、山県有朋《やまがたありとも》陸軍中将の僚友という縁で陸軍省御用商人となった人物である。

山城屋は生糸相場で失敗した金を取り返そうと、陸軍省の公金に手を出した。当時の国家歳入の一％を超える巨額の金を手にフランスのパリに渡った山城屋は、商売もせず豪遊にふけった。当時、在外邦人は珍しく、山城屋の派手な豪遊ぶりは不審に思われ、その動向が副島種臣《そえじまたねおみ》外務卿に報告されて、表沙汰となった。

同郷の副島から報告を受けた江藤は、山城屋への不正融資摘発を命じた。捜査が始まったことを知り、山県の連絡を受けて帰国した山城屋は、進退に窮し、すべての証拠を隠滅して陸軍省内で割腹自殺するに至ったのである。このとき山県は陸軍大輔の職を辞任に追い込まれるが、西郷隆盛《さいごうたかもり》に救われている。

江藤にしてみれば、実直に司法権を行使しただけで、当然の職務を行ったにすぎない。しかし、同時期、全国の裁判所の設置にかかる経費として要求していた明治六年の予算案が、ほぼ半額に削減された。

財政難を理由に予算が削られたのは司法省に限った話ではなかったが、山城屋のような公私混同の不正支出を許し、巨額の損失を出した陸軍省の予算だけが満額回答だったため、陸軍省の山県有朋が同じ長州の大蔵省の井上馨《いのうえかおる》と裏取引をしているという疑惑がささやかれていた。そして、長州はこれを、非主流派の江藤が主流派に仕掛けてきた喧嘩だと見做《みな》していた。

一方の江藤は井上を強く非難し、明治六年一月二四日には長文の辞表を提出して抗議する。司法省首脳部も江藤に続いて一斉に辞表を提出したので、予算が見直されるに至り、井上は面目を失う結果となった。

四月一九日、江藤は太政官正院の参議に任じられて司法省を離れた。江藤は太政官職制の制度改革を行ったが、今度は井上がこれに抗議して大蔵大輔の職を辞任してしまう。この時、トップである大久保利通《おおくぼとしみち》大蔵卿は岩倉使節団に同行して外遊中であるので、ナンバー2の井上の辞任により大蔵省は機能不全に陥る。

尾去沢銅山事件・小野組転籍事件

その頃に露呈したのが、尾去沢銅山《おさりざわどうざん》事件である。尾去沢銅山は、盛岡の豪商・村井茂兵衛《むらいもへえ》から大蔵省が理不尽な理由を付けて接収したものである。

黒幕は井上である。接収後、工部省の管轄下に置かれたが、井上は同じ長州の工部少輔の山尾庸三《やまおようぞう》、井上の家に出入りしている政商・岡田平蔵《おかだへいぞう》と示し合わせて、工部省が岡田に破格の安値で銅山を払い下げる決定をする。

捜査さえできれば、井上の職権乱用を立件するのは難しくなかった事件であるが、大蔵省、工部省は司法省の捜査に激しく抵抗し、岩倉使節団の洋行から帰国した木戸孝允《きどたかよし》からも圧力がかかったため、事件はこのままうやむやに処理されるかに見えた。

だが、江藤の闘争は終わらない。

刑法や民法などの国内法規が未整備だったこともあり、江藤は司法卿時代に法制の不備を埋める通達を出している。そのうちの一つが前年の明治五年一一月の司法省達第四六号である。地方官の専横や怠惰によって権利が侵害されたときは、裁判所に出訴して救済を求めることができるとしたのだ。

そして明治六年五月二七日には、小野組転籍事件が起きる。

小野組は、京都の豪商である。京都から転籍しようとしたところ、京都府がこれを許さなかったという事案である。江藤が出した司法省達第四六号がなかったら、小野組は泣き寝入りをするしかなかった。これは京都府庁が公納金の支払い能力がある豪商を手放したくないために、小野組の転籍を妨害した事件だった。京都府庁は転籍の手続きを取るように命じた判決を無視したため、裁判所は京都府庁が判決に従わないことを刑事事件として立件し、府知事・長谷信篤《ながたにのぶあつ》と参議・槇村正直《まきむらまさなお》に罰金刑の判決を言い渡した。

槇村は京都府政の実力者で、木戸の腹心だったことから、その救済を木戸に頼った。呼び戻されて七月に帰国した木戸は、早々に尾去沢銅山事件と小野組転籍事件の二つの対応に奔走することとなる。だが、小野組転籍事件は木戸の力をもっても判決を覆すことはできなかった。

尾去沢銅山事件も、一二月一八日になって村井が司法省に出訴した。「これに対する行政権側の抵抗・介入はすさまじい限りであった」（我妻栄『日本政治裁判史録（明治・前）』第一法規出版、一九六八年　三三四頁）という。

行政権側と言っているが、これは長州閥と読み替えてもいい。「井上擁護派はあらゆる手段を使って裁判の結果を井上に有利に導こうとした」（前掲『日本政治裁判史録（明治・前）』

同頁）というのである。最終的には、井上の部下が実質の責任を負う形で結審したが、裁判所は井上の訊問を実現し、上司としての監督責任を負わせる判決を出し、井上を無傷では済まさなかった。

肥前閥の落とし子

このように、明治初期の日本は、発展途上国特有の開発独裁が行われていた時期と見ることができる。薩摩藩・長州藩出身の少数の独裁者が権力を掌握しており、仕事もするが賄賂も取り、それをばら撒《ま》いて経済を円滑にしていたという側面があった。それを批判していた江藤は、山城屋事件を含む三つの事件と司法省予算の一件で、木戸や山県らの長州閥の恨みを買うことになったのである。

この後、江藤は明治六年の政変で西郷隆盛に従って下野し、佐賀の乱に巻き込まれることになり捕縄《ほじょう》される。裁判は江藤が整備したものとはまるで異なり、結果が決まっている暗黒裁判であった。裁判官一人で行う裁判では死刑判決を出さないというルールも無視され、廃止したはずの斬首刑が適用されるという皮肉な結末であった（江藤に関しては、毛利敏彦『江藤新平』を参照。毛利氏は肥前に関する研究の第一人者であり、近代司法黎明期の江藤や肥前閥の役割に関しても詳しい)。

これを主導したのは大久保利通である。だが、大久保の時代も長く続かない。大久保利通も、明治一一年の紀尾井坂の変で暗殺された。長州閥の領袖であった木戸孝允も病死する。

西郷・大久保・木戸の「維新の三傑」が退場した後の政界は、傑出した指導者を欠いた。肥前の大隈重信《おおくましげのぶ》大蔵卿が、長州の伊藤博文《いとうひろぶみ》や井上馨と集団指導体制を敷く格好となる。司法省では、大木喬任《おおきたかとう》が長らく司法卿に留任するなど(明治六年一〇月〜一三年三月、一四年一〇月〜一六年一二月)、肥前出身者が目立った。

つまり、司法省と検事局、現在に至る検察制度は江藤新平と肥前閥の落とし子なのである。

1・3　明治時代の司法権

整備される司法制度

さて、我が国で「検事」という官職が現在の意味で用いられるようになったのは、明治五(一八七二)年の司法職務定制の定めからである。当時の司法卿・江藤が考えた検事とは「民の司直」であった。民事裁判にも立ち会い、裁判を受ける国民を助けることと、裁判で不正が起こらないよう監視することの二つが検事に求められた役割であった。「法の番人」としての検事である。なお、検事が身分で検察官が職である。

江藤が司法省を去った後、国内法の制定は熊本出身の井上毅《いのうえこわし》を中心にして進められた。井上は派閥では伊藤博文に連なるが、その識見で知られていた逸材である。伊藤博文を助け、大日本帝国憲法を起草したことで知られる。井上は司法制度の整備にも尽力した。

明治八年五月には、現在の最高裁判所にあたる大審院を設置し、その下に下級裁判所（現在の高等裁判所以下）を整備した。大審院はフランスの破毀院《はきいん》をモデルにしているが、フランスと違い、下級審の判決を破毀するだけではなく、大審院が自分で判決（破毀自判）できるようにした。予審制を取り入れたのも、フランスの司法制度にならってのことである。刑事事件の審理は、検事の予審請求で始まり、予審を行う判事が捜査を行った。

明治一五年に刑法と治罪法（刑事訴訟法にあたる法）が施行され、続いて明治二二年に大日本帝国憲法が公布された。翌明治二三年には新たな憲法に基づいた裁判所構成法、刑事訴訟法が施行となる。刑事訴訟法は大正一一（一九二二）年に改正が行われるが、裁判所構成法は、昭和二〇（一九四五）年に敗戦し、新憲法とアメリカ法の影響を受けた現制度に改正されるまで、安定的に定着していくことになる。

大審院以下の下級裁判所も整えられ、控訴院（のちの高等裁判所）、地方裁判所、区裁判所（のちの簡易裁判所）となった。

帝国憲法は第五八条で、裁判官は法律の専門家として資格を持つ者から任じ、裁判の公正のため裁判官の独立を定めた。検事も、裁判所から独立した職務と定義された。検事総長を頂点とする指揮命令系統で動くという、検察官同一体の原則はこの時代から行われている。検事に国家訴追主義、起訴独占主義が認められたので、国の行政権の行使として一貫した姿勢で対処する必要が生じたからである。

戦後、新憲法下に移るまで、裁判所は司法権を行使する一部局として、検察局とともに司法省内に属する形となった。身分保障はされているが、実際上、人事や給与などは、裁判官も検事も司法省の管理下である。それが直《じか》に裁判の内容に影響するものではないとしても、この一事を以って戦前の日本には司法権の独立はなかったと見做す論者もいる。

また司法省はその役割上、検事が首脳部に就いた。この後の人事を見ていくと、検事総長経験者が大審院院長（のちの最高裁判所長官）や司法大臣（のちの法務大臣）に就く例が連続する。

概して、裁判官に対し検察官の地位は高かった。宮中席次においても、大審院長は第一一位で、第五位の国務大臣よりも地位が低かった。総理大臣（大勲位に次ぐ二位）どころか、司法省の長である司法大臣よりも下であり、検事総長と対等である。

実務においてはさらに如実である。予審制度では、検事が判事を顎で使うので、裁判においても思うが儘《まま》の判決を引き出せたとの極端な指摘もある。

明治において、司法権とは裁判所というよりも、検察のことを指した。

ただ、一方的に裁判所が司法省（検察）に従属しており、政府に対する司法権の独立などなかったとするのは単純すぎる見解である。

実際は複雑であるので、それを有名な大津事件を通して解説する。

大津事件――ロシア皇太子に切り付ける

明治二四（一八九一）年五月一一日、滋賀県大津で警備の任に当たっていた巡査・津田三蔵《つだざう》が、こともあろうにロシア皇太子に切り付けて軽傷を負わせた。大津事件である。司法権の独立の確立として、必ず取り上げられる事件である。

事件の報を受けて、超大国であるロシアとの関係悪化を懸念した明治天皇は、すぐさま見舞いのために京都に行幸し、ロシア軍艦に足を運んで謝罪までしている。軍艦は大使館と同じ扱いなので、これは国際法的にみればロシアに出向いて謝罪したのと同じである。一つ間違えば、そのまま拉致されるか、殺されてもおかしくない覚悟であった。時の松方正義《まつかたまさよし》内閣も、この事件を外交問題として捉えた。

当時の大審院長は、事件の六日前に就任したばかりの児島惟謙《こじまいけん》であった。この事件が緊急を要する特別な事件であるとの認識では、児島を含む担当の裁判官も検事も同じであった。事件直後、現場に予審判事と検事がともに赴き、現場検証や供述聴取を始めている。検事の請求なく予審が開始される異例の事態であったが、緊急時ということで、刑事訴訟法上の問題は捨象された。

津田の犯行は突発的な単独犯であり、結果としては未遂で終わっていた。ロシア皇太子を乗せていた人力車の車夫に切り付けられた津田の傷の方がはるかに重症だった。そして、予想される津田の刑は、法に従えば上限は無期徒刑（無期懲役）である。

児島は罪刑法定主義の原則を、特にその中でも法の不遡及を守らねばと考えていた。

罪刑法定主義とは「法が定める犯罪に対して、法が定める刑を科す」ことである。法の不遡及とは、「法の定めのない行為を後から犯罪として処罰することを禁ずる原則」のことである。その時点で合法だったことを、後から犯罪にできるのであれば、いかなる人間をも犯罪者にできてしまう。「法律なくして刑罰なし」の法格言があるが、あらかじめ法文に定められていない刑罰を下すことはできない、との意味である。

この場合、外国の皇族に対する殺人未遂に対し、法律も無しに死刑を下すことはできない。児島は、罪刑法定主義は文明国の通義であり、それを破って津田を死刑にする方がはるかに野蛮であり、日本の国際的地位を低下させるとの確信を抱いていた。

だが、松方内閣は山田顕義《やまだあきよし》司法大臣ほか全閣僚を動員し、無理筋な法の拡大解釈を適用して津田を死刑に処すよう、裁判所に圧力をかけた。「日本の皇族に対する殺人未遂は死刑が最高刑なので援用しよう」という解釈である。

司法省の判断を待たず、外相の青木周蔵《あおきしゅうぞう》はロシアに対して犯人は死刑に処される予定であると伝え、内相の西郷従道《さいごうつぐみち》も越権行為に走って津田の死刑は閣議決定だとして処刑の準備を命じていた。松方は児島に対し、国家あっての法律である、国家を護持する道を探ることが緊要であると言い放ち、筆頭元老の伊藤博文も同趣旨のことを述べたと言われている（前掲『日本政治裁判史録（明治・後）』一五七頁）。

司法権の独立の本質とは何か

大津事件への対応は、完全に司法権の独立を無視している。

大日本帝国憲法は大津事件の前々年に発布、前年に施行されていた。大日本帝国憲法第五七条では「司法権ハ天皇ノ名ニ於テ法律ニ依リ裁判所之ヲ行フ」と裁判所が他の権力から独立した存在であると明記されており、第五八条二項で「裁判官ハ刑法ノ宣告又ハ懲戒ノ処分ニ由ルノ外其ノ職ヲ免セラルヽコトナシ」と裁判官の身分保障を定めていた。

この第五八条二項を、伊藤博文は帝国憲法の解説書である『憲法義解』において、「裁判の公正を保たんと欲せば、裁判官をして威権の干渉を離れ、不羈《ふき》の地に立ち、勢位の得失と政論の冷熱を以て牽束《けんそく》を受けることなからしむべし」としている。

いかなる権力者も、裁判所が「気に入らない」判決を出したとしても、それを原因として裁判官の身分を脅かしてはならないと戒《いまし》めているのだ。ところが、松方らは必死であり、児島以外の裁判官にも工作を仕掛けていた。

政府の説得に応じた裁判官がいると知った児島は、裁判官たちに逆説得工作を行った。児島の『大津事件手記』によれば、児島はこの工作が陰謀の疑いを受けることを恐れていたそうである（前掲『日本政治裁判史録（明治・後）』一六七頁）。

津田は、法に従って判決を受け、無期徒刑が確定した。ロシア側もそれについて、外交筋では遺憾の意を伝えたようであるが、それ以上騒ぎたてることはなかった。この事件で、それまで無名だった児島は司法権の独立を貫いたと評価され、名声を高めた。

帝国憲法下の大審院は、現行憲法下の最高裁と比べて比較にならないほど権限は弱かったが、時の政権の圧力を撥《は》ね返す運用をしていたのだ。児島の態度は、罪刑法定主義という文明国の通義を守ったという点では、高く評価されるべきであろう。ただし、全肯定はできない。

司法権の独立の本質とは何か。いかなる権力も裁判の内容に干渉してはならないということだ。現行日本国憲法第七六条三項は「すべて裁判官は、その良心に従ひ独立してその職権を行ひ、この憲法及び法律にのみ拘束される」と明記している。これを「裁判官職権行使の独立」と言う。

仮に裁判官が権力者の圧力に左右されたとしたら、公正な裁判が行われないのは自明だろう。今でも、裁判官に対する買収や暗殺が日常的に行われる国もある。だから裁判官の身分保障が重要なのである。大津事件で児島は、時の政権から司法権の独立と罪刑法定主義を守った。

だが、上司である大審院長として他の判事に対し説得を試みている。しかも、本人が後ろめたさを感じるような形で。この点において、児島は他の判事の裁判官職権行使の独立を侵害しているのである。決して褒められた面ばかりではない。

弄花事件と「山県閥」

さて、大津事件の一年後、司法官弄花《ろうか》事件が起きた。「弄花」とは、花札のことである。児島を含む裁判官数名が金銭を賭けて花札をやっていたとの噂が立ち、児島に辞職勧告が出されたのである。児島は身に覚えがないと反論し、懲戒裁判となった。政府は児島に辞表を出させようとしたが、田中不二麿《たなかふじまろ》と河野敏鎌《こうのとがま》の二代の司法大臣が説得できなかった。証拠不十分で児島は無罪となったが、児島はその後、大審院長はおろか、終身官である裁判官をも辞す。

この事件は、当時の新聞でも司法部内の派閥闘争として報じられていた。

仕掛けたのは、事件発覚直後に検事総長になった松岡康毅《まつおかやすたけ》と、松岡の前の検事総長で司法省次官の三好退蔵《みよしたいぞう》らで、児島追い落としの陰謀であったと言われる。児島は大審院長を降りるとき、検事総長の松岡と司法次官の三好を道連れにした。

河野の後に司法大臣に就任した山県有朋は、かつて松岡や三好らをおさえて、児島を大審院長に抜擢した人物である。それが、今度は首相の伊藤と一緒に「このような噂が立つだけでも児島に責任がある」と考え、辞任するよう説得する役に回った（前掲『日本政治裁判史録（明治・後）』一八七頁）。

ちなみに山県の前任の司法相だった河野敏鎌は、佐賀の乱で大久保利通や伊藤博文らの命に従い、江藤新平に斬首刑を言い渡した裁判官である。三好は司法省次官を辞任したが、児島の後に大審院長に復活している。

大津事件で児島に対して一敗地にまみれた藩閥政府が、逆襲に成功した格好だ。元老で元首相の山県が法曹界に乗り込み、人事において大審院を司法省の統制下に置くことに成功する。

その司法省（検察）も、この頃は何の政治力もなく、時の政権の言いなりであった。江藤新平以来、薩長閥に反抗的だった司法省は遠い昔と化していた。

山県有朋といえば維新以来の日本陸軍建軍の父であり、その子飼いである桂《かつら》太郎《たろう》・寺内《てらうち》正毅《まさたけ》・田中《たなか》義一《ぎいち》といった陸軍大将を次々と首相に育てた藩閥の巨魁としても知られる。また、内閣制度開設から第一次伊藤博文と黒田《くろだ》清隆《きよたか》の二代の内閣で、五年間も内務大臣を務めた後に首相に就任している。

こうしたことから、山県率いる長州閥の拠点は陸軍と内務省との印象がある。それは間違いではないが、「元勲総出内閣」と言われ全元老が入閣した第二次伊藤内閣では、山県は法相を選んでいる。山県の大臣在任は約一年だったが、後任大臣の芳川顕正《よしかわあきまさ》や山県が内務省から抜擢した司法次官の清浦奎吾《きようらけいご》により、以後の司法省（検察）は山県閥の牙城となっていく。芳川は教育勅語発布の際の文部大臣であり、清浦は大正期の総理大臣である。

余談だが、共産主義者が国を支配するときに最初に目をつけるのが内務大臣（警察関係）と法務大臣（司法・検察）のポストだと言われる。国内の治安機関を掌握してしまえば、軍隊に対しても優越できるとの思考からである。旧ソ連でも、赤軍の天敵は秘密警察（KGB）だった。もちろん山県は共産主義者の手口など知る由もないが、同じことをしていたと考えてよいだろう。

第二章

平沼騏一郎

2・1　藩閥から学閥へ

裁判所と検察

司法権を考える場合、裁判所と検察の関係を考察しなければならない。現行憲法下の最高裁と検察庁（法務省）、帝国憲法下の大審院と司法省（検事局）の関係は、制度と運用が大きく異なる。三点あげる。

第一に、組織構造である。現在は最高裁事務総局が、裁判官の人事と予算、すなわち出世と給料を管轄している。このことにより、事務総局の顔色ばかり窺う裁判官が「ヒラメ裁判官」と揶揄《やゆ》されたりもする。事件と向き合わないで、「上ばかり見ている」という皮肉だ。

戦前は、裁判官の人事と予算は司法省が管理していた。裁判官が司法省の官僚に抱く不満は、容易に想像できる。

第二に、予審制度である。予審制度は、明治二三（一八九〇）年、治罪法により導入された公判前手続きを規定した制度である。三谷《みたに》太一郎《たいちろう》『政治制度としての陪審制』は司法制度の変遷と政治的な意義を詳述しているが、予審制度における検事の立場について、「刑事事件の取次を為すに過ぎず」との光行次郎《みつゆきじろう》元検事総長の言葉を引く。だが、実態は異なる。予審判事（裁判官）は独自に被告人の訊問を含む直接的な証拠収集ができ、証拠不十分などの場合に免訴する権限を持っていた。ということは、裁判官自らが証拠を集めているのだから、有罪になるに決まっている。検察官とすれば、裁判官と協力すれば、有罪率が格段に上がるし、証拠を集められなかった事件に関しては起訴しなければよいだけだ。

運用次第でどうにでもなる制度だった。この制度は現在では廃止されているが、導入当初から問題視されていた。その変遷は本章でも扱う。

第三が、社会的地位である。帝国憲法の時代、宮中席次が社会的地位を規定した。前章で記述したように、大審院長の地位は司法大臣よりも低かった。現在の最高裁長官が三権の長として内閣総理大臣及び衆参両院議長と対等、最高裁判事が国務大臣と同格であるのと比べると、隔世の感がある。ただし、現在の制度では、功成り名を遂げた高齢者しか最高裁判事に任命されないことになる。逆に、大審院は官職としての地位が低かったので、壮年の働き盛りの裁判官が任命された（百瀬隆『事典　昭和戦前期の日本』五五頁）。

「戦前は非民主的だった」「現在は民主的な司法制度だ」との単純な評価は、禁物である。

日露戦争後の勢力構造

明治二三（一八九〇）年一一月二九日、帝国議会開会の日に大日本帝国憲法が施行された。帝国憲法体制における三大勢力は、元老・非選出集団・選出集団である。

元老とは維新以来の功臣に与えられる待遇であり、伊藤博文や山県有朋らがその地位にあった。非選出集団とは政治学者である升味《ますみ》準之助《じゅんのすけ》東京都立大学名誉教授の造語であるが、枢密院・貴族院・陸海軍・官僚機構のことである。選出集団とは衆議院のことである。

明治三七、八年の日露戦争前後には「桂園《けいえん》時代」と呼ばれる、比較的安定した政権運営がなされた。山県有朋の子分であり非選出集団を掌握する桂太郎と、伊藤博文の後継者であり衆議院第一党である立憲政友会総裁の西園寺《さいおんじ》公望《きんもち》が交互に政権を担当したので「桂園時代」である。一二年間、総理大臣候補が二人だけという時代であった。

日露戦争に勝利すると、官僚組織における勢力構造も大きく変化していく。維新当初は藩閥が幅を利かせていたが、学閥が取って代わっていく。軍では陸軍大学校と海軍大学校の卒業生が高級幹部の地位を独占するが、文官においても東京帝国大学法学部（名称には変遷がある）の卒業生が高級官僚の地位を占有していく。その中で司法省は、大蔵省や内務省に比べ、二線級の扱いであった。その司法省を強力な官庁に押し上げるのが、平沼騏一郎《ひらぬまきいちろう》である。

平沼の評価は長らく低かった。昭和初期は最後の元老となった西園寺公望に徹底的に嫌われた。オールドリベラリスト（親英米派のこと）を自任する西園寺は、国粋主義を振りかざす観念右翼と平沼を見做したのだ。平沼は、敗戦後はいわゆるA級戦犯とされたので、戦後歴史学では「侵略戦争の推進者」としか扱われなかった。

だが、現在ではこのような見方は大きく修正されている。最近の研究として、萩原淳『平沼騏一郎と近代日本』をあげておく。

ここからは、明治・大正・昭和戦前期の検察を代表する人物である平沼騏一郎を通じて、我が国の近代史を概観していこう。

2・2　司法省での台頭

平沼の経歴

平沼は、慶応三（一八六七）年、当時の美作国《みまさかのくに》（現在の岡山県北部）に生まれ、幼い頃から漢学・英学・算術を学んだ。一一歳で東京大学予備門に入学し、一六歳で卒業すると東京大学法学部へ進学している。三歳年上の兄に後の早稲田大学学長となる平沼淑郎《よしろう》がおり、兄は東大予備門から東大文学部政治理財学科へ進んでいる。

生前の平沼は生涯独身と思われていたが、実は離婚歴がある。平沼の家は、平沼赳夫《たけお》元衆議院議員が継いだ。なお、赳夫を養子にした際、後見とするために赳夫の実父で実業家の中《なか》川恭四郎《がわきょうしろう》も一緒に養子にしている。

平沼騏一郎の専門はイギリス法だったが、学生時代にはフランス革命について熱心に研究したといい、専門書を読むために、三か月でドイツ語を習得したとか。会話はできなくても原書は読めるという、研究者特有の語学習得の方法である。

明治二一（一八八八）年、東大法学部を苦学して卒業し、本人は内務省など他の省庁へ進みたかったようだが、司法省の給費生（現在で言う奨学生）だったため、司法省参事官試補として民事局に配属された。民事局は司法省の事務を管掌する部局のひとつ、試補は見習の意味である。

その後、平沼は判事試補となり、東京・千葉・横浜の各地方裁判所で判事の経験を積むと、東京控訴院（現在でいう高等裁判所）の判事など、当初の一一年間は裁判官として経歴を積む。

平沼が大学を卒業した当時、司法省は山県閥全盛期である。山県は長州出身者だけでなく有為の人材を広く取り込み、派閥が巨大化していた。特に、東大法学部出身者は積極的に取り込んでいる。ちょうど明治二〇年に文官試験試補及見習規則が定められ、帝国大学法科・文科の卒業生は奏任官になるための試験が免除されるようになった頃である。

要するに、東大法学部出身者は無試験でキャリア官僚になれた時代があったのである。

とはいえ、平沼が入省して山県閥に取り込まれたかについては、研究者は否定的である。前掲『平沼騏一郎と近代日本』も、山県内閣において法制度研究のため海外に派遣する遺外法官の選抜から漏れたことを、平沼が山県系ではない傍証としてあげている。

この遺外法官の選抜は、山県内閣法相の清浦奎吾が行った。明治前半は司法省に勤め、明治一七年から七年間、山県が内務大臣だった時には内務省警保局長として省改革や警察制度改革に携わり、山県閥を拡大強化する尖兵《せんぺい》として仕えた。明治二五年八月に司法次官となると、前章で述べた弄花事件では法相だった山県を補佐し、事後処理を行った。

なお、清浦は司法次官になると横田国臣《よこたくにおみ》を民刑局長に登用しているが、横田は清浦が最初に司法省に勤めた時、ともに治罪法の起草に携わって以来の盟友である。横田は、検事総長と大審院長を長く務め、法曹界に君臨することとなる。

平沼は入省当時、司法省を掌握する山県閥のエリートではなかったが、第二次山県内閣が継続中の明治三二年、東京控訴院検事となり、これ以降は検事畑を歩むこととなった。

司法省で平沼が台頭するのは、日露戦争後のことである。この当時行われた新刑法制定に際し、明治三九年の起草から翌年の議会審議まで一貫して担当官を務めた。旧刑法の改正は日露戦争前からの懸案だったが、何度も審議未了で廃案になっている。

倉富勇三郎《くらとみゆうざぶろう》を中心として起草された新刑法は、ドイツの刑法学者フランツ・フォン・リストの最新研究を反映したものとなった。議会審議では平沼と倉富が政府委員として、衆議院・貴族院にそれぞれ答弁に立ち、その功績が認められた平沼は、鈴木喜三郎《すずききさぶろう》とともに遺外法官に選ばれる。当時の司法省での役職は民刑局長である。

倉富は平沼が枢密院副議長として支えた議長、鈴木は生涯の弟分である。

平沼は、鈴木とともにイギリス、フランス、ドイツで司法制度を調査するが、イギリスの制度を殊に高く評価しており、制度そのものだけではなく裁判官の資質と社会的認知の高さにも言及している。同時に、当時の予審制度について、改革の必要性を訴えている。平沼は予審判事が持つ広範な権限を警察と検事に割り振ることで、日本で運用されている刑事訴訟制度を近代的なものに改める必要性をあげている（前掲『平沼騏一郎と近代日本』三六〜四二頁）。

2・3　検察と政治

日糖事件

検察と政治の関係は、政治と金の関係と切り離すことができない。桂太郎率いる山県閥と、西園寺公望を担ぐ立憲政友会は情意投合の関係で、政友会は常に与党的立場にある。議会で法律を通してもらおうと、多くの業界が与野党双方に政治献金を行うのは、戦前も現在も変わらない。政治に金がかかるのも、今も昔も同様で、個人的な利益のために政治献金を利用すれば汚職になる。これを摘発する権力を持っているのが検察である。現代でも馴染みのある、この検察と政党政治の関係ができる契機となったのが日糖疑獄事件である。

日糖事件は、当時の砂糖業界で国内最大規模の企業だった大日本製糖株式会社と、政党政治家との間で行われた贈収賄事件で、起訴されたうちの二〇名が代議士である。当時の製糖業界には輸入関税の一部を企業へ戻す、今で言う戻し税の制度があった。経済不況のあおりで経営不振に陥っていた大日本製糖は戻し税の根拠法である輸入原料砂糖戻税法の期限延長を求め、与野党代議士に計一二万円（現在の一億円強）を配ったのが事件の発端である。

さらに、第一次西園寺内閣が明治四一年度予算案に消費税増税法案を提出し、増税対象に砂糖消費税が含まれていたことから、大日本製糖は大蔵省や農商務省に官営化の働きかけを行い、代議士に三万円（現在の三〇〇〇万円）の金を配った。ちょうど明治四一年五月には第十回衆議院議員総選挙が行われたが、この時に大日本製糖から選挙運動費の供与を受けて当選した議員も起訴対象となった（前掲『政治制度としての陪審制』六三頁）。

この捜査に携わったのが、当時民刑局長であり東京控訴院検事長代理だった平沼と、東京地裁検事局の小林芳郎《こばやしよしろう》検事正である。平沼の回顧録によれば、大蔵省主計局長の荒井賢太郎《あらいけんたろう》に掛け合い、七万円（現在の約七〇〇〇万円）の機密費を引っ張り出したことにより、この事件の検挙が成功したという（『平沼騏一郎回顧録』四〇頁）。なお荒井は、後に平沼が枢密院議長に就いた時、副議長となった。

当時、日糖事件は世間の耳目《じもく》を集めた大事件で、朝日新聞に掲載された夏目漱石の連載小説『それから』でも、物語中に事件の名前が出てくる。

重要な二点

検察の歴史において、日糖事件は次の二点において重要である。

一点目は、検察が主体的に捜査と証拠固めを指揮した点である。平沼は、それまでは実業家や官僚の不正に対して司法部が無力であったこと、また政官界の大物と渡りをつけようとしても、司法省に力がないため相手にされなかったという当時の状況を振り返り、日糖事件で賄賂を受け取った議員が「この時向ふは不用意で、捕へる者はないと思つてゐた」としている。それに対して「一体司法省には機密費がないので、犯罪の捜査もろくすつぽ出来ぬ」「司法省に機密費がなく、その為警察官が使へず、警察官も検事の言ふことよりも富豪の命を聴く方がいゝから聴かない。少くとも機密費がなければ仕事は出来ぬ」（前掲『平沼騏一郎回顧録』四〇、五三頁）と述懐している。

この事件の効果は劇的で、世間にも政財官界にも検察の存在が大いに知られることとなった。

二点目は、平沼と政治の関係がここから始まっていることである。

日糖事件の捜査過程では、砂糖業界だけではなく石油業界でも、石油輸入税法に絡む贈収賄が発覚する。小林検事正の下で関係者の取調べを行ったのが、小原直《おはらなおし》である。小原は、聴取中に「石油業界にもこんな話はあるのに、なんでウチだけ」といった話が出たことで小林から内偵の命を受け、事件化の根拠固めをした（『小原直回顧録』三七頁）。

ところが時の首相の桂太郎は松室致《まつむろいたす》検事総長を呼び、捜査の見合わせという指示を出す。主旨は「砂糖に次いで石油もとなれば国の不名誉になるから、大局から検察は捜査を見合わせてくれ」とのことである（前掲『小原直回顧録』三八頁より要約）。言わば史上初の「指揮権発動」である。

松室がこれを容れたため、小林は怒り心頭で辞職するとまで言い出したので、桂と小林の間を調整したのが平沼だった。結局、石油疑獄に関してはそれ以上進展せず、小林も辞めることなく、この後も平沼と連携していくこととなる。

大逆事件

続く明治四三年、大逆事件が起こる。長野県で発覚した、爆弾製造事件を機に起きた明治天皇や皇族の暗殺未遂事件である。当時の代表的な無政府主義者で有名な幸徳秋水《こうとくしゅうすい》をはじめ、全国で社会主義者らが大量検挙された。起訴された二四名が全員有罪、死刑判決を受け、うち一二名が後に無期懲役に減刑された。発端となった爆弾製造を行った者二名は有期刑となる。

大逆事件の捜査指揮は本来は検事総長の管轄だったが、松室が病気になったため、大審院検事だった平沼が指揮を預かり、捜査を進めた。事件捜査や検挙が広い範囲にわたることから内務省とも連携し、情報の漏洩がないように統制に気を配っている（前掲『平沼騏一郎回顧録』五八頁）。

現場は小林芳郎検事正の執務室を本部に、神戸から小山松吉《こやままつきち》検事正を呼び寄せ、小原直、塩野季彦《しおのすえひこ》とともに実務にあたる。平沼は、担当予審判事として特に潮恒太郎《うしおつねたろう》を指名するが、手配を行ったのは鈴木喜三郎だという（前掲『平沼騏一郎回顧録』五八頁）。いずれも昭和の検察を仕切る面々が一堂に会している。

平沼はこの時、岡部長職《おかべながもと》司法大臣だけでなく、桂太郎首相に対して毎朝六時に私邸で進展状況を報告している。平沼曰く、首相から特に請われたとのことである（前掲『平沼騏一郎回顧録』六〇頁）。

増す政治家への影響力

以後も、平沼は汚職事件の追及を使って政治家に対する影響力を増していく。

たとえば、後藤新平《ごとうしんぺい》である。後藤は明治二〇年代半ばまで、内地の衛生行政に功績があった大物政治家で、明治三一（一八九八）年から八年半、台湾で民政局長、民政長官を務めた。明治四四年まで第二次桂内閣で逓信大臣兼鉄道院総裁だったのだが、この頃に台湾の彩票（富くじ）が内地で問題になった。ちょうど第二次桂内閣では、軍馬の生産向上のため競馬を奨励し政府の財源を兼ねようとしたことで、民刑局長だった平沼と揉めた後のことである。平沼が関わった新刑法では、博打は違法だった。

後藤が台湾で富くじを始めたのも財源確保のためで、台湾でのみ行うなら内地の法律は関係ないが、内地で大流行してしまい、その元締めの三井財閥を含めてどうするかが問題になった。このときに、財源がなくなり台湾統治が成り立たないと激怒する後藤と、内地で買うのは人を腐らせるからいけないと言う平沼はひどく対立し、後藤は平沼を罵倒したことが伝えられている。しかし、後に仲直りして懇意になったという（前掲『平沼騏一郎回顧録』二二七〜二二九頁）。マッチポンプである（沢田東洋男『検察を斬る』八六〜八七頁）。

後藤は桂太郎に連なる同志会系の政治家だが、平沼はどこか特定の政党と結びついたわけではなかった。第一次・第二次西園寺内閣で司法大臣だった松田正久《まつだまさひさ》を通じ、政友会とも良好な関係を築いている。当時の政友会は、西園寺公望を総裁とし、その下の実力者二人が実権を持つトロイカ体制である。一人は原敬《はらたかし》、もう一人が松田だった。

政友会での実権は原が握っていたが、松田は政友会設立に関わった政界の重鎮である。任期を通じて何くれと平沼を頼りにしており、事ある毎《ごと》に平沼を引き立てている。平沼の下で日糖事件、大逆事件の両方で辣腕を振るった小林芳郎の地位を上げるため、平沼は何度か大胆な配置換えを行っているが、それも松田が法相の時である。平沼自身の地位も順調に上がり、明治四四年に司法次官、翌大正元（一九一二）年一二月には検事総長となった。

第二次西園寺内閣では行財政整理が政治課題となっており、原と松田が具体化に取り組んでいた。平沼は司法部改革で松田を補佐し、それまで以上の信頼を獲得していくこととなる。

政治的武器

日露戦争後の不況に対応するための行財政整理は、政変に結びつく。陸海軍が己の予算を減らされまいと激しく角逐したのである。西園寺内閣は陸軍の師団増強要求に予算を回さず、海軍増強を採用した。これに陸軍が怒り陸相辞任の挙に出るのだが、条件闘争のつもりだった。ところが与党政友会は内閣総辞職で応じ、世論は「内閣毒殺」と批判の矛先を陸軍に向ける。やむを得ず桂が第三次内閣を組織したが、山県子飼いの桂の登場に「閥族《ばつぞく》打破」「憲政擁護」の声が巻き起こる。第一次憲政擁護運動である。山県は桂の登板に積極的ではなかったが、世間は山県の陰謀と見做した。桂は抗することができずに五〇日の超短命内閣で退陣に追い込まれる。大正政変である。

このめまぐるしい政変の過程で、政友会と海軍が結びつく。桂後継の山本権兵衛《ごんべえ》内閣は総理大臣こそ海軍大将だが、事実上は政友会内閣である。原内相と松田法相が両翼を固め、ほとんどの閣僚が政友会党員。斎藤実《さいとうまこと》海相と木越安綱《きごしやすつな》陸相は政友会に協調的な人物であり、牧野伸顕《まきののぶあき》外相に至っては外務省時代の原の部下で政友会の身内同然である。

この時、松田正久は司法大臣に平沼を推すものの、原敬の反対により果たせなかった。原は後に、山県閥を率いる山県有朋からすべての権力を奪うことに成功するのだが、司法権を押さえなければ権力が盤石にならないことを見抜き、平沼を警戒していたのである。三谷太一郎は、原が日糖事件での検察の捜査のやり方に非常に怒り、それが陪審制導入への最初の動機となったとしている（前掲『政治制度としての陪審制』六五頁）。その後も原は第一次山本内閣の内務大臣として、汚職事件の摘発などを通じた検察の権力行使を目の当たりにする。

大正二年、官有品を勝手に払い下げたという金屏風払い下げ事件の時は、枢密院顧問官の周布公平《すふこうへい》が県知事時代のことであったのだが、払い下げた金屏風の買戻しについて、現知事に確認しているのは原である。結局、買い戻すことはできず、松田正久の判断により、周布が辞職・隠居することで不起訴となった。

また、大正三年には御料地の買い上げに絡み、現職宮内大臣と元宮内大臣がそろって収賄疑惑をかけられた。現職だった渡辺千秋《わたなべちあき》宮相は辞任し、家督を譲って隠居した。現役時代、宮中で勢力を持っていた田中光顕《たなかみつあき》元宮相は、すでに政界からは引退していたが、前官礼遇を辞退する。これにより両名とも不起訴となったが、この時も原は、奥田義人《おくだよしと》法相を介し検事局の起訴方針を内々に告げられ、また後になって二人の引退が自発的なものではなかったことを知る。

つまり検察は、政治家に対して議員辞職や引退をすれば不起訴や起訴猶予にするという、政治的武器を手に入れたのである。

シーメンス事件

このような中で起こったのが、大正三年のシーメンス事件である。

シーメンス事件は、海軍の艦船購入をめぐる汚職事件で、元々はシーメンス社のドイツ人社員カール・リヒテルが会社の機密書類を盗み、ロイター通信社に売り飛ばした事件である。リヒテルはシーメンス社を脅迫するつもりだったが失敗し、恐喝未遂罪で起訴された。本国ベルリンでの公判の結果、証拠書類の中に日本海軍の将校がリベートを送られた記載があったことで発覚した。当時のドイツは、日英同盟を結んでいるイギリスと激しく角遂している敵国である。事もあろうに、その敵国から賄賂をもらっていたのである。

日本では、まず新聞報道があり、議会で野党が追及し、報道によりさらに世論の批判が沸騰するという経過をたどる。実はこの動きを仕掛けたのは山県有朋である。大正政変で逼塞していたが、復讐の機会を狙っていたのである。

山県は、政友会に対抗するため、野党第一党の同志会に目を付けた。同志会は憤死同然に世を去った桂が結成した新党で、第三次桂内閣外相だった加藤高明《かとうたかあき》が総裁として率いていた。

同志会は世論の支持を背景に、山本内閣と政友会を猛攻撃した。

海軍汚職の嫌疑は、山本権兵衛首相や斎藤実海相にまで波及するのではないかと思われていた。これを守ったのが検事総長の平沼である。

山本内閣は予算が通らずに総辞職するが、汚職に関しては山本、斎藤ともに不起訴となった。平沼は、リベートの受け取りに関係したのは商社であり、告発自体が贈収賄の告発ではなく、山本の失脚を目的としたものだったと回想している（前掲『平沼騏一郎回顧録』八一〜八二頁）。なお、現場で調べにあたったのは、主任検事を務めた小原直である。

一〇年近く後になるが、第二次山本内閣で平沼が法相として迎えられたのは、このときの恩義に報いたのではないかとも言われる。検察と政治が具体的に結びついた例である。

大浦事件

シーメンス事件で第一次山本内閣が倒れ、政友会の原と山本権兵衛の海軍が失脚する。山県は筆頭元老として、清浦奎吾を奏薦したが、これには海軍が大臣を出さないと抵抗した。結果、清浦は大命を拝辞した。鰻（政権の隠喩）の香りだけを嗅がされた「鰻香《まんこう》内閣」、大命降下しながら組閣に失敗して拝辞したので「流産内閣」とも言われる。

潰しあいの様相の中、最近の政局に中立的な人物として、大隈重信の名があがった。大隈は明治四〇（一九〇七）年以降、政界を退き、同年四月に早稲田大学総長となっていた。雑誌の発行や書籍の執筆、講演会など言論活動を活発に行い、「民衆政治家」と呼ばれ国民の人気も高かった。

山県は加藤高明の同志会と陸軍を組ませ、総理大臣に大隈重信を担ぎ出す。第二次大隈内閣である。

大隈内閣が成立すると、改めて陸軍の二個師団増設案を提出したが、政友会に否決され解散総選挙に訴える。果たして、解散総選挙で大隈は圧勝し、師団増設予算は議会で承認された。加藤率いる同志会が与党となり、政友会は結党以来、初めて第二党に転落した。

ただ、この選挙は、空前の金権選挙であった。特に、内務大臣の大浦兼武《おおうらかねたけ》による買収および選挙干渉は甚だしく、選挙後に告発された。

政友会の中で増師案に賛成する議員がおり、大浦が三名の代議士に計五万円（現在の約五〇〇〇万円）を渡し、この三名が政友会内で議会工作のため一四名を買収したという事件である。また、法案が否決され総選挙となると、大浦は買収した議員の対立候補に金を渡し立候補を断念させるという露骨な選挙干渉を行った。「大浦事件」である。

告発した政友会代議士、村野常右衛門《むらのつねえもん》は、政友会の総選挙での大敗は大浦内務大臣による選挙妨害だとして議会で追及した。検察が裏取りに乗り出し証拠もあがったが、大浦は内務省の権力を盾に徹底抗戦の構えである。大浦兼武は警察官僚出身の政治家であり、第二次山県内閣、第一次桂内閣で警視総監を務めている。警察官が検察に協力しないので、捜査は難航した。

司法部側でも、大隈内閣法相の尾崎行雄《おざきゆきお》と平沼検事総長の間で、事件処理の方針が割れる。尾崎は政敵である大浦の首をあげたがったが、平沼は大浦の政界引退をもっての起訴猶予を提案した。

最終的には、大浦の下で実際に買収を行った林田亀太郎《はやしだかめたろう》衆議院書記官長の起訴を機に大浦は大臣を辞職し、貴族院議員も辞めて起訴猶予となる。政友会代議士が多数関係しているため、この時も原敬は事件の推移を知る立場にあった。

原が陪審法の導入を目指したのは、司法手続きの整備というよりも、多分に政治的な動機である。政治には金がかかるものだが、検察に一々〝お目こぼし〟をしてもらわねば政治家を続けられないとあれば、政治などできない。検察に対する牽制なのである。

なお余談だが、大正一二（一九二三）年に成立した陪審法は、戦時中に停止されたものの廃止はされておらず、現在も残っている。

2・4　「平沼閥」の時代

絶頂期

この頃になると、平沼は検事総長として検察機構を完全に掌握している。

最も大きな要因となったのは、第二次西園寺内閣での行財政整理の一環で行われた司法部改革である。松田正久法相時代に司法次官の平沼が立案したものを松田は無修正で採用し、第一次山本内閣で引き継がれ、そのまま実行された。

この時に、官僚の削減と「老朽淘汰」を行い、平沼よりも先に入省した検事や判事を大規模に整理した（前掲『平沼騏一郎回顧録』一三八頁）。司法官は終身職のため、簡単に辞めさせることはできない。だから、役職では検事総長となっても、先任の判事や検事が大勢いる。これでは権力を掌握できないのである。

人員削減は各判事・検事個々に対する説得によったのだが、松田法相が積極的に動き平沼を支援したという（前掲『政治制度としての陪審制』八一頁、前掲『平沼騏一郎回顧録』一三八頁）。

また同時に、検事総長を親任官とした。従来は司法大臣が選び勅任を受ける勅任官だったのだが、司法大臣と同じ親任官となったのである。

検察内部では、日糖事件以来ともに働いてきた小林芳郎を引き上げ、司法省では部局統合のうえ、盟友の鈴木喜三郎を長に据えていく。

平沼の検事総長在職期間は、大正元（一九一二）年から大正一〇年にわたる。内閣はその間、第三次桂太郎、第一次山本権兵衛、第二次大隈重信、寺内正毅、原敬と変わる。政界で山県閥と原敬が権力争いをしている中、平沼は自身の足元である司法省・検察を固め、事件が起こった時だけ口を出し、寸止めして政治的に影響力を振るうのである。この頃の平沼の態度は、「厳正不公正」と呼ばれた。

平沼を快く思わない検事や判事は、大審院院長として長くその地位にあった横田国臣の周辺に集まることとなったが、それも原内閣で導入された司法官定年制によって潰《つい》える。横田は明治三九年以来、大審院院長を十五年あまり務めたが、大正一〇年に裁判所構成法が改正され六五歳定年と定められた時、すでに七〇歳を超えていたからだ。

大正一〇年、原内閣で横田は退官に追いやられ、平沼は検事総長から大審院院長に転じる。平沼の後任は鈴木喜三郎となった。さらに大正一二年、平沼が第二次山本内閣の司法大臣に迎えられ、次の清浦内閣では鈴木喜三郎が司法大臣となり、検事総長には小山松吉が就任した。大逆事件の時に平沼が神戸からわざわざ呼び寄せた、鈴木に次ぐ平沼の子分である。

平沼は、検事総長、大審院院長、司法大臣と司法関係の長をすべて歴任している。日弁連会長にこそ就かなかったが、大正一一年には日本大学総長となった。日本大学は明治二二（一八八九）年に金子堅太郎《かねこけんたろう》を初代校長として設立された日本法律学校が前身であり、明治二六年に司法省指定学校となった。戦前は「刑法の日大」と呼ばれ、控訴院・地方裁判所・

大審院から、多数の判事や検事が講師として教鞭を執った。

大正一三年、平沼は貴族院議員に勅選され、すぐに枢密院顧問官となり、二年後には枢密院副議長に就任することとなる。副議長就任から半年後の一〇月には男爵を賜る。

平沼の枢密院入りは、平沼が大審院院長になる前から原敬が言い出していたが、宮中や政党からは敬遠された。平沼は当時の経緯を振り返り「私は藩閥、政党、権門から嫌はれてゐたから司法官で終始するつもりで、大審院自体を権威あるものにしやうと尽力した」と述懐し、第二次山本内閣で法相として入閣したことが、自身のその後の境遇を変えたと語っている（前掲『平沼騏一郎回顧録』九〇頁）。

平沼が宮中に近い人々から敬遠されるのには理由があった。この頃から、平沼の政治活動が活発化していたのである。

右翼の大物へ

大正九（一九二〇）年、平沼は東大の学生団体である興国同志会《こうこく》の顧問となる。興国同志会は、東京大学教授上杉慎吉《うえすぎしんきち》の思想を背景として組織されたもので、吉野作造《よしのさくぞう》の弟子たちが参加していた新人会に対抗する団体である。顧問には、弁護士の竹内賀久治《たけうちかくじ》や、大アジア主義者の鹿子木員信《かのこぎかずのぶ》、憲政会の中野正剛《なかのせいごう》がいた。

続いて大正一二年には、教化団体である修養団の団長となった。修養団は、日露戦争後に東京府師範学校内の風紀改善運動を目的に、蓮沼門三《はすぬまもんぞう》によって設立され、明治四〇年代に入ると文部省・内務省関係者の支援により全国へ拡大する。寄宿・宿泊による精神修養を行い、個人の向上が国家・社会に貢献すると謳った。

この年、摂政宮裕仁《ひろひと》親王（昭和天皇）を無政府主義者が狙撃するという虎ノ門事件が起こり、第二次山本内閣は総辞職する。法相だった平沼は、大正一三年五月、国本社《こくほんしゃ》を設立する。興国同志会で一緒だった竹内賀久治は、大正一〇年から雑誌『国本』を発行しており、これを機関誌とし、新たに『国本新聞』を発行した。いずれも国粋主義の論調である。

幹部・役員には、海軍の東郷平八郎《とうごうへいはちろう》や、ロンドン会議で艦隊派の領袖《りようしゆう》とされた加藤寛治《かとうひろはる》がおり、陸軍で有名な名前では皇道派の荒木貞夫《あらきさだお》や、皇道派に目の敵にされた宇垣一成《うがきかずしげ》の名前もある。四王天延孝《しおうてんのぶたか》などは、元軍人の有名人で航空学校の教官である。司法関係者では、鈴木喜三郎や小山松吉、中央大学出身弁護士で後に枢密院議長となる原嘉道《はらよしみち》も参加した。

構成は平沼閥の検事や判事を含め、三分の一が司法関係者、陸軍軍人多数、一割が内務関係者だが、今風に言えば「保守っぽい有名人」を集めた会である。

政治家も特定の政党だけではなく、政友会はもちろんのこと、憲政会の幹部だった小橋一太《こばしいちた》も入会している。「日本精神」「国体の本義」といった国粋主義の宣伝や啓蒙活動を行い、最盛期には全国で一〇万人単位の会員を集めた。

平沼は「司法界のドン」のみならず、「右翼の大物」と目されていく。

第三章

「憲政の常道」から敗戦へ

3・1　「憲政の常道」の確立

デモクラシーを求める国民

大正期、国民はデモクラシーを求めた。それは、大正元（一九一二）年に桂太郎内閣の退陣を求めた第一次憲政擁護運動に始まり、大正一三年の清浦奎吾内閣出現に対する第二次護憲運動によって結実する。

首相は官僚出身の枢密院議長、閣僚はすべて貴族院議員。こうした清浦内閣を「民意に基礎を置かない非立憲内閣だ」と野党は攻撃した。清浦も対抗し、衆議院第一党政友会の切り崩しで応える。政友会の過半数議員が離党し、政友本党を結成する。

決着は総選挙に持ち込まれ、憲政会・政友会・革新倶楽部の護憲三派が勝利した。首班は第一党憲政会総裁の加藤高明で、三派連立内閣が成立した。総選挙により示された民意による政権交代の意義は大きかった。ここに「憲政の常道」と称される、政権は総選挙により示された民意の承認を得なければならないとの慣例（英国憲法の用語では「憲法習律」と呼ぶ）が確立する。

「憲政の常道」の意味については、小著『検証　財務省の近現代史』のほか、最近では『右も左も誤解だらけの立憲主義』、当時の思想状況における位置づけは『真実の日米開戦』で詳述した。

平沼と西園寺元老の対立

こうした動きを冷ややかに観察しつつ、同時に危機感を抱いていたのが平沼騏一郎である。大正一三年、加藤護憲三派内閣が成立するのに先駆けて、平沼は枢密顧問官に就任している。枢密院とは、天皇の諮詢《しじゅん》機関の建前であるが、実務においては憲法問題や重要法案の審査を行う機関であった。すなわち内閣が行う重要政策と法制局の法案運用に対する監視（チェック）機能を担う。枢密院は、いつしか「内閣の鬼門」と呼ばれるようになっていた。

思想状況で言えば、平沼は左の共産主義だけでなく、政党政治そのものに警戒感を抱く右の頭目《とうもく》であった（ただし、「右下」。その意味は、最近の前掲小著二冊を参照）。対して、唯一の元老となっていた西園寺公望は、平沼個人と枢密院を警戒する。

西園寺と平沼は憲法理論をめぐっても、思想が乖離《かいり》していた。

西園寺は、当時の官界の通説であった美濃部達吉《みのべたつきち》東京大学教授の天皇機関説を支持していた。「天皇は神聖不可侵であるがゆえに現実の権力を振るうべきではない。責任は臣下が負うべきであり、総選挙により衆議院の多数を得た政党の党首が総理大臣になるべきである」と美濃部は唱えていた。そして、首相の身体の事故では与党後継総裁に、政策の失敗による退陣の場合は野党第一党総裁に大命降下すべきである。こうした慣例が続けば、いずれ元老の奏薦がなくとも、衆議院における第一党を率いる政党の総裁が首相となる習律となる。これは、イギリス型の運用であり、帝国憲法の下での政党による議院内閣制を行うための中核理論となる。これを支えた学説が美濃部達吉の天皇機関説である。

一方、平沼は上杉慎吉が唱えた天皇親政説を支持していた。上杉は「我が国は天皇を中心とする国体の国であり、デモクラシーがいきすぎれば愛国心がなくなる」という短絡的な主張を展開していた。しかし、美濃部からは「天皇親政説を主張するのであれば、官僚による権力行使も批判の対象となるはずだが」と急所を指摘され、反論ができなかった。

天皇親政説は上杉や東大時代の平沼の師匠である穂積八束《ほづみやつか》が唱えた説であるが、中身は官僚御用学説である。「天皇親政」の建前ではあるが、上杉理論においても実際に天皇が政治を行うわけではない。実態は官僚が権力を振るうこととなる。

優れた法律家である平沼の立場は、上杉説を支持していたというよりも、美濃部説に批判的だったという方が正確である。なお、平沼は刑法の専門家であり、憲法に関してはまとまった論文や著書は残していない。むしろ、この点は法学者としての理論より政治的判断が勝ったのだろう。美濃部理論により正統化された「憲政の常道」が続けば、政党員ではない平沼の出番はない。美濃部説に批判的になるのは政治家としては当然と言えた。一方、弟分の鈴木喜三郎は政友会に入党し、またたくまに領袖の座に上り詰めている。

平沼が国本社を設立し右翼活動を始めたことに対する世間の見方は、法曹界のスーパーエリートが将来の総理大臣を目指し始めたといったものだった。もちろん平沼自身は「日本精神を広めたい」などとして、政治的な目的はおくびにも出さなかった。

枢密院が内閣を倒す

平沼が枢密院副議長として直接的に関わったのが、昭和二（一九二七）年の金融恐慌である。大正七（一九一八）年に第一次世界大戦が終結すると、日本経済は慢性的なデフレ不況となっていたが、大正一二年、関東大震災によって企業はさらに打撃を受けた。復興に携わった第二次山本内閣は、被災地企業と銀行に対して手形の決済を一時猶予する勅令によって救済措置を採った。

モラトリアム措置は二回にわたって延長し、若槻礼次郎《わかつきれいじろう》内閣で三回目の延長を審議していたところ、片岡直温《かたおかなおはる》蔵相の失言により、預金を引き出そうと人々が銀行に殺到し、取り付け騒ぎに発展する。

関東大震災の被災に関係のある手形は震災手形と呼ばれるが、最大の債務者は総合商社の鈴木商店である。主要取引銀行である台湾銀行は、政府・日銀の支援の下で救済融資を続け鈴木商店の経営整理にあたるが、成功しなかった。昭和元年時点での貸出残高は、台湾銀行の貸出金総額の七割にものぼる。

モラトリアム措置の延長は議会を通過したが、金融恐慌の発生で台湾銀行の資金繰りも危機に陥り、鈴木商店への貸出を停止。若槻内閣はこの救済のための緊急勅令案を上奏し、枢密院に審議を求めたのである。

結果は枢密院による勅令案の否決と、若槻内閣の総辞職となり、政権は政友会の田中義一に移った。平沼の言い分は、本来議会に提出して通すべきもので、少数与党で通す自信がないからと直接持って来た挙句、枢密院で多数派工作を始めるなど許しがたい所業である、だった。

ところが、枢密院が若槻憲政会内閣を倒したことは、平沼が会長を務める国本社にも影響する。もともと国本社は一政党に偏ることなく、政友会・憲政会両方の代議士も所属していたが、会長が特定の政党に味方をするのであれば中立団体ではないではないか、と受け止められた。この一件で、国本社から憲政会系の政治家が離れることとなった。同時に平沼は政友会寄りの政治家と見做されることとなる。弟分の鈴木喜三郎が政友会で、田中総裁に次ぐ領袖の地位にあったことも、そのような見方に説得力を持たせた。

だが、公平に見れば、政争に絡む汚職事件や思想事件において、平沼は局外中立である。平沼子飼いの小山松吉や小原直がそれぞれ検事総長や司法次官となっており、「平沼閥」としての司法部への影響力は維持していた。それでも、一方の党派に偏するような行動はしていない。

3・2　失われる政治の中心

総選挙の混乱の中で

さて、この時代は政権交代から一年以内に総選挙を行うのが、常例である。なぜなら、与党が政策で行き詰まったときは野党第一党に政権交代するということは、新内閣成立の時点では少数与党であることを意味するからだ。これでは思うように政策を行えない。そこで早期に国民の信を問うために解散総選挙を行い、議会の多数を得て政策を実行するという作用が働くのだ（これが英国流の憲法習律のメカニズムである）。

ただし、与党が勝つという保証はどこにもない。

昭和三（一九二八）年二月二〇日、第一六回衆議院議員総選挙で初めての普通選挙が実施されるが、政友会の劣勢が伝えられた。すると、内務大臣の鈴木喜三郎は「総理大臣は天皇陛下から任命されているから、選挙に負けても政権交代しなくていい」と声明し、議会政治の否定だと厳しく批判された。選挙後の議会は鈴木に対する弾劾で紛糾し、辞任するに至った。

この選挙で与党政友会は過半数を得られず、野党第一党の立憲民政党（憲政会と政友本党が合併した党）にわずか一議席差の辛勝に追い込まれた。民政党は「事実上の勝利」と沸きあがった。

そして翌年、その田中義一内閣は民政党に政権を譲り渡す。だが、政変には汚職がつきものである。昭和四年、五私鉄疑獄事件では田中内閣の副総理格の鉄道大臣だった小川平吉《おがわへいきち》が政治生命を断たれた。これは浜口雄幸《はまぐちおさち》内閣の鉄道相となった江木翼《えぎたすく》が仕掛けた政略ではないかとも言われる。

江木は第一次若槻内閣で法相として入閣し、平沼閥の切り崩しを試みている。小川は国本社役員だったが、検察は粛々と捜査を進めた。平沼・鈴木が直接関わらなくなって以降の検察で、平沼・鈴木系の雄といわれた塩野季彦東京地裁検事正が担当である。平沼は、捜査の進展について、塩野から報告を受けていたとも言われる。ただし何らかの指示を出したという史料はない。

平沼は、事件として持ち込まれれば捜査すべきだが、汚職の暴露により反対党の追い落としを図る陰謀には加担せず、政党内閣には勝手にやらせておけばいいという、むしろ冷淡な態度だったのである。

戦前は枢密院が内閣を潰して回ったかのような誤解があるが、事実は逆で、内閣に対してそこまでの対抗力はない。枢密院が内閣を倒したのは、金融政変での第一次若槻内閣が唯一の例である。浜口内閣では、ロンドン海軍軍縮条約の批准が政治問題化したが、枢密院は無条件で容認した。若槻内閣は少数与党だったが、この時の浜口内閣は絶対多数を占めていたので、枢密院とて世論を敵に回せなかったのだ。ちなみに、枢密院の決定に対し総理大臣が反対の上奏をした場合、内閣の意思が通ることになっていた。枢密院は官界で功成り名を遂げた人々の集まりで、そこまでして時の政権を敵に回す覚悟はない。

多発する閣内不一致による総辞職

ただ、昭和五年のロンドン条約批准過程で、国本社系の人々が倒閣をも辞さない激しい政府攻撃を行った。民政党系の人々は平沼が黒幕だとにらんだのは確かである。

浜口がロンドン条約に不満な右翼青年に狙撃され、後継を若槻礼次郎元首相に託す。その第二次若槻内閣では、昭和六年九月に満洲事変が勃発する。戦後の歴史学では、「軍部の独走」「日本の侵略の起点」と評されるが、これに平沼は一切同調していない。

満洲事変は第二次若槻内閣を総辞職に追い込むが、「軍部からの外圧によって政党内閣が潰された」といったステレオタイプの評価が実態と異なる点は、前掲『検証 財務省の近現代史』で詳述した。内実は政党人の内輪もめである。直接の原因は、安達謙蔵《あだちけんぞう》内務大臣が政友会との大連立（協力内閣）を主張し、閣議への出席を拒否したことである。

これは、帝国憲法下では、大臣が一人でも造反すれば閣僚全員の辞表をとりまとめて総辞職しなければならなかったことによる。大臣が自ら辞職することはできるが、首相は罷免することができない。辞めさせなければならないような大臣を天皇陛下に推薦した責任があるという、厳しい運用だったからである。

当時の法律家の間では、運用が厳しすぎるという認識で共通していた。はるか後年の著書だが、法制局参事官の山崎丹照《やまざきたんしょう》が書いた『内閣制度の研究』でも、歴代内閣が倒れた最も多い原因として閣内不一致による総辞職があげられ、第二次若槻内閣も事例として指摘されている。

このときの平沼は、「安達を交代させれば済む話ではないか」と語ったことが『倉富勇三郎日記』に残されている。西園寺元老は間違いなく平沼の意見は知らなかったが、最後まで安達一人の辞表のみを裁可し、第三次若槻内閣の継続を考慮していた（原田熊雄述『西園寺公と政局』第二巻、一五〇～一五一頁）。

しかし、悩みに悩んだ末に、昭和六年一二月、政友会の犬養毅《いぬかいつよし》総裁を後継首班に奏薦した。鈴木喜三郎は法相、そして内相の職に就く。鈴木はすでに政友会最大派閥の領袖の地位を築いていた。ただし敵も多く、党内抗争に中立的な人物である犬養毅に総裁の椅子をさらわれていた。

「憲政の常道」の崩壊

前回の政変から半年後の昭和七年五月一五日、五・一五事件が起こる。首相の犬養毅が殺害された。森恪《もりつとむ》内閣書記官長（今の官房長官）が動き、鈴木は後継の政友会総裁に推され、大命降下は目の前と沸き踊った。だが、その当の森が次期首班に擁立しようとしたのは平沼であった。森は自身が政党人でありながら（政友会幹事長も務めている）、もはや政党政治には世論が批判的であり、軍部の反発をかわせないと判断していた。そこで国本社を率い、陸海軍にも人気の高い平沼の内閣により、時局を収拾しようとしたのだ。

だが、権限者の西園寺は平沼を徹底的に嫌った。平沼が枢密院顧問官になる時も敬遠し、議長昇進も徹底的に妨害した。

犬養の後継首相の選定は実に一週間もかかったのだが、その間に昭和天皇から「ファッショに近き者は絶対に不可」との書簡が届く。このファッショとは何か。エスタブリッシュメントの秩序が当時存在し、それを打破しようとする者をファッショと呼んだのだ。

当時のエスタブリッシュメントの秩序とは何か。明治以来の藩閥に東大閥が取って代わり、官僚機構を構成する人が入れ替わるのと同時に、二大政党が育成されていった。「憲政の常道」が実現した八年間は、政友会と民政党の争いの中、勢力は与野党の間を移動するが、選挙で選ばれた衆議院が内閣を組織することが政治の中心であることに変わりはない。これは、政府による統治に政治を中心とした一定の秩序がある状態だった。

これこそが、西園寺が最後まで「憲政の常道」の維持に固執した理由だ。平たく言えば、二大政党に政治を任せておけば西園寺のようなエスタブリッシュメントは安全だが、政変の度に介入せねばならないのでは、反対派の指弾を浴びる。現に、西園寺の暗殺計画も存在した。だが、「憲政の常道」を守るために己の身が危険にさらされるのならば、固執する必要はない。

結局、西園寺は斎藤実海軍大将を後継首班に奏薦した。政友・民政の二大政党をはじめ各界から人材を網羅した挙国一致内閣の体裁である。西園寺は、嵐が過ぎれば「憲政の常道」に復帰するつもりであった。

甘かった。「憲政の常道」が失われると、選挙で選ばれていない人間も政権を担うことができるようになり、政治における中心点がなくなってしまう。これがいかに日本の言論や思想に混迷をもたらし、正論が通らない社会になるか、小著『お役所仕事の大東亜戦争』や『この国を滅ぼさないための重要な結論』で詳述した。

共産主義者の「偽装転向」

昭和初期には、全国で共産主義者の一斉検挙が行われた。昭和三（一九二八）年の三・一五事件、翌四年の四・一六事件は、ともに田中義一内閣で行われ、内務大臣として入閣していた鈴木喜三郎が携わった。

　共産党員の一斉検挙は、共産主義者を潰滅させたように見えた。だが、実際にはこの事件以来、共産主義者の大量転向が起こる。内務省や警察による徹底的な弾圧により、「偽装転向」が相次ぎ、「天皇陛下万歳」と言いながら統制経済や国家改造を主張する革新官僚・革新右翼が生み出されることとなった。

　その筆頭が北一輝《きたいっき》であり、大正一二（一九二三）年に出された『日本改造法案大綱』は、革新右翼の教本になっていく。北は五・一五事件の計画立案に関わったほか、二・二六事件を起こした青年将校を扇動する。北そのものは小物だが、革新の本体は日本政界の奥深くに浸透していた。

　彼ら「革新右翼」に対し、現在の歴史学では平沼を「観念右翼」と区別する。平沼は、国粋主義、復古的ではあるが、同時に共産主義や全体主義を強く批判している。また、ナチス・ドイツのファシズムについても、ソ連の共産主義と大して変わらないと言い切り、「日本の国体に反する点は殆ど同様で、共々に害を流すものと思ふ」としている（前掲『平沼回顧録』七八頁、「機外会館談話録第九回　昭和十七年五月十九日」）。

　西園寺を筆頭とするエスタブリッシュメント、平沼を頭目とする観念右翼、そして革新右翼が三つ巴で抗争する時代の到来だった。

帝人事件

平沼騏一郎と鈴木喜三郎は法曹界の枠を超え、政界の領袖の地位にあった。いわゆる「偉くなりすぎた」人たちである。司法省・検察の中で「平沼閥」と言われた派閥を率いたのが小山松吉であり、やがて塩野季彦が継いでいくこととなる。

だが、法務・検察部内にも平沼閥を白眼視する一派があった。小原直がその代表で、西園寺公望らエスタブリッシュメントとも気脈を通じていた。

以後、敗戦をまたいで三〇年にわたる塩野派と小原派の対立は、五・一五事件による斎藤内閣成立とともに開始される。

さて、斎藤内閣は当初、「帽子を取り換えた政党内閣」と言われた。誰もが暫定政権と思った。ところが意外に安定し、結果的に二年にわたるこの時期としては長期政権となった。内閣を支えたのは、高橋是清蔵相である。高橋は、世界中が不況で苦しむ中、いち早く日本経済を好況に転じさせていた。当然、長期不況に苦しんでいた国民の支持は高まり、内閣の安定に寄与していた。軍拡を求める軍に対しても高橋以下大蔵省は強気で、陸海軍は何度も苦杯をなめさせられていた。それは荒木貞夫陸相の失脚につながる。荒木は皇道派と呼ばれる陸軍内の派閥の領袖であったが、革新を標榜する統制派と激しく抗争していた。国本社関係者の多い皇道派の凋落は、彼らとつながる平沼にとって痛手であった。

だが、検察は大蔵省を標的に倒閣を仕掛ける。帝人事件である。

帝人事件とは、台湾銀行が保有していた帝国人造絹糸会社の株式売却に絡み、政官界との癒着が疑われた事件である。買い手側には、財界人の懇親会である番町会から実業家たちが参加したとされ、時事新報が「政界への工作で不当に安く買ったのではないか」という疑獄疑惑として連載記事を掲載し問題化した。

この暴露記事を発端に昭和九(一九三四)年二月から捜査が始まり、翌昭和一〇年から公判が行われた。この捜査で狙い撃ちされたのが五名の大蔵官僚だった。その中には、黒田英雄《くろだひでお》大蔵次官が含まれ、昭和九年のうちに斎藤内閣は総辞職する。

通説では、現状維持勢力の中核である大蔵省に対して、現状打破勢力の平沼以下検察が戦いを挑み、返り討ちに遭ったと言われるが、平沼本人が関与したという明確な証拠はない。検察の現役が、政治力を持つ平沼に忖度したのではないか、と言える程度である。なお、時の検事総長は平沼閥の林頼三郎《はやしらいざぶろう》である。

シーメンス事件に続き、検察が内閣を総辞職に追い込んだ二例目の事件だと言われる。西園寺公望は斎藤内閣の交代は認めても現状変更は認めず、後継の岡田啓介首相も海軍大将である。ここで小原が法相となるのは、反平沼閥の重用である。

国体明徴運動

平沼は枢密院副議長にとどめ置かれ、鈴木の政友会は議会で三〇〇議席の多数を占めながら政権到来の見込みがない。

斎藤内閣こそ総辞職に追い込んだが、西園寺元老は現状変更を認めず、後継には岡田啓介海軍大将を据えた。斎藤は内大臣として宮中入りさせた。将来、自分の代わりの元老格、すなわち首相奏薦の任を担わせるつもりである。大蔵大臣は高橋是清が後継者に育てた藤井真信《ふじいさだのぶ》次官の昇格（のちに病気により高橋が復帰）。政友会は野党に追い込まれた。

あげくは、小山松吉法相は交代し、小原直次官が昇格した。検察全体が「検察ファッショ」の批判を浴びていたことを憂慮する勢力の代表が、小原である。小原も平沼の下で出世しているのだが、この頃には平沼閥のやりかたに懐疑的になっていた。

あくなき政争は終わらない。

岡田内閣を揺るがしたのは、国体明徴《こくたいめいちょう》運動である。別名、天皇機関説事件という。昭和一〇（一九三五）年二月一八日、事件は菊池武夫《きくちたけお》の貴族院での発言から始まる。

菊池武夫は予備役の陸軍中将で男爵を賜っており、当時貴族院議員だった。この日の貴族院本会議において、美濃部達吉の著作である『憲法撮要』『逐条憲法精義』を挙げ、学説が国体に対する謀叛であり反逆だとして、美濃部を「学匪《がくひ》」と罵《ののし》りさえした。

陸軍の荒木貞夫や、海軍の加藤寛治《かとうひろはる》らと、国本社系の右翼がこの発言に賛同する。最初にこの発言を行った菊池も、国本社の役員に名を連ねている。在郷軍人会も加わり、天皇機関説排撃は勢いを増す。

平沼自身も天皇機関説には批判的で、この事件よりも前、美濃部が天皇機関説を発表し、天皇親政説を唱《とな》える上杉慎吉と議論していた頃、人にどう思うかと問われ「天皇を機関などゝ唱へるのは乱臣賊子《らんしんぞくし》だ」と答えたという（『平沼騏一郎回顧録』三四頁）。

実のところ、天皇機関説事件は、岡田内閣とエスタブリッシュメントに対する攻撃だった。岡田首相や、当時枢密院議長だった一木喜徳郎《いちききとくろう》、金森徳次郎法制局長官は、エスタブリッシュメントと呼ばれる現状維持勢力の中で、手の届くところにいる人々である。特に一木喜徳郎は、元東大教授であり、美濃部の師にあたる。美濃部の学説への攻撃は、その背後にある現状維持勢力に対する攻撃でもある。美濃部の学説が公務員試験の教科書である以上、それがある限り体制は変革できない。美濃部の学説は、帝国憲法下での政党内閣の正当性を裏付けるものだから、それを排除して政党内閣の正当性を失わせてみたらどうか、というのが国体明徴運動なのである。さらに、前任の倉富議長退任に際し、西園寺が強引に平沼副議長の昇格を阻止し、一木を押し込んできたという因縁もあった。

この運動を政権批判に利用できると、先陣を切って乗ったのは、衆議院最大多数党政友会総裁の鈴木喜三郎である。最大政党の総裁自ら、政党内閣を支える理論を否定してしまう。世論はあきれ、倒閣運動としても失策だった。しかも翌年の総選挙では、政友会総裁ながら落選の憂き目を見た。

美濃部達吉は貴族院の議場で反論し、演説は好評を博すが、議会の中だけで収まらなかった。陸軍軍人出身の衆議院議員、江藤源九郎《えとうげんくろう》（新平の甥）が美濃部の著作を不敬罪で告発する。

事の経緯は、当時の司法大臣だった小原直が回顧録に残しており、東京地裁検事局が美濃部を召喚して取調べているほか、小原自身が「議員辞職をしたら不起訴にする」という提案を行っている（『小原直回顧録』二一二頁）。

これは、いつもの検察の得意技であるように見えるが、美濃部を守るために提案したのである。話して分かる相手ではないのだから、むしろ騒ぎを収めるために引いてくれないか、と持ちかけた。事実、この事件の後、美濃部が政界から完全に離れた後になっても、暗殺未遂事件に遭い銃撃されている。

この事件当時、美濃部の学説が公務員試験の教科書となってから三〇年経っている。取調べる検事も、学生時代に美濃部の授業を聞いているのである。小原の回顧録からは、どのように扱ったらよいか苦慮する様子が伺える（『小原直回顧録』二一二頁）。

金森も法制局長官を辞任に追い込まれる。敗戦後、第二代憲法担当大臣として復帰するまで、金森は逼塞《ひっそく》を余儀なくされる。

なお、一木は枢密院議長に留まった。平沼の議長昇格を阻止する西園寺の執念である。

3・3　二・二六事件後の異変

絶望的な「憲政の常道」への復帰

陸軍部内の派閥抗争は、皇道派の荒木貞夫に代わり統制派の林銑十郎《はやしせんじゅうろう》が陸軍大臣に就いた頃から大勢が決し始めていた。これに憤怒した皇道派の青年将校が暴発する。

昭和一一（一九三六）年の二・二六事件である。陸軍から参加した行動部隊が岡田啓介首相をはじめとする政府高官を襲撃し、首相官邸や陸軍省、参謀本部を占拠したテロ事件である。斎藤実内大臣や高橋是清蔵相を暗殺した。

二・二六事件は日本全体に激震が走った大事件だが、事件そのものよりも、その後の展開が重要である。

第一に、「憲政の常道」への復帰は絶望的となっていた。鈴木喜三郎の数々の醜態に見るがごとく、政権担当能力のない政党を世論は完全に見捨てた。

第二が、戦時財政への突入である。昭和六年の満洲事変以来、世論は軍事拡大を支持していた。軍は世論の支持を背景に、巨額の財政出動を要求する。大蔵省といえども、この勢いを止めるのは至難の業となっていった。この点は、小著『検証　財務省の近現代史』で詳述した。

検察下剋上

そして、検察でも異変が起きた。

事件が起きた時、光行次郎検事総長が待合に逃げ込んでいたという話が部下から飛び出たのである。話を出したのは、松阪広政《まつざかひろまさ》控訴院検事である。

松阪は、田中義一内閣での三・一五事件、四・一六事件での共産主義者一斉検挙に腕を振るった検察官である。その当時は、東京地裁次席検事であった。

二・二六事件での光行検事総長の素行について、「こんな一大事に自分だけ安全地帯に逃げ込んで、しかも待合にいるとはどういうことだ」という批判である。ほとんど理不尽な言いがかりだったのだが、光行はその年のうちに退官することとなった。

この一件は、光行が「トラさん」という渾名だったことから、「虎退治」と呼ばれたり、部下から退官に追いやられたことで、「検察下剋上」などと呼ばれたりした。

昭和三〇年代に法務事務次官を務める岸本義広《きしもとよしひろ》は、この時に抜擢される。退官した光行は、どちらかと言えば小原系、すなわち反平沼系の司法官であり、岸本は平沼閥を継いだ塩野系の直系である。つまり、検察の中で二・二六事件を契機とした、平沼派と反平沼派の派閥抗争があり、平沼派が検事総長を辞めさせたことになる。

事件後、広田弘毅《ひろたこうき》に大命降下すると、陸軍が組閣干渉を行い、小原の司法大臣留任を阻止した。天皇機関説事件で、美濃部を不起訴としたことが生ぬるいとされたのである。小原の他に、入閣の候補にあがっていた吉田茂《よしだしげる》、下村宏《しもむらひろし》についても同時に入閣を拒否するという声明が陸軍から出された。陸相で入閣予定の寺内寿一《てらうちひさいち》陸軍大将名義だが、これを指図していたのは、軍務局の武藤章《むとうあきら》である。課長ですらない、ただの課員が大臣を使い走りのように使うのである。二・二六事件後は、陸軍内部でも下剋上の状態となっていた。

小原の入閣拒否に平沼は特に関係していない。組閣干渉を行った武藤や寺内とは距離が近いわけでもなく味方でもないのだが、政敵の小原が留任を阻止されるのは構わないから黙って見ていた、という程度のことである。

広田内閣が一年で潰れると、予備役陸軍大将の宇垣一成が大命降下を受けるも、組閣に失敗する。法相には松本烝治《まつもとじょうじ》が予定されていたのだが、宇垣内閣自体が成立しなかった。

なお、現在の日本国憲法が作られた時の憲法大臣は、初代が松本烝治、二代目が天皇機関説事件で内閣法制局長官を辞職した金森徳次郎なのだが、二人とも戦前に弾圧されたことが評価されたと言われる。

結局、宇垣に代わって、陸軍から林銑十郎が組閣した。

八人抜きの出世と「塩野閥」の形成

この内閣で大抜擢されたのが、平沼閥を継ぐのみならず、独自の「塩野閥」を形成することとなる塩野季彦である。

塩野は小原に睨まれ、名古屋控訴院検事長に左遷されていたが、広田内閣林法相の時に中央に戻されており、大審院次席検事だった。今で言う最高検次長検事である。この塩野が、林内閣の法相に大抜擢されたのだ。法務・検察の序列で言うと、実に八人抜きである。

この時、塩野は泉二新熊《もとじしんぐま》検事総長に相談しているが、「断れとは言えない」と言われ入閣を決める。昨日までの上司が部下になる。平沼が林と親しく、法相選定に影響力を発揮したとも言われる（筒井清忠『昭和十年代の陸軍と政治』二五一頁）。

以後、塩野は、林・近衛文麿《このえふみまろ》・平沼の三代の内閣で、昭和一二年一月から一四年八月まで、法相に留任することとなる。

就任早々の塩野は、法相として英断を下した。

かの斎藤内閣を倒した帝人事件の一審判決が下った。判決は、売買が正当なものであり、贈収賄の事実がないというもので、起訴された一六名は全員無罪となった。検察の完敗である。

戦後に最高裁判所長官となる石田和外《いしだかずと》判事が判決文を起案したが、「水中ニ月影ヲ掬セントスルノ類」(渡辺文幸『検事総長』一四三頁)と検察を批判し、まったく犯罪の事実が存在しないと述べている。

検察側の控訴断念により判決が確定する。これが塩野の英断だった。

塩野の判断には理由がある。帝人事件の捜査が行われた昭和九年と、判決が下った一二年では、まるで状況が変わっていたのだ。

昭和九年、平沼にとって親英米派のエスタブリッシュメントは敵だった。特に西園寺公望元老とは、激しく角逐した。だが三年たってみると、もはや西園寺の影響力は急速に失われていた。老齢の西園寺は、たびたびの政変に疲れ果てていた。

また、平沼自身の考え方も変わっていた。

3・4　支那事変の勃発

迫る「革新」の危険性

昭和初期の平沼は日本精神を絶叫する観念右翼の立場から、共産主義者だけでなく、西園寺のようなエスタブリッシュメントや親英米派のリベラリストも攻撃した。そして共産主義者は壊滅した。表向き。

それが昭和六（一九三一）年の満洲事変以降は、「革新」の動きとして巨大なうねりを起こす。「革新」を標榜する勢力は、エスタブリッシュメントや親英米派を大きく揺るがせた。ここに、平沼は「革新」の危険性を感じ、彼らとの対決を決意する。そして、西園寺個人はともかく、西園寺の周囲のエスタブリッシュメントは、法務・検察に絶大な影響力を誇る平沼の力を必要とするようになる。

二・二六事件直後の昭和一一年三月、平沼が国本社を解散することを条件に枢密院議長昇格が認められた。西園寺も妥協した。こうした流れの中、昭和一二年一二月、塩野は「大乗的見地から」と称し、控訴を断念したのだった。革新の圧力に対し、平沼や塩野がエスタブリッシュメントと妥協した格好だが、我が国の状況はすでに激変していた。

塩野を法相に登用した林銑十郎の内閣は四か月の短命に終わり、各界の衆望を担った近衛文麿が組閣する。塩野は留任した。その一か月後の昭和一二年七月七日、盧溝橋《ろこうきょう》事件が勃発した。支那事変の勃発である。事変は大陸全土に拡大し、内政では戦時財政と統制経済が強まる。対外的には中華民国の背後にあるイギリスとの関係が決定的に悪化していた。

平沼が一貫しているのは、共産主義者を何よりも憎み、反ソであるという点である。ソ連の脅威に対抗するにはイギリスとドイツと提携しなければならないが、そのためには、関係のこじれ始めているイギリスを優先して味方に引き込まなければならない。

そして「右翼」という括りで側にいる人間の危険性に気づいていた。つまり、周囲にいる人々の中で、「天皇陛下万歳!」と叫びながら、統制経済や社会主義のようなことをする連中は、ソ連と同じではないかと気付くのである。そうなると、ドイツはナチスの独裁であり、日本主義とは相容れないのだから、手をつなぐのはイギリスだということになる。

かくして、「観念右翼」の代表と思われていた平沼が、親英米派の砦となるのである。

近衛内閣の内幕

逆に、革新の走狗が陸軍であった。戦時体制の中で陸軍が発言力を強めるのは、世論の支持のみならず、軍事予算の拡大による。最終的には国家予算の九割までが軍事予算となるが、一般会計だけでは賄えないため、臨時軍事費特別会計を設け、戦費を支出する。ここまでくると、大蔵省にも制御しがたい状態となっていた。

この間の複雑怪奇な政争は、前掲『真実の日米開戦』で詳述した。だが、事態はさらに複雑である。

近衛内閣の様子が記録に残っている。

臨時軍事費として陸海軍に下りた中から、それぞれ内閣に上納することが行われていた。内閣に上納した機密費は、全閣僚に配布されるのだが、額は毎月三万円である。今の価格にして五億円ほどになる。毎月それだけの資金をもらい、言論界にばら撒く。大陸浪人や右翼を雇う原資でもある。では、法と正義を司る塩野はこの金の受け取りを何と言ったか。「慣例だから」と遠慮なくもらい、浪人たちに分けたとのことである（前掲『検察を斬る』一八一〜一八二頁）。

政治とは握手しながらも机の下で蹴り合う、対立しながらも裏で手を握り合うものである。ただし、全員が共犯であるために、誰も戦争を止めようとは言い出せなくなっていく。

雲散霧消した和平工作

第一次近衛内閣成立直後、昭和一二（一九三七）年七月の盧溝橋事件発生から五か月後、近衛文麿と平沼は和平工作を試みる。アジア主義者の宮崎龍介《みやざきりゅうすけ》を蒋介石《しょうかいせき》のもとへ送ろうとした。これは、陸軍の妨害に遭い失敗した。

平沼は満洲事変にもあまり賛成はしていなかったし、支那事変の早期和平に積極的だった。

支那事変の和平工作は、歴史学者の戸部良一『ピース・フィーラー』に詳しいが、何百もある和平工作の中で最も実現可能性のあった数少ない例のひとつが宇垣工作である。

第一次近衛内閣の中頃、昭和一三年あたりは、近衛が急に支那事変の和平を真剣に考え始めた時であり、五月に宇垣は外相に就任する。

宇垣が行ったのは、イギリスとの交渉である。蔣介石の最大の支援者であるイギリスと話をつけてしまえば、意思疎通は可能なのである。

近衛は、和平工作を陸軍統制派の現役に邪魔されないように抑え込むことを考える。そこで、外務大臣に宇垣を、文部大臣に皇道派の荒木貞夫を就けたのである。当時の陸軍は統制派が権力を持っているが、その前は皇道派が、さらにその前は宇垣派が持っていたからである。それぞれの重鎮を以て、現役の陸軍を抑える。これは、平沼の発案によるのだという。

ところが、宇垣工作が上手くいき始めたところで、近衛は外務省と外務大臣から中国大陸に関する外交・政策・経済の一切の権限を取り上げてしまう。怒った宇垣は辞表を叩きつけ、和平工作は雲散霧消した。

近衛の裏切りである。だが、平沼は表立っては近衛を敵視しない。

半年後の昭和一四年一月、近衛が政権を投げ出すと、近衛の強い推薦で平沼が後継首班に上がった。元老の西園寺は「二度と後継首班についてご下問を受けない」と、元老の仕事を辞めてしまう。

西園寺が平沼を嫌ったのはあらゆる史料に残る事実だが、「なぜそこまで嫌ったのか」となると謎である。

3・5　平沼内閣の誕生

乏しい成果

それはさておき、五・一五事件で首班に擬せられて以来七年、ようやく平沼は政権を獲得した。

平沼内閣では、第一次近衛内閣から引き続き、塩野が法相に留任した。

鈴木喜三郎は政党政治家として大失敗をしており、小山松吉はそこまで大物ではないと見做されていた。平沼が引き上げた塩野こそ、平沼閥の後継者だと目された。平沼が首相になると、塩野が司法省の現役を押さえ、実態は「塩野閥」となっていく。OBと現役の関係で、蜜月である。

平沼内閣は、二大政党からも閣僚を入れる。農林大臣に民政党の桜内幸雄《さくらうちゆきお》、鉄道大臣に政友会の前田米蔵《まえだよねぞう》を就けた。政務官は全員が政党所属である。

平沼内閣の懸案は三国同盟をどうするかなのだが、首相・外相・陸相・海相・蔵相で構成されるインナーキャビネットである五相会議で延々と審議しても、話はまとまらない。

革新勢力は陸軍を先頭に立て、ドイツ・イタリアとの三国同盟を求めた。だが、平沼はナチス・ドイツを共産主義と同根だと敵視していく。こうした姿勢は、かつての右翼仲間からは、変節漢呼ばわりされ嫌われた。

昭和一四（一九三九）年五月、ノモンハン事件が起こり、三か月後の八月に独ソ不可侵条約の締結が伝わると、政策の立て直しが必要だとして総辞職した。

一年に満たない平沼内閣の事績は、三国同盟を阻止したことだけであった。

大本営政府連絡会議

後継は、予備役陸軍大将の阿部信行《あべのぶゆき》が組閣する。塩野の法相留任は叶わず、後任として小原直の名前があがる。反塩野閥の司法大臣に、塩野は「天皇機関説問題の取り扱いがよくなかった」と持ち出し、小原の法相就任に反対したという（前掲『小原直回顧録』二四二頁）。

小原は内務・厚生大臣兼任で入閣することになり、後任の司法大臣には、名古屋控訴院検事長の宮城長五郎《みやぎちようごろう》が就いた。

とは言え、阿部内閣は何もできずに終わり、続く米内光政《よないみつまさ》内閣になっても何もできないのだが、米内内閣は陸軍が大臣を辞任させ、後任を出さなかったために閣内不統一で総辞職となった。なお平沼はこの時、第二次若槻内閣が倒れた際と同じように「悪例だ」と批判したという（前掲『平沼騏一郎と近代日本』）。

米内内閣の後、第二次近衛内閣が成立する。

第二次近衛内閣で、平沼は内相として入閣し、近衛の強い要請で大本営政府連絡会議に入った。

大本営政府連絡会議とは、軍の統帥機関である大本営と政府の合議機関である。支那事変が拡大した昭和一二年に設置された大本営には、首相が出席することができず、近衛文麿の求めによって設置された。

連絡会議は、重要な事項を御前会議として開催し、昭和一六年以降は定期開催となる。戦争指導や対米開戦もここで決められた。

近衛の周辺には「革新」が結集していた。その中の一部は明らかにソ連のスパイだったことが明確になっている。一部の論者は、近衛本人をもソ連のスパイと断定している。

だが、その一面はあるものの、複雑な人格である近衛は、一方で「革新」の動きを妨害もしている。

近衛はこの頃、昭和研究会に所属する政治学者の矢部貞治《やべていじ》が提起した憲法を無視したファシズムを拒否している。大政翼賛会がナチスのようなファシズムにならなかったのも、平沼が猛批判して止めたからだという。大政翼賛会は、決定権が総裁に集中する仕組みだったが、これを「近衛幕府の再現」と批判され、さらに主導権争いが起こると、昭和一六年頃には、近衛と側近グループは改組により総裁から降り、主導権を内務官僚が握ることになる。大政翼賛会は、「日本版ナチス」を目指したのだが、平沼が中心となり粉砕したのだった。

命の危機、ゾルゲ事件

昭和一六年初頭から春にかけては、企画院事件が起こる。企画院は戦時統制経済の企画・推進に携わった内閣直属の機関なのだが、大蔵省から予算を取り上げる目的の役所である。ここに革新官僚が集っていた。勝間田清一《かつまたせいいち》や和田博雄《わだひろお》など、戦後の社会党左派の領袖になる人々である。企画院の在職者が昭和一〇年から官庁人民戦線を作ろうと画策するなど何かと治安維持法違反があり、これを片っ端から摘発していったのが平沼である。

こうした活躍から、夏に狙撃事件が起きる。平沼が「革新と対峙する」として撃たれ、重傷を負った。犯人の動機は「三国同盟に反対した」「南進に反対した」「松岡洋右《ようすけ》をクビにしたのは平沼の陰謀」だった。第二次近衛内閣外相の松岡洋右は、戦後歴史学では長らく平沼ともども侵略戦争遂行の張本人と評されてきた。だが、平沼はドイツとの同盟を推進した松岡とは政敵の関係であった（松岡の評価は、前掲『真実の日米開戦』を参照）。平沼は治療に専念することになり、第三次近衛内閣の対米交渉には関与できなかった。

昭和一六年七月、近衛内閣は再組閣により第三次内閣となる。

平沼の後に内務大臣として入閣した田辺治通《たなべはるみち》は、平沼内閣の書記官長を務めた平沼閥直系の側近である。護憲三派内閣ができる頃から平沼に私淑し、国本社創立にも参画している。

この第三次近衛内閣は、ゾルゲ事件で総辞職に至る。ゾルゲ事件とは、近衛側近の朝日新聞記者の尾崎秀実《おざきほつみ》とその情報提供者でドイツ大使館員のリヒャルト・ゾルゲが、ソ連のスパイとして内閣の重要機密を漏洩していたというものだ。

ゾルゲや尾崎を摘発する陣頭指揮を執ったのが、田辺だった。

なお、ゾルゲ事件では、戦後検事総長になる井本台吉《いもとだいきち》や布施健《ふせたけし》らが現場で捜査にあたった。

3・6　戦局の悪化

憲兵政治の悲劇

結果的に大日本帝国はアメリカと開戦することになる。対米開戦時の内閣は、東条英機《とうじょうひでき》内閣である。

エスタブリッシュメントと平沼閥は、親英米派として支那事変解決に動いた。しかし、彼らが期待した近衛文麿は政権を投げ出し、後継の東条英機陸軍大将の内閣で対米英開戦にまで拡大する。

東条英機は陸相と内相を兼任し、陸軍の憲兵隊と内務省の特別高等警察の両方を使って反対派を弾圧した。悪名高き憲兵政治である。自身に対する批判を許さず、逆らえば、どんな偉い人でも召集令状で戦場に送るという暴挙を繰り返した。大学教授などの知識人も例外はない。

昭和一七（一九四二）年、第二次世界大戦の緒戦勝利を受けて、東条内閣は総選挙の実施を決める。悪名高い翼賛選挙である。この時、反対派に対し特高警察が徹底的な弾圧を加えた。官憲が圧迫を加えるような選挙は無効であるという裁判が全国で起こされるが、裁判官は根拠無しとして却下していく。

ところが、大審院で一人だけ無効判決を出した判事がいた。吉田《よしだ》久《ひさし》大審院判事である。清永聡『気骨の判決』というノンフィクションに詳しくまとめられているが、戦時中にかかわらず違憲として選挙のやり直しをさせた例である。

戦後の最高裁は衆議院総選挙に対し違憲判決を二回出しているが、いずれも「やり直さなくてよい」と法を曲げた。戦前の方がよほど司法権の独立があったと言える。本気で生命さえ奪いに来る東条憲兵政治の弾圧に多くの裁判官は恐れおののいたが、吉田判事の存在は特筆大書すべきである。吉田は早期退官に追い込まれ母校の中央大学法学部で教鞭をとることになるが、東条は特高の監視を絶やさなかった。

また、東条憲兵政治の悲劇として、中野正剛事件がある。中野は「戦時宰相論」という記事を書き、昭和一八年元旦号に掲載されたが、「戦争に勝つ総理大臣の資格は……」と歴史の話を書いたところ、東条が暗に自分に対する批判だと受け取った。怒り狂った東条は現職衆議院議員である中野の勾留を命じる。呼びつけられた松阪広政検事総長は憲法違反を理由に抵抗するが、結局中野は勾留された。松阪の出した勾留請求は大審院に憲法違反とされ中野は自宅に帰されたが、自決した。

なお、この時に勾留請求に反対した中村澄音夫《なかむらとねお》東京地検思想部長のもとには、召集令状が届いた。東条からの懲罰である。さらに、勾留を憲法違反とした小林健治《こばやしけんじ》東京地裁予審判事には、憲兵と特高の監視が付いた（前掲『検事総長』四八頁）。

この種の幼稚な弾圧を行う際の東条の決まり文句は「戦争に勝つためだ」だが、己の権力維持を公益と思い込む小役人根性の発露と評するしかない。

確かに国民は東条の掛け声に答え、戦争に協力した。しかし、官僚としてはともかく、戦時宰相として東条は無能すぎた。

最後の御前会議

戦局悪化に伴い、昭和一九年頃から、重臣たちの東条倒閣運動が始まる。重臣とは歴代の総理大臣のことだが、その中心人物の一人が平沼である。

昭和一八年夏頃から、岡田啓介が動き、近衛文麿、平沼騏一郎、米内光政の四人から始まった。そこへ若槻礼次郎が加わる。

重臣たちの工作は実り、東条は退陣に追い込まれた。後継は小磯国昭《こいそくにあき》となる。その小磯内閣が対米和平に展望を見いだせず総辞職するや、昭和二〇年四月に鈴木貫太郎《すずきかんたろう》に大命降下する。鈴木は、和平やむなしの空気を醸成し、「非常時」を理由に一気に御前会議の場に決着を持ち込んだ。議題はただ一つ、敗戦を受け入れるか否かである。

御前会議の出席者は、首相の他に、和平派として東郷茂徳《とうごうしげのり》外相と米内光政海軍大臣。徹底抗戦派は阿南惟幾《あなみこれちか》陸軍大将・梅津美治郎《うめづよしじろう》参謀総長・豊田副武《とよだそえむ》軍令総長である。そこで鈴木は、「枢密院に諮詢している余裕がない」と、枢密院議長の平沼を御前会議に入れた。これで三対三である。こうした場合、首相の鈴木が議長として裁決しなければならないのだが、「事が重大すぎる」と、昭和天皇のご聖断を仰いだ。ご聖断は、和平であった。

阿南や梅津はそれ以上の抵抗はせず、和議は決した。

平沼騏一郎には、右翼の印象があり、権力亡者であるのも事実である。しかし、史実をたどれば満洲事変以降に行われた対外政策には常に懐疑的であり、遂には親英米派の中心人物としてエスタブリッシュメント層の期待を背負う役割を担った。

なお、平沼は昭和二〇年八月一五日、平沼が鈴木とともに和平を推進したことに怒った自称愛国者に家を焼かれている。

第四章

占領期

4・1　思想検事の公職追放

GHQの日本弱体化計画

昭和二〇（一九四五）年八月一五日、日本は敗戦の受諾を宣言した。この日から六年半にわたり、我が国はGHQ（連合国軍最高司令官総司令部）の統治下に置かれた。連合国の中心であるアメリカの目的は、日本弱体化である。ダグラス・マッカーサーを総司令官とするGHQは、旧来の日本の統治機構を、「民主化」と称して片っ端から解体していった。

その日本弱体化計画の一つが、東京裁判であった。

司法省では、東条英機内閣で法相を勤めた岩村通世《いわむらみちよ》が最初にA級戦犯の指定を受け、巣鴨プリズンに収容された。次いで、東条英機内閣で検事総長を務め、その後の小磯国昭内閣、鈴木貫太郎内閣で法相に就いた松阪広政が狙われた。そして、塩野季彦元法相、平沼騏一郎元首相が後に続いた。GHQは、思想弾圧の首魁として、「塩野閥」「平沼閥」の解体を目論んだように見える。だが、政界に進出していた平沼はともかく、法務・検察に根を張っていた塩野閥は占領期も生き残る。

巣鴨プリズンに収容された四人のうち、起訴され実刑判決を受けたのは首相経験者の平沼だけである。松阪と塩野は思想犯弾圧の容疑で取調べを受けたが、昭和二一年五月三日の東京裁判開廷を迎える前に釈放された。最初に拘束を受けた岩村だけは、昭和二三年の不起訴処分を待たねばならなかった。

A級戦犯は、有名な用語であるが誤解も多い。A級戦犯とは平和に対する罪、B級戦犯は通例の戦争犯罪、C級戦犯は人道に対する罪とされた。ABCの分類は連合国の勝手な分類で、国際法とは何の関係もない。特に、「平和に対する罪」「人道に対する罪」とは、「連合国に逆らった罪」ほどの意味もない。

東京裁判は徹底的に政治裁判であり、旧陸海軍と内務省を解体に追い込んだ。だが検察に関しては、GHQがどこまで分析できていたかは疑問である。平沼が起訴され、有罪になったのは、平沼が首相経験者であり、枢密院議長という立場の重臣だったからである。一方で、中野正剛事件で東条に逆らった松阪は早期に釈放された。あげくは、塩野閥の始祖である塩野も早々に釈放を許されている。こうして見ると、少なくともGHQは検察を「A級戦犯」として扱ってはいないように見える。

例外なき追放

GHQは昭和二〇年一〇月四日に「政治的、公民的及び宗教的自由に対する制限の除去に関する司令部覚書」（人権指令）を出し、政治犯の即時釈放、思想犯の弾圧取締の停止、特高警察の全廃、その他の思想犯取締や監視に従事した公務員の罷免、治安維持法を含む思想犯弾圧に関する法規の全廃を要求した。その中には、当時の山崎《やまざき》巌《いわお》内務大臣の罷免も加えられていた。東《ひがし》久《く》邇宮《にのみや》稔彦《なるひこ》首相はこれを受け容れられないとして抵抗し、わずか五四日間で総辞職した。

罷免を要求された山崎内相は覚書の出る前日、イギリス人記者のインタビューに対し、「思想取締の秘密警察は現在なほ活動を続けてをり、反皇室的宣伝を行ふ共産主義者は容赦なく逮捕する」「政府形体の変革とくに、天皇制廃止を主張するものはすべて共産主義者と考へ、治安維持法によつて逮捕される」（『東京朝日』昭和二〇年一〇月五日）と答えている（奥平康弘『治安維持法小史』二八二～二八三頁）。こうした考えは、宮様内閣と呼ばれた東久邇宮内閣だったからということではない。松阪の後に弁護士から登用された岩《いわ》田《た》宙造《ちゅうぞう》法相も、山崎内相と同じ方針であった。

その後に発足した幣原《しではら》喜《き》重郎《じゅうろう》内閣で治安維持法と特高警察は廃止された。だが、特高警察と治安維持法の廃止は第一歩にすぎず、次いで神道が標的になった。神社を統括する神祇《じんぎ》院は文部省へと移され、商工省、建設省、厚生省が分離独立して、昭和二二年末をもって解体となった。内務省は「官庁の中の官庁」と言われる官庁だったが解体され、ほとんど機構を変えることなく存続した大蔵省や外務省とは明暗を分けた。

通説は、GHQは行き過ぎた軍国主義と国家主義を排除し、人権弾圧から日本国民を解放して民主化を進めたという。だが、特高警察や治安維持法、そして思想検察が生まれた背景にあったのは、共産主義国ソ連の建国である。共産主義を認めないというのが日本の立場であり、同じ資本主義経済国であるアメリカにその政策を否定されるとはまったく考えていなかった。

GS（民政局）次長のケージスは、日本政府のやり方は手ぬるい、日本の民主化の妨げになる者はどんどん追放すべきだと強硬な姿勢を示していた（C・A・ウィロビー『GHQ知られざる諜報戦』一六三頁）。

G2（参謀第二部）のウィロビー少将によれば、特高警察と治安維持法の廃止を指揮したCIC（対敵諜報部隊）のソープ准将は、戦犯容疑者として皇族を逮捕し、ゾルゲ事件の生き残りを監視体制もとらずに釈放し、中国から帰国した野坂参三《のさかさんぞう》を凱旋将軍のように出迎えたという。ウィロビーはソープを着任七か月で解任するようマッカーサーに強く進言し、本国に帰国させている（前掲『GHQ知られざる諜報戦』一四九頁）。

一〇月四日の人権指令に従い、司法省は全国に二二か所あった思想犯の保護観察所を閉鎖、その職にあった観察所長・保護観察官・補導官ら一一五〇人余を追放処分にした。この時点では、思想検事は明確に罷免対象にならなかったが、昭和二一年一月四日の「公務従事に適せざる者の公職よりの除去に関する件」（公職追放令）を受け、七月三日に思想検察関係者・検事長・検事正・検事ら二五人を公職追放処分とした。

その中には、後に検事総長に返り咲く井本台吉元思想課長や、法務大臣として復帰する小原直元司法大臣も含まれている。公職追放令で曖昧だった追放者の基準を決めたのは、GHQではなく日本側であった。

司法省では刑政局長の清原邦一《きよはらくにかず》と会計課長の太田耐造《おおたたいぞう》の二人がこの任にあたり、追放の対象を「八年以上又は昭和一六年三月以降四年間以上に亘って思想検察に従事した者で、その期間中において検事以上の職を占めたことのあるもの」とする解釈基準を定めた（前掲『検事総長』五六頁）。この清原と太田も公職追放となっている。清原は後に復職して検事総長になったが、太田が戻ることはなかった。

この公職追放は現職検事総長であっても例外ではなく、昭和一八年から検事総長を務めてきた中野並助《なかのなみすけ》も、幣原内閣発足から三か月後の昭和二一年二月八日に検事局を去った。

4・2　占領政策と組織防衛

検察中枢の破壊

こうして司法省は、公職追放によって戦前から中核を担ってきた人材を一気に失った。ポツダム宣言受諾後に発足した東久邇宮内閣からは、法相が官僚経験のない弁護士出身の岩田宙造になり、さらに中野の公職追放で新たに検事総長に就いたのも、やはり官僚経験がない弁護士の木村篤太郎《きむらとくたろう》である。次官にも弁護士の谷村唯一郎《たにむらただいちろう》を推した。検事はこれまで独占してきた司法省幹部の地位を失った。

中野の後任についた木村篤太郎は、幣原内閣時代に外相だった吉田茂に気に入られ、吉田が政権に就くと法相に抜擢された。検事総長在任はわずか三か月であった。木村は就任当初の記者会見で「およそ治安維持のできぬような国家は滅亡あるのみだ」と答えている（前掲『検事総長』五九頁）。

在野弁護士出身といっても、木村はリベラルどころか超タカ派である。第一次吉田内閣が総辞職し、社会党の片山哲《かたやまてつ》内閣に代わってから遅れて公職追放処分を受けるが、追放が解除されると政界に転じて再び法相（当時は法務総裁）に返り咲く。破壊活動防止法の成立や再軍備の実現に尽力し、初代防衛庁長官を務めた。昭和二五（一九五〇）年の朝鮮戦争をきっかけにGHQが反共に転じ、レッド・パージが始まると、やくざ者や愚連隊を結集した「愛国反共抜刀隊」を作って左翼勢力に対抗しようと計画したこともある。なお、平成三〇年一月現在、この木村が検事総長から法相になった最後である。

木村は後任に、やはり在野の弁護士である福井盛太《ふくいもりた》を推した。先の話になるが、福井の後は裁判官出身の佐藤藤佐《さとうとうすけ》、その次はまた弁護士出身の花井忠《はないただし》と、検事総長に検事以外の者をいただく時代が続くことになった。

戦前、司法省では「思想検事にあらずば検事にあらず」と言われてきた。優秀な者は自然と思想検事となり、主流派である塩野閥に集中した。小原閥は反主流であった。だが、敗戦により人事は一変した。

異例昇進の背景

昭和二〇年一二月、岩田法相は東京控訴院のヒラ検事でくすぶっていた木内曽益《きうちつねのり》を大審院検事に命じた。それからわずか三か月後の昭和二一年二月には浦和地裁検事長に、さらに四か月後の六月には東京地裁検事正とした。異例の昇進である。

木内は、戦前、小原法相の下で二・二六事件の主任捜査官を勤めた検事だ。裁判管轄問題で陸軍と対立した木内は法を力で曲げるべきでないと主張して、陸軍にも右翼にも臆せず正論をぶつけた。その正義感の強さゆえに塩野閥から疎まれ、小原とともにエリートコースから外されていた。

当時の東京地裁検事正は、東京控訴院検事長が約束されたポストである。岩田が法相に着任した当時、東京地裁検事正は塩野閥の岸本義広であった。岸本は思想犯の捜査が長かったが、追放基準の年数に達していなかったことで生き残った。岩田は、その岸本を広島地裁検事正に異動させ、その後任に自分と同じ弁護士の佐藤博《さとうひろし》を就任させた。木内を浦和地裁検事正から東京地裁検事正にする時に、佐藤を東京控訴院検事正とし、岸本は広島地裁検事正を経て札幌控訴院検事正とした。同じ天皇の認証官である控訴院検事正でも、東京と札幌では序列でいうと頭と尾である。

木内と岸本は、木内の方が一年年長で、任官は二年先輩という関係でもある。木内が不遇のまま一〇年を過ごすうちに岸本がつけた差を、木内は一年足らずで同格一歩手前までつめたのである。

戦前は思想検察の塩野閥が主流で、その後継者が岸本である。それに対し、戦前は反主流派だった小原閥は木内を押し立てて勢力を増し、疑獄事件を扱う経済検察として台頭していくこととなる。戦前の塩野閥対小原閥の抗争は、占領期に過熱していく。

成功した組織防衛

昭和二一（一九四六）年一一月三日に新憲法が公布され、翌年五月三日の施行に合わせ、裁判所法、検察庁法が新たに制定された。大審院は最高裁判所に、控訴院裁判所は高等裁判所、司法省は法務庁（のちに法務省）と改称し、司法大臣は法務総裁と変わった。

裁判所に属していた検事局は検察庁として独立分離し、法務庁の特別の機関となった。部分的に判事と検事の交流人事は残るものの、裁判所は官僚機構としては検事優位の状態から解放された。裁判所は、検事中心の司法省からの人事と予算による統制を受けなくなったのである。

併せて刑事訴訟法の改正も行われた。予審制度が廃止され、裁判官が真実追及も含んだ審理を主導する職権主義が改められた。裁判官は法の適正手続が行われているかを審理し、当事者が提出した証拠によって判断を行う当事者主義となった。

戦前の大陸法系の影響を受けた我が国の司法制度は、ここで英米法系の影響を受け、独自の制度に変化する。イギリス、アメリカでは、検察官は捜査をせず公判のみを行う。イギリスは刑事事件でも私人が訴追できる制度になっており、検事は手続きを行う法律の専門家ほどの役割しか持たない。アメリカは検事が選挙で選出される制度であり、起訴は陪審が決定する。

捜査を警察に任せ、公判だけを行うとするアメリカの検察制度の導入には、当時の検察が時期尚早と強く反対したという（河井信太郎『検察読本』一二九頁）。その結果、検事に捜査開始と捜査指揮権を残し、捜査も起訴も行えるままとなった。また、起訴国家主義、起訴独占主義もそのまま残された。

占領政策の中で、裁判所に対する人事と予算の権限こそ失ったが、検察は概ね組織防衛に成功したと言える。

4・3　GHQの内紛と昭電疑獄

異例の昇格人事

昭和二〇年代の日本政治は、保守政党が二つに割れて存在していた。昭和二四（一九四九）年から昭和二六年の第三次吉田茂内閣の約二年間を除いて、社会党と組んだ方が政権を取る構図である。だが、社会党も単独では政権を維持できるだけの力は無い。

昭和二二年六月一日、その社会党・片山哲を首相とする連立内閣が成立。何の準備もなく政権を担当し、以後解党まで政権担当恐怖症に陥る端緒である。

片山内閣は、GHQ民政局の後押しを背景に、内務省の解散、警察組織の変革、民法・刑法の改正、国家公務員法の改正を次々に成立させていく。アメリカ人の言いなりであった。

片山内閣が成立した同じ日、初代東京地方検察庁検事正の木内は、馬場義続《ばばよしつぐ》を東京地検総務部長から次席検事に抜擢したが、同じ東京地検の内部異動とはいえ、異例の昇格人事であった。戦前から馬場は経済事件を担当して頭角を現し、司法省刑事局経済課の課長という経歴を持つ。また、経済検事だったことで公職追放を免れていた。以後、馬場は木内の腹心的存在として検察人事を掌握していくことになる。

この年の一一月、馬場は東京地検に隠退蔵事件捜査部を創設した。後の東京地検特捜部である。廃された日本軍の物資を隠し、高値で横流しする闇ルートの撲滅が目的であった。そこには沼津から東京地検に移ってきて、馬場を師と仰ぐようになった河井信太郎《かわいのぶたろう》の姿もあった。

昭電疑獄

昭和二三年三月一〇日、片山内閣は総辞職に追い込まれた。社会主義国さながらに、当時の日本の基幹産業の一つである炭鉱を国で管理するために作った炭鉱国家管理法案が産業界から大反対を受けたのだ。閣僚の大部分を占めていた保守系の連立与党からも反発され、政権維持が難しくなったことが原因の一つだった。後継総理はケージスが主導し、同じ連立与党の民主党を率いる芦田均《あしだひとし》が首相に就いた。

なお、予算を可決させず内閣にトドメを刺したのは社会党左派であり、民主党も炭管法案の是非をめぐり分裂する。幣原喜重郎元首相は民主党を離脱し、手勢を率いて野党の自由党に合流する。その手勢の一人に若き日の田中角栄《たなかかくえい》がいた。

その後、六月頃のことと推定されるが、河井の元に昭和電工という肥料を扱う会社の帳簿が持ち込まれた。河井は海軍主計将校の経験を持ち、経理の専門家である。手つかずなので見てほしいと頼まれ、手伝う程度ということで帳簿の検討を始めたという。

帳簿は複雑かつ巧妙な手口で粉飾されており、河井は当時の金額で一億五〇〇〇万円の使途不明金が存在することを突き止めた。そのまま河井は、不明金の使途を突き止めるため、社長の日野原節三《ひのはらせつぞう》を取り調べることになった（前掲『検察読本』一五頁）。

この事件は、昭電疑獄と呼ばれる疑獄事件に発展する。実は河井が帳簿を解析する以前から、警察が内偵捜査を続けてきた。

先に述べたように、片山内閣は内務省の解体と同時に、国から地方警察の権力を地方自治体に移させる機構改革を行った。アメリカ式の機構にしたのである。その変革を指導したのはケージス率いる民政局である。

しかし、日本は軍を失っている状態である。国が警察力を持たないことになれば、クーデターが起きても国を守ることができない。その上、各自治体の財政力は回復しておらず、警察機構を維持、運営できるだけの力がないことも懸念された。実際、地方自治体からは警察を国家警察本部に編入してほしいという要請が相次いだ。

この他にも多くの問題が噴出し、民政局の案は日本の国情に合わない非現実的な内容だったことを証明したようなものだった。当時、内務省警保局企画課長の石井栄三《いしいえいぞう》（後の第二代警察庁長官）は、軍情報部と直接接触し、民政局案の警察機構との妥協点を模索していたが、片山内閣が民政局案を決定したことは、ＧＨＱ内での軍情報部と民政局の対決姿勢を明確なものとした（前掲『ＧＨＱ知られざる諜報戦』一五一〜一五三頁）。

アメリカ本国でも、ケージスらの行動に疑問が持たれ始めていた。ウィロビーは密かにケージスらに対する調査を命じ、石井を通じて警察もこの調査に加わった。捜査の指揮を執ったのは、のちに警視総監や法務大臣となる、警視庁捜査二課長秦野章《はたのあきら》である。

ケージスは鳥尾鶴代《とりおつるよ》子爵夫人と不倫の仲にあったが、それは公然の秘密だった。警察は、ケージスの尾行をするうちに、ケージスや民政局員が昭和電工社長の日野原から派手な供応を受けていることを知った。昭和電工の不可解な経営実態について疑問を投げかける投書も、警察には送られてきていた。

政界とＧＨＱ

昭和二三年四月、民主自由党の高橋英吉《たかはしえいきち》代議士は、衆議院で昭電疑獄を表沙汰にした。

ここで政界とＧＨＱの関係も整理しておく。昭電疑獄を表沙汰にした高橋が所属する民主自由党（吉田自由党に幣原が合流して党名変更）の総裁は保守派の吉田茂である。その吉田を民政局は敵視していた。民政局にとって吉田が自分たちの命令に従わないばかりか、時にはマッカーサーに直言して計画を狂わせることもあったからだ。吉田は度々帝国ホテルに滞在中の軍情報部のウィロビーを訪ねており、ウィロビーも吉田びいきであった（前掲『GHQ知られざる諜報戦』一六四頁）。

その軍情報部や吉田と対立関係にあったのが社会党の片山と民政局である。芦田も、どちらかといえば民政局側になる。幣原喜重郎と、その資金源で側近の田中角栄の二人は、芦田に追われる形で吉田に接近している。

法務庁は、片山、芦田両内閣で法務総裁を務めた鈴木義男が社会党であるから、法務庁が軍情報部側、あるいは民政局と敵対関係とは考えにくい。検察は制度改革で権限の縮小を強いられ、主流派は追放の憂き目にあっているが、一方では木内のように復活した利得者がいたことも事実である。警察は言うまでもなく軍情報部のウィロビーについていた。

こうした政治的な背景に加えて、昭電疑獄は非常に筋の悪い事件でもあった。日野原が政財界にばら撒いた巨額の金は、日本経済の復興のために作られた特別の融資で、元は税金だった。しかし、融資額の算定基準も甘く、形ばかりは返還を前提としているが、返す気がなくても受け取れるものになっていた。

食料管理法を実直に守って餓死した裁判官もいた時代である（山口良忠《やまぐちよしただ》餓死事件）。こうした背景から、食糧事情改善のため、鉄鋼や石炭と合わせ、肥料製造業が特別融資の対象とされていた。総合化学メーカーの昭和電工は肥料部門を持っていたが、それに目を付けて昭和電工の社長に収まったのが日野原だ。日野原は、昭和電工の社長に収まるにあたっても政財界の有力者に賄賂を送って工作していた。財界に及んでいた公職追放で失職した日野原が経営者として復活するには、ＧＨＱを抱き込む必要があったからだ。そして、その後は融資を受けるために関係機関に金をばら撒いた。事件が発覚してからは、事件のもみ消しにも金を使い、逮捕後には拘置所の看守までも抱き込む始末であった。

芦田内閣を倒す

昭和二三（一九四八）年五月二五日、警視庁が昭和電工本社への強制捜査に入ると、ケージスの指示により警察は捜査から外され、捜査は検察のみで進められていくことになる。捜査指揮を執っていた秦野章と、藤田次郎《ふじたじろう》警視庁刑事部長の二人は更迭されてしまった（前掲『特捜検察物語』（上）九三頁）。この疑獄では、ＧＨＱとの関係が語られることはあっても、

GHQの関係者の名前が容疑者リストにあがってくることはなかった。

昭電疑獄の捜査は、東京地検に作られた特別捜査本部で進められた。河井が帳簿を元に日野原から得た供述によって、九月に入ると政財官界関係者を合計すると六四名の逮捕者を出した。政界では現職閣僚の西尾末広《にしおすえひろ》のほか大野伴睦《おおのばんぼく》、官界では福田赳夫《ふくだたけお》大蔵省主計局長、栗《くる》栖赳夫《すたけお》経済安定本部総務長官が含まれていた。芦田均首相の逮捕もささやかれた。

芦田内閣が総辞職を決めたのは、昭和二三年一〇月六日の西尾末広副総理の逮捕であった。一〇月七日、芦田は内閣総辞職した。

検察はじわじわと芦田の側近を押さえていき、とうとう芦田内閣を倒してしまったのである。検察が疑獄事件を追及して内閣を倒したのは戦前のシーメンス事件と帝人事件に続いて三例目であり、戦後最初の例となった。

4・4　高い壁

第二次吉田内閣

芦田内閣が倒れた後、吉田が首班指名を受け、第二次吉田内閣が発足した。

だが、吉田が政権の座に就こうとするのを、ケージスは執拗に妨害する。

ケージスは吉田の民主自由党幹事長の山崎猛《やまざきたけし》を首班指名に担ぐ工作をさせた。山崎首班工作事件である。

有名な戸川猪佐武《とがわいさむ》の『小説吉田学校』は、この場面から始まる。『小説吉田学校』では、吉田を引退させようとする総務会で、当時はまだ若手の田中角栄が待ったをかけ、「GHQの内政干渉を許してはいかん」と発言し、吉田の首班指名を決める場面が描かれている。

実際には、田中角栄の発言で吉田の首班指名が決定づけられたわけではない。だが、田中がこの時に暴れて悪目立ちしたことは事実で、このためGHQから目を付けられることになった。田中は、幣原らとともに民主党を追われて吉田の民主自由党に合流したばかりの新参者であったが、第二次吉田内閣で法務政務次官に登用された。

炭鉱国管事件

その頃検察庁は、もう一つの疑獄事件捜査を抱えることになる。

同時期、「GHQの検事総長」と異名のあった松方といわれる二世に対して、炭鉱国管事件に関し多くの政界人が情報を提供した。松方なる人物は、福井盛太検事総長をGHQに呼びつけて捜査を命じる（田中二郎・佐藤功・野村二郎編『戦後政治裁判史録1』三三七頁）。

これを受けて検察庁は昭和二四（一九四九）年一〇月一九日に捜査本部を立ち上げる。第二次吉田内閣成立の五日後のことである。捜査本部には、東京高検の幹部を中心に他の地検から増援を頼む形となった。異例の対応である。

田中角栄は炭鉱国管事件で収賄容疑をかけられ、逮捕された。法務政務次官も辞任する。その後、吉田は少数与党を解消するため衆議院解散総選挙に打って出た。田中は獄中から選挙に立候補し、当選した。

四か月に及んだ捜査の結果、田中を含む一一人の政治家、現職代議士が逮捕、起訴された。昭和二五年四月、田中は第一審の東京地裁では求刑懲役一年六月に対し、懲役六月執行猶予二年の判決が下ったが、昭和二六年五月、控訴審の東京高裁では無罪となった。有罪判決となったのは、四名に終わった。田中は政治生命を奪われることなく、生き延びた。

惨憺たる結果

検察は、炭管疑獄と昭電疑獄の二つを抱える。

一二月七日、辞職間もない芦田前総理が逮捕された。逮捕容疑は、片山内閣の外相時代に、複数の建設業者から政府の支払いを早めるように頼まれ、合計二〇〇万円を受け取ったというものだった。業者から金品を収受したとしても、昭電とはまったく関係がない。

拘置された芦田が取調べを担当した河井としたやり取りを日記に残している。どうせ起訴するのだから、さっさと起訴して保釈すればいいと芦田が言うと、河井は芦田の拘置には個人的には反対であり、「穏便な方法」で解決すべきだと考えていると答えた。

「穏便な方法とは妥協ですか」と反問したら、

彼は「そう……例へば一時政界を引退されるといふような……」

「それはダメです」と私は即座に答へた。

「私は私の行為が絶対に違法でないと確信してゐる。自己の確信をすてゝ、恰も違法の行為があつたから政界を引退するといふような形をとることは絶対にできない……私はこれから戦ふのです。最後まで……」

いつの日であつたか、河井検事は現在の政界を浄化する……それが正義感からも、国に対する忠義からも我々の義務と思ふという話をした。私は「その志はよいとしてもソレに独善が加わるととんだ事になる。〝青年将校〟といふ処ですね」と半分笑ひ乍ら私が批判したら、彼はマジメになつて「青年将校ではありませんよ」と否認した。

（『芦田均日記』第三巻　一一頁）

明治末年以来、検察は「起訴猶予」を政治家に対する武器としていたが、ここでも健在だった。

ちなみに、大野伴睦は逮捕中の取調べの時のことを『文藝春秋』に発表し、取調の河井検事を嘲笑している。

「お前の兄は魚網のヤミをやっているという話だが、なぜ兄貴を縛らんか」と一喝したらしょんぼりして黙ってしまった。

（『文藝春秋』昭和二五年七月号「獄中獄外放談」）

これには検事総長や馬場からも反駁文を書くべきだと勧められ、翌月河井の記事が同じ『文藝春秋』に掲載された。

「昭電事件のことを国会で問題にしないように、自民党の方を押えてくれと頼まれて、二〇万円もらった」と自白したときには机に泣き伏して声をあげて泣きながら、「わしの政治生命もこれで終りだ」といったではないか。それを私の兄を引っ張りだして、魚網のヤミをやったなどと、架空捏造の事実を吹聴するとは何事ですか、と書いた。

（河井信太郎『特捜検事ノート』二一三頁）

この事件の捜査で一躍有名人となった河井は、「人に聞くより物を見よ」と力説する。この昭電疑獄の時も、誰も見向きもしない帳簿の山の中で一人格闘し、大量のメモの中から見つけ出した証拠を突きつけると、「鼻くそを丸めて取調官にぶつけていた」日野原の顔色が変わったというエピソードを紹介している（前掲『検察読本』八七〜八八頁）。

昭電疑獄は総勢三七名、一法人を起訴し、捜査を終えた。

しかし、結果は惨憺たるものであった。第一審判決までに三年余の時間を要したが、芦田、西尾、大野、福田などは、控訴審でいずれも無罪となった。大蔵省主計局長福田赳夫には、一高の一年先輩で公職追放中の井本台吉が弁護人についている。昭和二三年一〇月の捜査開始から、無罪確定が昭和三三年と、事件の終結には一〇年以上の歳月を要した。

昭電疑獄も、炭鉱国管事件も、やり取りされた「金の趣旨」「国会議員の職務権限」という「法の問題」が立ちはだかった。

なお、鈴木貫太郎内閣で内閣書記官長として終戦工作を取り仕切った迫水久常《さこみずひさつね》も昭電疑獄に巻き込まれたが、ただ一人、一審で無罪を勝ち取っている。主任弁護士は小原直であった。

4・5　東京地検特捜部の誕生

不協和音

アメリカ本国では、昭和二一年に反共への政策転換の表明があり、容共政策を推進していた者の調査と処分が始まった。だが、日本で反共政策の転換が始まるには、民政局のホイットニー局長やケージス次長の失脚を待たねばならなかった。そのケージスは、昭和二三年一二月、本国に占領政策を報告するためワシントンに帰国したが、そのまま戻らなかった。

昭電疑獄、炭鉱国管事件の捜査が落ち着いた昭和二四年五月、東京地検は隠退蔵事件捜査部を改称して、特別捜査部を発足させた。東京地検特捜部である。これは、地検が昭電疑獄でGHQ高官の収賄疑惑に触れることなく事件を処理した引き換え（前掲『検事総長』七六頁）とされるが、実際のところはわからない。

馬場は、特捜部には「検事としての力量のある者」を集めた。馬場自身が東大法学部卒であり、法曹の多くを東大卒、京大卒が占めるが、学歴にこだわらなかった。中央大学出身の河井信太郎をはじめ私大出身で、多くの検察本で「野武士のような」と表現される検事を揃えたのである。中でも中央大学出身者が多いのは、河井の影響かもしれない。検察には「事件閥」と呼ばれるものも存在するといわれる。事件が起き、取調べが始まると、取り調べる側も家に帰れない。一定期間、苦しい思いをしながら〝同じ釜の飯を食った仲間〟ともなれば、そのような感情が生まれても不思議ではない。

地検特捜部誕生の二日後、五月一六日に木内は最高検察庁次長検事に就いた。同じ日、札幌高検検事長の岸本は広島高検検事長となっている。次長検事は認証官である。諸説あるが、認証官の中での次長検事の序列は、検事総長、東京高検検事正に続くものであり、広島高検検事正、札幌高裁検事正よりも上位である。とうとう木内は岸本を抜いたのである。

しかし、検察内部では昭電疑獄、炭鉱国管事件の第一審で無罪判決が続出していたことや、木内が旧塩野閥の思想検事に対する差別人事を徹底していたことから、木内に対する反発や怨嗟《えんさ》が生じていた。また、木内が最初に復活したときが社会党の片山内閣だったことから、木内が左派ではないかという噂も流れた。

とは言うものの、木内は吉田首相最側近の池田勇人《いけだはやと》とも親しい間柄であった。また、昭電疑獄で西尾の起訴の請訓を鈴木法務総裁が躊躇して、起訴が宙に浮いた事件があった時も、木内は鈴木を庇《かば》う行動をとっていない。この事件は鈴木が西尾と同じ党の同僚議員だったことと、鈴木が福井検事総長の頭越しに直接八高検の検事長を呼び出して事情説明をしようとしたことで、強い批判を浴びるものだった。

木内は、不正を行う政治には厳しく対決していくという姿勢を持つ一方で、労働・公安事件に対応しなければならない時期に、思想検事に対して軍部と癒着して弾圧を行ったという戦前の歪んだ像を変えることができず、怨嗟と受け取られても仕方がない人事を断行してしまった。木内に対する反感は、そのままかつての思想検察の生き残りである岸本への期待へと姿を変えた。

冷戦・朝鮮戦争・「逆コース」

吉田内閣は総選挙で大勝し、安定した基盤を築く。GHQ内の派閥抗争も、G2がGSを一掃して決着がついた。アメリカ本国もソ連への融和姿勢を改め、冷戦が本格化する。東アジアでは昭和二三年に朝鮮民主主義人民共和国（北朝鮮）、翌年に中華人民共和国が相次いで建国され、共産主義の脅威に対峙していかなければならなかった。

昭和二五（一九五〇）年六月二五日、朝鮮戦争が勃発した。毛沢東《もうたくとう》は北朝鮮側について参戦し、あわよくば日本列島の奪取を考えていたと言われる。この期に及んで、マッカーサーは、日本を弱体化させても戦争はなくならないことに初めて気づくのである。

今度は、ケージスたちが扶植した共産主義者を叩き潰すため、レッド・パージが始まった。「逆コース」とも言われる。アメリカにとって、軍国主義を助長した思想検察を叩き潰すのも戦争行為であるならば、左派を一掃するレッド・パージもまた、戦争行為なのである。占領政策はすべてアメリカの国益の都合で行われたのだ。

こうしたアメリカの姿勢は、公職追放の解除となって現れる。

検察では、追放が解除された井本台吉や清原邦一ら幹部を担える人材が復帰した。七月、福井盛太が定年で検事総長を引退した。後任には木内の名前もあがったが、判事から法務府刑政長官になっていた佐藤藤佐を迎えることになった。

余談であるが、福井は引退後、初代プロ野球コミッショナーとなった。福井以降、歴代プロ野球コミッショナーには法曹関係者が多い。検事総長経験者では竹内寿平《たけうちじゅへい》（第八代）、法務事務次官から東京高検検事長で引退した根来泰周《ねごろやすちか》（第一一代）のほか、宮沢俊義《みやざわとしよし》（東京大学法学部教授・第四代）、吉国一郎《よしくにいちろう》（内閣法制局長官・第九代）らである。黒い霧事件で「疑わしきは永久追放」の判断を下した宮沢、ドラフト逆指名とフリーエージェントを同時に導入した吉国、プロ野球球団再編問題で無能をさらした根来と、法律家としての見識など垣間見られぬ醜態をさらした人物が目立つ。

思想検察と経済検察の激突

昭和二五年六月二八日、吉田内閣の改造が行われた。公職追放が解けた木村篤太郎が政界に復帰し、法務総裁には内務官僚出身の大橋武夫《おおはしたけお》が就任した。大橋は愛国抜刀隊を組織しようとした木村に匹敵する反共主義者である。この時、大橋は初当選の新人代議士であったが、浜口雄幸元首相の娘婿ということもあり、吉田の抜擢であった。

大橋は木内を札幌高検検事長に転出させて岸本を次長検事にする人事案を佐藤総長に渡し、実行を命じた。

あまりにも露骨な左遷人事である。木内が立場を逆転していった時でも、岸本を落とすのではなく、差を縮めるやり方だった。検察は序列を重視する組織だ。木内を特別視していなかった佐藤総長すら、これには異を唱えた。

政治の側が、木内の考える、検察はどんな権力、勢力とも一定の距離を置くという正統派の思考を受け容れられなかったのも確かである。政治で行うことの中には超法規的な性質を持つものもある。それに対して、ストイックすぎる木内の正義感は「融通を利かせられない」と受け取られた。吉田も木内には好感を持てなかったという。

大橋は佐藤に断られると、木内と親しい池田や、巣鴨プリズンから戻ってきた元司法大臣の岩村通世にも働きかけをした。その岩村ですら、「そんな無茶なことはできない」と答えたが、工作は続けられたという（野村二郎『検事総長の戦後史』四四頁）。

思想検察と経済検察が激突した、木内騒動である。

4・6　検察官の身分保障

木内騒動の結末

昭和二六（一九五二）年正月になって、木内をめぐる人事の対立は大きな騒ぎとなる。

岸本が高検検事長をしている広島で、大橋は記者団に人事の刷新を行いたいと発表し、それが記事になった。

大橋は、岸本広島高検検事長を次長検事、木内次長検事を札幌高検検事長とする人事案を作り、佐藤総長に渡した。その際、法制局の佐藤達夫《さとうたつお》長官に確認を取ったとして、「検事の人事権は国務大臣である法務総裁の私にある。それが不服ならば辞表を出したらいい」（前掲『特捜検察物語（上）』一一七頁）と伝えたという。

木内は検察庁法第二五条を根拠に異動を拒否した。

第二五条　検察官は、前三条の場合を除いては、その意思に反して、その官を失い、職務を停止され、又は俸給を減額されることはない。但し、懲戒処分による場合は、この限りでない。

前三条の場合とは、定年（第二二条）、心身の故障等で職務を執れないとき（第二三条）、検察庁の廃止その他の事由で剰員となったとき（第二四条）である。

大橋は次長検事であろうと高検検事正であろうと、検察官であることには変わりがないとするのに対し、佐藤総長、木内は検察庁法第三条が「検察官は、検事総長、次長検事、検事長、検事及び副検事とする」と規定するのをさらに付け加えて反対する。

現行の検察庁法は、このそれぞれが「官」であるという解釈である。大橋の理屈では、検事総長を左遷することも可能になる。政治は人事を通じて、都合よく司法に介入できるということになり、検察権の独立は形だけになってしまう。

大橋も強硬すぎた。検察内部も木内を支持し、大橋に反発した。騒ぎが大きくなって、自由党内部でも慎重を求める声が相次いだ。吉田首相もたしなめ、大橋も自粛せざるを得なくなった。札幌ではなく、名古屋ではどうかという妥協案を示し、三月七日の閣議決定までに結論を出すことになった。

こうした動きの中で、三月六日、木内は佐藤総長に辞表を提出する。木内の主張は、「私の考えや主張が通ったと考えるので、時局重大の折からこの際、内閣に動揺を与えるのは私の本意ではないので辞表を提出した。しかしこれは売られた喧嘩で、結果において私は負けたと思っていない」（前掲『検事総長』八九頁）、「内閣が誤った法律解釈をしたのでは、内閣に一大汚点を残すので、強行措置を行う前に辞任した」（前掲『検事総長の戦後史』四六頁）として伝わる。

木内は、引退を決めた。そして二度と官界には戻らなかった。己の身分を捨てて、政治の介入から組織を守ったのである。

岸本には次席検事の発令が行われた。岸本は渦中の人であったが、この騒ぎの間、一言も発することはなかった。

一方の大橋は、勝利宣言ともとれる言葉を発している。「検察庁には目玉が二つある。第一の目玉は抜いたから、第二の目玉は馬場だ」とまで言い放った（前掲『特捜検察物語（上）』一二〇頁）。

だが、同じ昭和二六年の一〇月、国会で大橋は思わぬ疑惑で追及を受けることになった。特別調達庁が昭和二三年に発注した二重煙突構造の煙突について、納品内容と異なる請求をして、特別調達庁から代金を詐取した会社に大橋が関わっており、その会社から受けた顧問料の申告をしなかった所得税法違反と、提供を受けた政治資金の報告をしなかった政治資金規正法違反に問われたのだ。二重煙突事件である。

国会は、佐藤総長、佐藤（博）高検検事長、馬場東京地検検事正を証人喚問し、三人はそろって、大橋の疑惑を証言した。捜査上の秘密は証言を拒否できることになっているし、答えないのが常例であるが、この時だけは例外であった。一二月二六日、吉日は内閣改造に踏み切り、法務総裁を大橋から木村に代えた。

国会は証言に基づき正式に大橋の疑惑の捜査を検察に依頼し、昭和二六年一月二三日、検察は問題の会社の社長を起訴していたが、大橋については、嫌疑不十分として不起訴処分にした。

検察得意の不起訴処分である。この間、裏でどんなやり取りがあったかの記録は公開されていないが、その後の大橋が検察に対し一切の発言をしなくなったことから、およそのやり取りは想像できる。

なお、この大橋による木内への攻撃は、公安系検事が起こしたクーデターではないかという説もある（前掲『特捜検察物語（上）』一一六頁）。しかし、大橋にしても、木内にしても吉田最側近の実力者の池田勇人に泣きついているが、池田が動いた形跡はない。

いずれにしても占領期に台頭した経済検察は、犠牲を払いながらも大臣の人事介入を撥ね返し、組織の壟断《ろうだん》を防いだ。

だが、思想検察との飽くなき暗闘は激化していく。

第五章

指揮権発動と〝眠る〟検察

5・1 占領終結と保全経済会事件

朝鮮戦争と破壊活動防止法

昭和二五（一九五〇）年に勃発した朝鮮戦争は、三八度線を挟んで膠着状態にあった。ハリー・トルーマン大統領は朝鮮戦争の拡大が世界大戦化することを怖れ、停戦に向けて動いていた。しかし、マッカーサーは中国本土への攻撃や核兵器の使用を口にし、挑発するような発言を続けたため、トルーマンは昭和二六年四月一一日にマッカーサーを罷免した。

朝鮮戦争中、日本各地では在日朝鮮人が日本の警察と武力衝突を起こし、共産党の過激派もそこに加わって、交番や警察署を襲撃する事件が頻発した。昭和二七年五月の血のメーデー事件を皮切りに、吹田《すいた》事件、大須《おおす》事件の三大騒乱が起きる。治安対策として、七月には破壊活動防止法が成立した。ただし、「戦前の治安維持法の復活である」とメディアから激しい批判を浴び、当初の内容からは大きく後退を余儀なくされてしまった。

最近では、平成七（一九九五）年にオウム真理教に対する破壊活動防止法の適用が見送られたことが記憶に新しい。地下鉄サリン事件は、霞が関から虎ノ門一帯の政府中枢を狙って起こしたテロだったが、同法が適用されなかったため、「ザル法ではないか」との批判もある。

第三次吉田内閣

第三次吉田内閣は、最も安定した二年の間にサンフランシスコ講和条約締結を成し遂げた。だが、公職追放が解除され、鳩山一郎《はとやまいちろう》ら戦前派が政界に復帰すると、政局は再び激しく動き始める。

政権を争っているのは、吉田の自由党、鳩山一郎の日本自由党、重光葵《しげみつまもる》の改進党の三者である。日本自由党の鳩山は、自由党の創始者であるが、脱党・新党・復党を繰り返していた。そんな鳩山を支えた参謀が、三木武吉《みきぶきち》である。一方の改進党は、昭電疑獄で政治の表舞台から追われた芦田均が作った党の後身であり、やはり追放解除された外交官の重光を総裁に担いでいた。

吉田は鳩山に権力を渡すまいと重光に秋波を送り、一方で、これまた追放解除された緒方《おがた》竹虎《たけとら》を後継者に育てようと重用した。

緒方は戦前を代表するジャーナリストで、朝日新聞主筆だった。東条内閣の弾圧で自刃に追い込まれた中野正剛とは若いころからの盟友で、「後に生き残った者が先に死んだ者の墓碑銘を書こう」との「墓碑銘の誓い」を結び、実行している。その後、小磯内閣と東久邇宮内閣で国務大臣となり情報政策を担った。「吉田学校」の池田勇人や佐藤栄作《さとうえいさく》はまだ若く、吉田はこの緒方を後継者にすることを考えた。

保全経済会事件

長期政権で権力を独占する吉田は、鳩山一郎を担ぐ三木武吉の挑戦をことごとく退けてきた。だが、昭和二九年になると様相が変化した。

保全経済会事件の発覚である。

保全経済会は元在日朝鮮人の伊藤斗富《いとうますとみ》が作った投資会社である。高配当をうたって資金を集め、貸付や株の投資利益を分配するというビジネスモデルで多額の資金を集めた。朝鮮特需で経済が上向いていたときは良かったが、昭和二八年三月にスターリン死去のショックで株が暴落すると、自転車操業が行き詰まり、出資者からの取り付け騒ぎが社会問題になったことで国会でも問題とされた。その流れで、伊藤が集めた出資金を政治献金としてばら撒いたことが明らかになった。

伊藤の献金先について、保全経済会の顧問だった社会党の平野力三《ひらのりきぞう》が国会で証言している。

自分（平野）のほか、自由党の鳩山と三木武吉に一〇〇〇万円ずつ、改進党の重光、大麻唯男《おおあさただお》に二〇〇〇万円ずつ、自由党の広川弘禅《ひろかわこうぜん》を通じて池田勇人と佐藤栄作に三〇〇〇万円ずつといった具合である。有馬哲夫は、昭和三〇年三月二一日付のCIA文書を根拠に、三木武吉は重光葵の金融スキャンダルについてかなりの証拠を集めていたと指摘する（有馬哲夫『児玉誉士夫　巨魁の昭和史』一五〇頁）。この「金融スキャンダル」とは保全経済事件のことである。

伊藤の背後には、「政界の黒幕」として知られる児玉誉士夫《こだまよしお》がいる。伊藤が配ったというのは、ほぼ児玉が配ったというのと同じ意味だ。児玉は重光や大麻とも親しかったが、三木武吉とも親密であった。児玉は三木と組み、再軍備に消極的な吉田を弱体化させようとしていた。配った金は一見支援のように見えるかもしれないが、表沙汰になれば逆効果に働く。

吉田自身は金を受け取らなかった。吉田には、麻生《あそう》財閥（麻生太郎《あそうたろう》の父、麻生太賀吉《たかきち》）がついており、政治資金には困っていなかったからだ。だから、代わりに広川を通じて池田と佐藤に他より多い金を流した。政治勢力の増強に使われるかもしれないが、世間に公になれば、与党であることと、金額が多いことは大打撃になる。

重光にも金を受け取らせたのは、吉田の自由党を切り崩して政権を奪うとなれば、八〇人を超える野党第一党党首の重光葵と、四〇人の手勢しかいない少数派の鳩山では、党首になる芽は重光の方にあったからだ。重光の芽を潰せるよう、弱みを握るために、わざとばら撒いていたというのである。

保全経済会事件は、三木武吉が仕掛けた渾身の陰謀だった。

だが、この保全経済会事件はなぜかうやむやになった。昭和二九年二月二三日付の国務省のメモによれば、児玉は犬養健《いぬかいたける》法相と鳩山のために事件をもみ消すよう三木から依頼を受けたとのことである（前掲『児玉誉士夫　巨魁の昭和史』一五一頁）。

事件は、伊藤の逮捕、有罪で幕が引かれることとなる。だが、これで政争が終わったわけではない。

5・2　造船疑獄

新布陣

昭和二七（一九五二）年八月、法務府は、現在の法務省と改められていた。法務省改称と同時に、公職復帰を果たした清原邦一が初代事務次官、岸本派で思想検事だった井本台吉は刑事局長となった。検察庁は、佐藤藤佐検事総長、岸本義広次長検事、東京高検検事正に花井忠、東京地検検事正が馬場義続という布陣である。

余談だが、佐藤藤佐は上から読んでも下から読んでも同じに読める。本人は名前の由来を知らなかったというが、検事総長になってから、郷里の秋田県に江戸時代後期の財政家で同姓同名の佐藤藤佐という人物がおり、その人の顕彰碑があるのを知ってから「父親はそういうえらい人になるように、と祈る気持ちでその人の名前を借りたのではないかと思った」そうである。ちなみに、飼い犬の名前には「チャンセラー（大法官）」という名を付けていた（野村二郎『検事総長の戦後史』六六～六七頁）。

思想検事の岸本派と経済検察の馬場派の暗闘は続いていたが、それは昭和二九年の政局とも絡んでいく。

吉田は昭和二八年の第五次内閣で緒方を後継含みの副総理に指名した。吉田学校の佐藤栄作は自由党幹事長、池田勇人は政調会長で固める。法務大臣は犬養健、占領軍に潰されていたが復活した法制局の初代長官は佐藤達夫である。

造船疑獄

さて、保全経済会事件に続いて発覚したのが造船疑獄である。昭電疑獄と同様、戦後の経済復興政策に絡んで起きた典型的な贈収賄事件だ。

捜査の発端は、森脇将光《もりわきまさみつ》が公正証書原本不実記載と詐欺で警視庁に逮捕され、不起訴処分で保釈されるまでの間、二億円相当の株券や手形が消えていたという小さな事件から始まった。森脇が逮捕時に株券などを押収した警視庁関係者を東京地検に告発し、特捜部が捜査をすることになったのである。中心は河井信太郎である。

森脇は敗戦後、一〇日で一割の高利で金を貸して財を成した金融王である。違法すれすれの一〇日で一割を指す「トイチ」は、当時の流行語になった（野村二郎『戦後疑獄史の群像』二頁）。

特捜部の捜査で、消えた株券等は、森脇の経営する江戸橋商事社長の志賀米兵と、日本特殊産業社長の猪俣功が横取りしたことが判明する。しかし、その捜査の過程で、江戸橋商事を捜索した時、二つの会社とはまったく格の違う山下汽船と日本海運という一流造船会社の株券が見つかった。

不審を覚えた河井が調べを進めると、山下汽船が猪俣に浮貸ししていたことがわかった。

浮貸しとは、正規の手続きを経ないで融資することで、山下汽船が貸し付けた金というのは、正規の帳簿に載せていない、造船会社から受けた多額のリベートだった。そのリベートの流れを追っていくうち、複数の海運会社、造船会社から運輸省の官僚への贈賄、国会議員への政治献金が明らかになった。

初動捜査を担当したのは、当時二八歳の伊藤栄樹《いとうしげき》。後に「ミスター検察」と呼ばれ、検事総長となる検事である。伊藤は、この事件を著書『秋霜烈日』の中で「ひょうたんから駒」「副産物だった」と述懐している。事件が複雑な様相を呈してからは、保全経済会事件に続き河井が主任検事になった。

佐藤栄作逮捕へ

当時、政府は戦前の海運国の勢いを取り戻すべく、計画造船のための低利子融資を行っていた。朝鮮戦争後、不況の波が押し寄せると、利子補給法によって負担金利の低減、低減分の補給策や、対象船舶の枠拡大など優遇措置が取られていた。昭和二八（一九五三）年以降の利子補給法の充実は、造船業界から政官界への働きかけがあって実現している。

贈賄側が逮捕されたのに続き、収賄側で最初に逮捕されたのは、運輸省官房長の壷井玄剛《つぼいげんごう》である。計画造船のための低利子融資の割当について、便宜を図った疑いだ。

海運会社と造船会社の間で、一％ほどのリベートが取り交わされるのは当たり前のことであり、それ自体は違法ではないが、問題はそれらが正規の会計処理をせず裏金に回っていたことだった。

山下汽船の捜索で、特捜部は社長の横田《よこた》愛三郎《あいざぶろう》が書いた「横田メモ」と専務の吉田二郎が書いた「吉田メモ」の二つを押収した。これには、政治家とのつながり、献金額が記されていた。そこに、池田勇人政調会長と佐藤栄作幹事長の名前が入っていた。

こうした事実が明らかになると馬場は自ら捜査の陣頭指揮を執り、急ピッチで捜査の範囲を関係企業に広げ、その捜査規模は昭電疑獄を超えるものになった。三月に入ると、捜査費用の緊急追加が閣議決定され、小菅の東京拘置所に防音装置付きの調室が一六室も増設された（前掲『戦後政治裁判史録3』三二〇頁）。

佐藤栄作は一四日、未明に河井による取調べを受け、一七日には任意出頭をした。佐藤栄作は対策を協議するため、松阪広政元司法大臣、福井盛太前検事総長ら名だたる弁護士を集めた。

このとき、国警本部の後藤田《ごとうだ》正晴《まさはる》が佐藤栄作に会っているが、佐藤栄作は「こうなったらまな板の上のコイだよ」と苦笑していたという（前掲『検事総長』九六頁）。

指揮権発動

四月一七日から、最高検で検察首脳会議が開かれた。

出席者は、佐藤藤佐検事総長、岸本義広次席検事、馬場義続東京地検検事正、山本清二郎《やまもとせいじろう》東京地検特捜部長、河井信太郎主任検事、清原邦一法務事務次官、井本台吉法務省刑事局長、そして犬養健法相である。

会議で具体的に佐藤栄作逮捕の話が出たのは四月一九日である。馬場が「まず佐藤を逮捕すべきである。その後、池田も逮捕する。汚職の証拠は揃っている」（前掲『検事総長』九五頁）として、佐藤の逮捕を犬養に求めた。

犬養は、自由党の意向として、佐藤栄作を幹事長から更迭することを条件に決定を延期するよう求めた。法務省側の清原事務次官と井本刑事局長は、逮捕に慎重論を述べたという。しかし、地検側が逮捕の必要性を強く主張し、結論は二〇日に持ち越されることになった。強硬論を吐いたのは馬場だけではない。自由党とつながりがある岸本も強硬論だったという。

二〇日も会議が行われたが、双方譲らないまま深夜になり、佐藤総長が佐藤栄作の逮捕請求をしてよいかを文書で請訓することになった。

馬場は、一八日からは地検首脳部だけで佐藤栄作逮捕に向けた協議を行っている。それまでの間、佐藤総長に犬養法相の元へ何度も足を運ばせて、佐藤栄作逮捕の確認をしている。一九日までは、犬養は気軽に「いいだろう」と答えていたという。

だが犬養は、二一日に検察庁法第一四条に基づき指揮権を発動し、佐藤栄作逮捕を先延ばしさせた。

衆院議員佐藤栄作に対する収賄等
被疑事件処分の件指示

昭和二十九年四月二十日付日記秘庶第一九九号で具申の逮捕請求許可の要請案件は事件の性格と、防衛関係教育関係等国家的重要法案の審議の推移が国策の基本に重大な影響を及ぼすものと考えられる現状とに鑑み別途指示のある時期まで逮捕請求を行わぬよう取り計らわれたい。

右指示する。

要するに、検察の逮捕請求を、法務大臣が検事総長に命じて止めさせたのである。世にいう「指揮権発動」である。

その知らせを受けて呆然とする検事たちの前で、馬場が涙を浮かべて頭を下げたと伝えられている。

犬養は翌二二日に法相を辞任し、後任の法相加藤鐐五郎《かとうりょうごろう》が二三日の指示は国会閉会と同時に自然消滅すると通知したが、佐藤栄作の逮捕は見送られた。

だが、最終的に、佐藤栄作は党会計担当者とともに政治資金規正法違反（受けた寄付の届け出をしなかった形式犯）で起訴された。東京地裁は、昭和三一年一二月二八日、国連加盟の大赦により免訴を言い渡している。

ここで佐藤、次いで池田が逮捕されていたら、その後の日本の歴史は間違いなく変わっただろう。

5・3　入れ知恵したのは誰か？

指揮権発動の根拠規定

検察庁法第一四条「法務大臣は、第四条及び第六条に規定する検察官の事務に関し、検察官を一般に指揮監督することができる。但し、個々の事件の取調又は処分については、検事総長のみを指揮することができる」と定める。これが指揮権発動の根拠規定である。

検察庁法は法学部生が必ず学ぶような法律ではない。それに、非常にあっさりとした内容である。それだけに、この法が作られた背景や法文の意味がわからなければ、この場面に使えるかどうかを瞬時に判断するのは難しい、特殊な法律である。

この指揮権発動は一体誰の発案だったのか、いまだに謎のままである。

この時、具体的に逮捕請求があったのは佐藤栄作だけだが、それが実現すれば次は池田政調会長という流れである。検察が吉田内閣を潰しにかかっていることは明々白々だ。

だが、法律の専門家からすれば、佐藤栄作逮捕に邁進する東京地検特捜部、つまり馬場や河井の行動は無理筋だった。

伊藤栄樹は指揮権発動の知らせを聞いた時「ホッとする気持ちがあることも否定できなかった」と述べている（前掲『秋霜烈日』三五頁）。それは、河井主任検事との見解の相違があり、海運会社・造船会社間の特別背任罪の成立に懐疑的だったからだ。

実際、特別背任容疑は裁判でも否定され、無罪判決となった。佐藤栄作にかけられた第三者収賄罪についても、後日、当時刑事局長だった井本は渡辺文幸《わたなべふみゆき》の取材で、「贈賄側はいても収賄側はいない。事件そのものにも相当無理があった。岡原昌男《おかはらまさお》（大阪高検検事正から最高裁長官に転身）も亡くなる前に指摘していたが、それは法律家ならばすぐにわかることだ」（渡辺文幸『指揮権発動』一六七頁）と答えている。先に述べたように、起訴された佐藤栄作の罪名は、収賄罪ではなく、政治資金規正法違反である。確かに検察庁首脳会議でも、法務省の清原次官と井本刑事局長は慎重論をとっていた。

話がついていた?

渡辺文幸は、指揮権発動の一か月以上前の三月三日に緒方副総理と行った協議の内容を尋ねている。井本の言葉によれば、「指揮権発動などと事を荒立てなくても任せてくれればこちらで適当に処理しますと言ったが、緒方さんにはねつけられた」とのことである（前掲

『指揮権発動』一六七頁)。これらの証言が記憶違いでなければ、捜査が自由党の政治資金に及んだころには、すでに吉田や緒方は指揮権発動の存在を知っていたということになる。

しかも、こうしたトップ会談で「話がついていた」という。内閣法制局長官の佐藤達夫が犬養に私信で「国会情勢を理由にするよりも、事件そのものが無理筋だと入れるべき」ということを言っており、井本はその私信を犬養から見せてもらったという。井本が私信のことを佐藤長官に確認すると否定したそうだが、後日、指揮権発動の指示書に「事件の性格」を付け加えたことを、佐藤総長から「話がついているのに余計なことをするな」と叱られたという話なのである。馬場が検事たちの前で泣いたという話についても、内心は喜んでいたのではないか、犬養の辞任は馬場の要求ではないかと推測している(前掲『指揮権発動』一六八～一七〇頁)。ただ、これでは指揮権発動により支持率が崩落した吉田内閣が割に合わなさすぎる。

黒幕は誰か

他にも説がある。緒方が指揮権発動を吉田に教えたという説である。緒方は知謀者である。だが、緒方はジャーナリスト出身であって法律家ではない。松阪元司法大臣説もあるが、検察庁法が作られた当時は公職追放で官界を追われていたので、考えにくい。

そこで思い出されてくるのだ、犬養に指揮権発動の理由を付け加えるように助言した内閣法制局の佐藤長官の存在である。関係者への取材も含めて造船疑獄を研究した渡辺文幸は、入知恵したのは佐藤達夫だと結論付ける。

指揮権発動の指示書の文面を見ると、「事件の性格と」という文言が入っている。確かに辞任前の法相談話では「事件の法律的性格」と表現されていた。

七月末に捜査終了の宣言を出した後、吉田が自由党の会議で「造船疑獄は流言飛語」と発言したことがきっかけで、佐藤総長、馬場検事正が国会で証人喚問を受けることになった。その時、馬場は大臣に従ったまでで、検察には落ち度はないと答えている。これでは、政治の側が自己都合で検察の捜査を妨害したと受け取られてしまう。佐藤長官が「事件そのものに無理がある」という理由を入れようとしたのは、佐藤幹事長逮捕の延期の指示をした指揮権発動は、政局だけが理由ではないという形をとる必要があったからと解釈できる。

井本証言だけで立証できたとは言えないが、渡辺の佐藤長官説は首肯できる。先の木内騒動のときも、大橋法務総裁の法解釈を支えたのは佐藤長官である。検察庁法は、新憲法のもとに作られた若い法律だ。日本で一番法律に詳しい部署の長で、政権を守る立場にある佐藤長官であれば、能力的にも、動機も十分な説得力がある。

だが、当時、黒幕とされたのは岸本次席検事であった。指揮権発動による捜査の中止は、馬場派の失脚を狙う岸本にしてみれば、動機は十分である。事実、馬場をはじめ、河井主任検事、山本特捜部長は手ひどい非難を浴びた。しかし、馬場はそれを上手く逆手に取った。岸本黒幕説は意図的に、そして徹底的に流布された。

法相を辞任した犬養は失意のうちに病に倒れた。犬養は五・一五事件で暗殺された犬養毅の三男で、かつてゾルゲ事件に関わったとして起訴されたこともあった（判決は無罪）が、もともとは文人である。

事件から六年後、犬養は病床で「〝指揮権発動〟を書かざるの記」という手記をしたため、『文藝春秋』昭和三五年五月号に掲載された。犬養は本当に黒幕が岸本だと信じていた。名指しこそ避けたが、読めば岸本とわかるように書いたため、岸本は犬養を名誉毀損で告訴する。残念ながら、この年の八月末に犬養は死去し、決着を見ることはなかった。

検察内部では岸本主犯説には懐疑的だが、内部に裏切り者がいたという認識で受け継がれているようだ。

いずれにしても、現時点では決定的な史料は公開されていない。

内閣総辞職

吉田は、急場を乗り切った。佐藤栄作幹事長の後任は池田勇人政調会長の横滑り。造船疑獄で非難を強める世論に、真っ向から喧嘩を売った。犬養の後任法相は、医師から代議士になった加藤鐐五郎だった。加藤は「こんな時期、法相になるのは特攻隊に行くようなもんだ」と政界では囁《ささや》かれたと言う。本人も「総理からいきなり素人の方がよい、と言われただけですよ」と言っていた（前掲『特捜検察物語（上）』一五二頁）。だが加藤の法相は二か月の在任で終わる。吉田は窮地を乗り切るため内閣改造を行い、小原直を二〇年ぶりに法相に据えた。

言うまでもなく、戦前は思想検察の塩野閥に対し、少数派の小原閥を率いて抵抗していた。吉田とは旧知の仲である。広田内閣では陸軍により入閣を妨害された仲である。戦時中も連絡を取り合っていた。

これは、岸本に次長検事の座を押さえられている馬場派にとっては喜ばしい話だった。吉田は明らかに、検察を取り込もうとしていた。

吉田は、晩年になればなるほどワンマンぶりが目立つようになった。法律の専門家には無理筋に見えても、世論の反応は違う。庶民から見れば、佐藤栄作は吉田側近だから法を曲げて逮捕を免れたようにしか見えない。しかも、指揮権発動の主体は、犬養ではなく吉田であると伝わってきた。

人心の離反を三木武吉が煽り、五〇人近い代議士が自由党を離党、改進党など野党と合流し、鳩山一郎を総裁とする日本民主党を結成した。その数、一二〇名。社会党とともに内閣不信任案を提出すると、吉田は採決の前に総辞職に追い込まれた。

吉田は検察に勝ったが、政権は失った。これを検察から見れば、巨悪は取り逃したが、政権を倒したことにはなる。シーメンス事件、帝人事件、昭電事件に次ぐ四例目とされる。

だが、検察は敗北感に打ちのめされる。以後二〇年、ロッキード事件まで政界中枢に迫る疑獄事件はない。最終的に指揮権発動で敗れるのを、恐れるようになったからだ。

いわば「敗戦責任」の追及が、「指揮権発動を入知恵したのは岸本だったのではないか」という疑惑の流布なのである。その筆法でいくと、馬場派は「焼け太り」した。

そして、検察内の暗闘は、さらに激烈になっていく。

5・4　ジラード事件と日米密約

いまだ健在の敗戦体制

司法権の独立は、文明国の通義である。政府の圧力で司法が曲げられるなど、あってはならない。いわんや、裁判に外国の干渉を許すとあっては、もはや主権国家ではない。属国である。

では、敗戦後の我が国はどうか。

昭和三一（一九五六）年、『経済白書』は「もはや戦後ではない」と高らかに謳《うた》った。だが、その後の佐藤栄作内閣は「戦後は終わっていない」、中曽根《なかそね》康弘《やすひろ》内閣は「戦後政治の総決算」、そして現在の安倍《あべ》晋三《しんぞう》内閣は「戦後レジームからの脱却」を掲げている。戦後とはアメリカに負けた後の体制である。長期政権が現れるたびにこのような掛け声をかけねばならぬこと自体が、敗戦体制はいまだ健在だという証拠だ。

アメリカは三〇年経てば公文書を公開するが、史料はいまだに日本がアメリカの属国である冷厳な事実を示している。

米兵による農婦狙撃事件

事件は昭和三二年に起きた。

当時、米軍の演習場周辺には、米軍が訓練で発射した銃の薬きょうを回収して生計を立てている人たちがいた。地方では景気の回復の実感が薄く、薬きょう拾いは、すぐ換金できる上に、出稼ぎに行くよりも割のいい仕事だった。演習場が日米行政協定でいう「合衆国軍隊が使用する施設又は区域」かどうかが法文上で明らかでなく、演習場内に立ち入っても処罰されることはなかった。死亡事故が起きても、それでやめようという人はいなかった。

そして一月三〇日、群馬県の相馬村（当時。現在の榛東村）にあった米軍キャンプ・ウェア演習場（相馬ヶ原演習場）で、米兵ウィリアム・ジラードが薬きょう拾いの農婦を面白半分に狙撃したところ、死亡させてしまった。

米兵が日本国内で事件を起こした場合、それが公務であるかどうかによって裁判権を取り決めていた。これより前に、アメリカの憲兵（ＭＰ）が民家に押し入り婦女暴行を働いた事件があり、任務中であっても、公務遂行に伴わない行為による犯罪の第一次裁判権は日本にあるという判例もある。日本側はジラードが面白半分に農婦を狙撃した行為は公務に当てはまらないと主張した。

アメリカでは、国務省が「日本に裁判をさせるな」という世論の声に同調して、日本の裁判権を否定していた。ジラードの家族や軍関係者によって異なる事実が伝えられ、ジラードを日本に渡すなというプロパガンダやロビイングも行われた。しかし、連邦最高裁の決定を経て、日本での裁判が決まる。

密約

日本の政権も、岸信介《きしのぶすけ》内閣にちょうど切り替わる時であった。日米両政府とも、双方国民の感情的な対立を望んでおらず、基地問題で共産党勢力が力をつけることの危惧もあった。加えて、現場に居合わせた別の米兵が、ジラードが薬きょうを撒いて農婦を招き寄せていたと証言したことも、ジラードの正義を信じて日本での裁判に反対していたアメリカ世論を鎮静化させた。

裁判は見事なまでの訴訟指揮で進められた。「外人記者に見せるための裁判」との陰口もあったが（前掲『戦後政治裁判史録3』一〇一頁）、ジラード事件を取材した外国人記者によって、日本の裁判が公正なものであることを世界に宣伝する形になった。裁判終了時には、裁判長、検事、弁護人、アメリカ軍関係者らによる記念写真まで撮影された。

十一月十九日、裁判を担当した前橋地裁がジラードに下した判決は、懲役三年執行猶予四年であった。有罪の宣告は受けたが、事実上の無罪放免に等しい。ジラードは裁判終了後、係争中に結婚した日本人女性の妻を連れて本国に帰国する。

ジラードは殺人罪ではなく、傷害致死罪として起訴された。法定刑は三年以上の有期懲役（刑法第二〇五条）となる。検察は懲役五年を求刑していたが、判決を見る限り、求刑から減軽したというよりも、法定刑の下限を選択していることが窺われる。裁判所は量刑の理由を三つ挙げている。一つは危険な立入禁止区域に入って、無秩序に行動した農民にも責任があるということ。もう一つは、わざと命中するように撃っていないこと、残る一つは、被告は反省していて再犯の恐れがないことであった。

事実認定はわざと命中するように撃っていたこと以外は、ほぼ検察の主張どおり認められた。しかし、量刑が軽すぎる。検察は、控訴期限を目前に協議したが、断念した（前掲『戦後政治裁判史録3』九五頁）。

ちなみに、この判決にいち早く反応したのは社会党であったが、地元の協力を得られず、この事件を契機とした反基地闘争はまったく盛り上がらなかった。地元にとっては、基地がなくなって薬きょう拾いができなくなり、収入のあてがなくなることの方が問題だったのだ。

当時から、日米で何か密約があるのではないかと疑われていたが、やはり密約は存在した。アイゼンハワー大統領の主導で、ジラード事件についてはアメリカが裁判権を行使しないことが決まったが、それが決定される過程で、日本側が量刑を軽くすることに同意したということがアメリカの公文書に残されている。日本側というのは、裁判所も検察も含む（山本英政『米兵犯罪と日米密約』一六九頁）。

属国の悲しい現実だが、誰も抗いようがなかった。

5・5　佐藤総長の「置き土産」

法務・検察人事の鍵

検察官には定年が定められている。大正一〇（一九二一）年六月から、検事総長は六五歳まで、その他の検察官は六三歳が定年となった。それは、戦後もそのまま引き継がれている。この二年違いの定年が首脳部人事に大きく影響する。

たいていの役所では、事務方の長である事務次官に昇る前に就く役職がある。たとえば、財務省では主計局長、経済産業省では経済産業政策局長といったように。法務・検察では、検事総長への登竜門が法務事務次官であり、その後に次長検事、東京高検検事長と上がっていく。

ここに法務・検察の人事を読み解く鍵がある。総長のみ定年が長いということは、意中の人物に譲るため、定年前に退官することができる。逆に、意に沿わない人物を総長に就けなくするために、定年まで居座ることができる。現職総長は、定年制度のズレを利用して、人事を操ることができるのだ。

造船疑獄で指揮権発動の前に敗れ去った検事総長の佐藤藤佐は、後者だった。

後に検事総長となる伊藤栄樹は、現職法務省刑事局参事官だった時に、自著『検察庁法逐条解説』で、検事総長の方針と異なる内容の指揮が法務大臣からあった場合、検事総長が取るべき態度として三つ挙げている。一つめは、不服でも従う、二つめは指揮に従わない、三つめが官職を辞する、である。

ちなみに、この伊藤の「指揮権発動」論は、昭和五七（一九八二）年中曽根内閣の法相に就任した秦野章が「検察庁を指揮監督する法務大臣に検事総長は従わなくてもよいかのような意見を公表するのは、前にも書いたように公務員法違反の思想だ」と批判し（秦野章『何が権力か。』四二頁）、伊藤に書き直しを命じている。伊藤は改訂版で書き直している。

また、伊藤は検察退官後には、「私は、指揮権発動を受け、佐藤総長は、当面必要最小限の指示をしたら、パッとお辞めになるべきだったと思っている。当時の新聞が、最高検検事全員が総長に『われわれは総長と進退をともにする。どうか検察全体のことを考えて隠忍自重していただきたい』と申し入れたと報じたが、最高検検事ともあろうものが筋の違ったことをするものだと苦々しく思ったことであった」と明確に批判している（前掲『秋霜烈日』三八頁）。

派閥抗争

指揮権発動は、長く影を落とした。

佐藤が居座ったのは、もちろん派閥抗争が理由である。では、佐藤が検事総長就任を阻止したかった人物は誰か。指揮権発動を吉田内閣に入れ知恵したと疑われていた、岸本義広だった。

昭和三〇年一月、次長検事の岸本に降りた辞令は法務事務次官であった。岸本の後任に事務次官だった清原邦一が就いた。馬場義続は東京地検検事正から最高検刑事部長となり、その後任には岸本派の柳川真文《やながわまふみ》が就いた。

岸本の事務次官への異動は、一向に引退しない佐藤総長にしびれを切らせての行動だと思われる。事務次官は認証官ではないが、自民党関係者とのパイプを太くできるからだ。

当時司法担当記者であった沢田東洋男《さわだとよお》によれば、昭和三一年の夏に検事総長室を訪ねると、佐藤総長がクレープの下着姿で流れる汗に耐えて座っていたという。冷房がない時代である。

「みんな、夏休みなのに、なぜ……」といぶかる私の問いに彼は、こう答えた。

「私も休みたいが、いないとさっそく、向こうが〝欠席戦術〟をとり、勝手な書類を持ち回り決裁にかけ、ハンコを集めてわがままを通すんだよ。それをさせないためには、いくら暑くても、自宅で休んではおれない。相手はこちらが油断すれば、何を始めるかわからん人物だからね」

私は二の句がつげず、ご両人の対立の厳しさと、異常な相互不信に驚いた。

（沢田東洋男『検察を斬る』二三八頁）

潰された事件、そして左遷

翌九月、東京地検特捜部はイギリスからサラブレッドを密輸した関税法違反事件（競走馬輸入事件）を摘発した。その捜査線上に、自民党の実力者である河野《こうの》一郎《いちろう》が浮かぶと、手始めに河井信太郎は輸入商社の支店長を詐欺容疑で逮捕した。ところが、河井の外出中に逮捕した支店長が勝手に釈放されてしまう。最高検の馬場にも連絡はなく、河井は怒り狂ったというが、この時、岸本は東京地検検事正、次席を自派で固めている。事件は潰され、その五日後、河井に東京地検から法務省法務総合研修所（法総研）教官の辞令が下りた。左遷である。

なお、河井は法総研に移ると、その間に『株式会社役職員の刑事責任』という論文を書き、法学博士の資格を得た。

この時期、岸本は事務次官という立ち位置を上手く利用して、検察庁でも権勢を振るい、もともと縁のある政界にも目配せしていた。実態はともかく、本来の法務省は検察と別組織であり、独自の裁量権もある。

馬場派の巻き返し

批判に耐えて居座った佐藤総長が引退を決めたのは、昭和三二（一九五七）年七月である。在任期間は七年を超え、戦後最長となった。引退を決めるには、中村梅吉《なかむらうめきち》法相の説得があったという。岸と佐藤は一高と東京帝大の同級生であった。

佐藤の後任は、東京高検検事長の花井忠に決まった。花井は東京裁判で広田弘毅の弁護人を務めたこともある。福井総長時代に東京高検検事長になっていた。明治から昭和に活躍した弁護士・花井卓蔵《はないたくぞう》の養子である。温厚な紳士で、人格者であると伝わる。岸本は花井の後任、東京高検検事長となった。学閥で言うと法務・検察の主流にもれず東大法学部出身だが、中央大学教授も務めている。岳父卓蔵は中央大学出身であり、法務・検察内の中大閥からも歓迎された。

岸本は、東京高検検事長に昇った。

はた目には、順調な人事である。だが、この時点で、明治二七（一八九四）年一二月三日生まれの花井が六二歳六か月、岸本が六〇歳である。岸本は、今度は花井を二年半以内に追い落とさなければならない。それは佐藤や花井も承知で、岸本より五歳若い馬場を事務次官に就けた。馬場は、左遷されていた河井を法務省刑事局の刑事課長に引き上げる。馬場派の巻き返しが始まった。

ところで、法務事務次官になった馬場は、執務室に平沼騏一郎の「法は以って仁義を輔《たす》く」という額を飾っていた。戦前の小原閥に連なる経済検察の馬場が、思想検察の祖である平沼を尊敬していたというのは意外である。後の行動を見ると、本心では検察内部の派閥抗争に嫌気がさしていたと思われる節もある。

馬場は次官として、アジア・極東犯罪防止研究所の創設・誘致や、『犯罪白書』の公刊をはじめている。馬場次官時代の省内の会議はさながら捜査会議のようであったという（前掲『検事総長の戦後史』一〇四頁）。

5・6　記者生命を奪った権力闘争

売春汚職事件

花井が総長に就任してすぐの一〇月、売春汚職事件が起きた。

この事件は昭和三一（一九五六）年に成立した売春防止法をめぐり、法案成立に反対する業者の団体が審議に関係する国会議員に金をばら撒いたという汚職事件である。「最も汚い汚職」と言われた。

だが、本筋ではないところで、検察にとって重大な事件が起きる。

昭和三二年一〇月一八日、読売新聞は朝刊社会面トップで「U、F両代議士を買収汚職で召喚必至」と売春汚職事件のスクープ記事を掲載した。実名はあがらなかったが、東京の代議士と記事にあったので、特定は容易だった。

ほぼ名指しされたに等しい二人の代議士は、事実無根の記事であるとして、名誉毀損の訴えを東京地検に行った。事が売春汚職だけに、代議士たちは身の潔白を明かすと息巻いて、読売新聞と記事を書いた記者（この時点ではまだ特定されていない）、東京地検と〝氏名不詳の某検事〟を告訴した。東京地検が告訴先だったので、この事件は当事者ではない東京高検が扱うことになった。これを地検に残る馬場派一掃の機会とみた岸本検事正は、自ら指揮を執って捜査を始めた。岸本は情報をリークしたのが、特捜部の捜査官ではなく、本省の刑事局・刑事課長の河井ではないかと見当をつけていた。もし、この〝氏名不詳の某検事〟が馬場か河井、それに近い検事なら締め出しに好都合だったのだ。

岸本は記事を書いた記者が読売新聞記者の立松《たてまつ》和博《かずひろ》だとわかると、立松を名誉毀損の容疑で逮捕した（前掲『検事総長の戦後史』、前掲『特捜検察物語（上）』）。立松は、祖父が大審院判事、父も判事から弁護士になった人で、岸本に敗れて引退した木内曽益とも親しかったという。その縁で、特捜部の検事が立松家にも出入りしていたので、司法記者たちの間でも立松の記事は、特捜検察なら絶対間違いないと言われていた（前掲『特捜検察物語（上）』一七五頁）。立松はそれほど信頼されていた記者だった。岸本は、その立松の口から情報源が馬場派の誰かであるという言葉を引き出そうとしたのである。

読売新聞をはじめ司法記者たちからは、これは不当逮捕だという声も上がった。記者にとって、情報源を明かすのは死活問題である。情報源を守れない記者の取材に応じる者はいない。だが、検察は歯牙にもかけなかった。

立松は頑なに口を割らなかった。二か月後、読売新聞社側が誤報を認めて謝罪記事を掲載したので、訴えを起こした代議士たちは告訴を取り下げた。立松は記者生命を奪われ、失意のうちに世を去ることとなる。

5・7　馬場「クーデター」と伊達判決

砂川事件

それは突然のことだった。東京地裁が、地球の軍事バランスを崩しかねない判決を下した。世にいう、伊達判決である。検察はまたしても政治に巻き込まれる。

東京の北多摩郡砂川町にあった米軍立川基地飛行場周辺で、基地拡張のための測量を行っていたところ、基地反対派デモ隊の数名が立川基地内に侵入し、「日本とアメリカ合衆国との間の安全保障条約第三条に基く行政協定に伴う刑事特別法」（以下、刑事特別法）の第二条「施設又は区域を侵す罪」に違反するとして起訴された。

ここまでは何の変哲もない事件であり、事実関係に争いはない。

そこで被告人らは、起訴した罪を規定する刑事特別法は憲法違反の日米安保条約に基づくものであり、この法律では裁けないはずだ、と主張した。

昭和三四（一九五九）年三月三〇日、裁判長の伊達秋雄《だてあきお》は、被告人の主張を受け容れ、デモ隊全員に無罪を言い渡した。のみならず、日米安保条約を憲法違反と断じた。この判決が確定すれば、日米安保条約は違憲無効となり、米軍は日本にいられなくなる。米ソ冷戦の最前線である在日米軍基地がなくなれば、地球全体の軍事バランスを崩しかねない。

最高裁判決

花井総長は、緊急を要する憲法判断事例と判断し、この事件を跳躍上告する手続きを命じた。跳躍上告とは、第二審の高裁を経ずに直接、最高裁判所に判断を求めることである。

ところが、花井総長はこの上告審を前にした七月に突然、総長を退いてしまう。後任の総長は、東京高検検事長の岸本ではなく、清原邦一次長検事であった。東京高検検事長を経ずしての検事総長就任は例外的な人事である。抜擢人事であったが、敗戦後五人目の検事出身の総長誕生となったことで、清原の就任は好意的に受け止められた。

花井は、東京高検検事長時代から岸本と馬場の確執を見て知っている。自分に総長の椅子を託した佐藤藤佐の意図もわかっていたであろう。

花井の胸中には最初から後任は清原という思いがあったと言われている。花井はその人事構想を愛知揆一《あいちきいち》法相に告げ、岸首相との三人の会談で了承を得た。ちなみに、この時の事務次官は馬場である。地位は岸本の方が高いかもしれないが、人事権を持つ法相と日常的に接点のある事務次官と、それがない高検検事長とでは、省内政治の影響力は異なってくる。政治力のある馬場がこれを利用しなかったはずはない。

いずれにしても、六〇歳の清原が総長になったことで、定年が目の前に迫った岸本に総長の座が回ってくる芽は完全になくなった。先はないと悟った岸本は、退職までの在職期間中から民間、官界問わず人を招待して「励ます会」を開き、選挙に向けて動き始めた（前掲『検察を斬る』二三九頁）。

岸本は、自民党副総裁の大野伴睦に代議士になることを勧められたという。大野は、「当選したら俺が法務大臣にしてやる。その時は馬場だろうがだれであろうが、思い通りにしたらいい。俺も昭電疑獄で少しばかり怨みがある」とまで言い放った（前掲『特捜検察物語（上）』一八五頁）。大野は自民党の実力者で、七大派閥の領袖の一人だ。大野が本気になれば、岸本を法相に据えるくらいは不可能ではない。

それはさておき、岸本の政治活動よりも早く、砂川事件の最高裁判決が下った。

当時は裁判の長期化が問題となっていたが、砂川事件は異様なまでの速さで審理が進んだ。ちなみに、九月に行われた砂川事件上告審での口頭弁論立会も異例だった。清原は現職検事総長だが、口頭弁論を行った。

一二月、最高裁は一審判決を破棄差し戻した。日米安保条約の違憲性のような、高度な政治判断を必要とするものについては判断を避けるとする統治行為論を採用した（判決に関しては、小著『誰が殺した？　日本国憲法！』で詳述）。結果、日米安保条約は守られた。この最高裁判決を政権与党の自民党が金科玉条にしているのは、平成二六（二〇一四）年の安保法制騒動で記憶に新しい。

アメリカ公文書が語る事実

異様なまでの迅速な審理と体制御用判決は当時から不審に思われていたが、これまたアメリカの公文書公開で事実が明らかになった。

伊達判決当時のアメリカの駐日大使はマッカーサー二世である。かの、ダグラス・マッカーサーの甥である。大使は判決の翌日には藤山《ふじやま》愛一郎《あいいちろう》外相と会い、「伊達判決」について話し合っている。マッカーサーは高裁への上訴と、最高裁への跳躍上告の二つの対応策を伝え、高裁経由では社会党や左翼勢力を益するだけだろうと述べた。藤山外相も全面的に同意して、閣議で上告を承認するよう促したいと回答している。布川玲子・新原昭治著、編集『砂川事件と田中最高裁長官』の史料を見ると、「伊達判決」以降の跳躍上告、審理時期など、別格の扱いで日米両政府によって処理が進められていることがわかる。

また、当時の田中耕太郎《たなかこうたろう》最高裁長官は判決までの間に、非公式にマッカーサーと接触し、判決の見込みについても語っていた。マッカーサーに言われるまでもなく、最高裁内部でも「伊達判決」に対しては疑問視されていたことが窺《うかが》われるが、司法権の独立などかなぐり捨てている。

田中は占領期の吉田内閣で文相を務め、教育基本法を制定したが、米国に知己も多かったことは指摘しておこう。

失意の岸本

砂川判決が下る前、政権は岸信介から池田勇人に移っていた。昭和三五（一九六〇）年四月に検察庁を去った岸本は、自民党の公認を得て、一一月の総選挙に大阪五区で出馬する。選挙戦には、岸信介や佐藤栄作ら自民党の大物が応援にかけつけた。

それだけではなく、岸本の選挙事務所には、造船疑獄事件に関連した会社、関東の暴力団などが選挙資金を直接運び込んでいた。なぜ造船会社から選挙資金が届くのか？　運動員すら、首をひねったという。選挙期間中、岸本は「当選したら法相だ。オレの選挙違反を手掛けた検事は全員沖縄送りだ」「法相になったら、幹部は総入れ替えする」などと挑発的な発言をしていたという（前掲『検察を斬る』二三九頁）。

岸本は当選したが、すぐ選挙違反の捜査が始まった。家族を含め二〇〇人以上が検挙され、当時史上最多の選挙違反となる公判請求五八名、略式請求八六名を出した。法務大臣どころではない。

昭和三九年三月、大阪地裁堺支部は、岸本に禁錮一年三月、執行猶予三年、公民権停止三年の有罪判決を下した。岸本は、その間に行われた昭和三八年の選挙にも落選し、社会的にも葬り去られた形になった。失意の岸本は、昭和四〇年九月、静養先の山梨県で急性心不全のため他界した。六八歳だった。

5・8　派閥抗争の終結

思想検察を葬り去る

戦前からの法務検察の派閥抗争は、経済検察を率いる馬場が、思想検察を率いる岸本を葬り去って大勢が決した。

昭和三六（一九六一）年七月一五日に河井は東京地検特捜部の部長に、同じ年の一二月二二日には馬場が法務事務次官から東京高検検事長となった。

河井が特捜部長になって手掛けたのが、九月に発覚した武州鉄道事件である。東京の三鷹から秩父へ延びる鉄道の免許を出す見返りに金を受け取り、便宜を図ったとして、元運輸大臣の楢橋渡《ならはしわたる》を逮捕、起訴した。武州鉄道の事業計画は極めて杜撰《ずさん》で、先に申請を出していた西武秩父線と競合したのであるが、異例のスピードで武州鉄道に免許申請が下りたことで発覚した。楢橋が運輸大臣だったのは岸内閣の時で、事件発覚の時の池田内閣には影響しなかった。

河井はこの時、武州鉄道周辺の大物財界人にも手を伸ばしたが、犯罪として成立するかどうかの点で弱く、強気が裏目に出る結果になった。昭電事件をはじめ河井が担当した事件は、起訴に至っても無罪になった例は少なくなかった。河井の下で特捜を経験した、後に検事総長となる伊藤栄樹も、河井の強引な捜査手法には批判的である。法務・検察内部でも批判の声があった。だが、馬場はこの批判を押さえていた。

特捜部を作った時、馬場は特捜部検事に必要な素養として「経理に精通していること」を挙げたという。それは戦前、事件の捜査で覚えた苦い経験からである。その馬場にとって、東京地検で出会った河井の手腕は余人を以て代えがたいものであったのだろう。

汚職・脱税・選挙違反は特定の被害者がない犯罪だが、法無視の行為を放置すれば国家は衰退する。特捜検察は国家機関に巣くったガンを切除する外科医のようなものだ、というのが河井の持論だった。馬場は造船疑獄の指揮権発動で国会に呼ばれた時、「指揮権発動は検察の立場からはないほうがいい。しかし検事が政治的に動き、法相の指揮に従わないならば、円満な国政の運営はできない。当否は国会なり世論が判断していくことになろう。結局、検察は政府に従うより仕方がない」と答弁している（前掲『検事総長の戦後史』一〇三頁）。

馬場は、検察には「政治」という限界があることを飲み込む一方で、河井のような刃を持ち続けることは止めなかった。

時代は高度経済成長期。検察の陰険な派閥抗争が終結した頃、日本全体が明るい時代を迎えていた。

政治は池田勇人の下で安定期を迎え、大きな疑獄事件で世間が騒ぐこともなくなる。

第六章

黒い霧事件と田中金脈政変

◆主な疑獄事件一覧

自民党結党以前の疑獄				
		昭電疑獄 （福田赳夫）	炭管疑獄 （田中角栄） 造船疑獄 （吉田茂）	造船疑獄 （吉田茂）
自民党結党以後の疑獄				
昭和30年代				
三木武夫派	**河野一郎派** 競走馬事件	**岸信介派** 売春汚職 （真鍋儀十） 武州鉄道疑獄 （楢橋渡）	**佐藤栄作派**	**池田勇人派**
昭和40年代				
三木武夫派	**旧河野一郎派** 田中彰治事件 共和製糖疑獄 （重政誠之）	**福田赳夫派** 日通事件 （池田正之輔）	**佐藤栄作派**	**前尾繁三郎派** 吹原事件 （黒金泰美）
昭和50年代				
三木武夫派	**中曽根康弘派** ロッキード事件 （佐藤孝行）	**福田赳夫派** グラマン事件 （松野頼三）	**田中角栄派** ロッキード事件 （田中角栄）	**大平正芳派**
平成初頭				
河本敏夫派	**中曽根康弘派** リクルート事件 （藤波孝生） ゼネコン疑獄 （中尾栄一）	**安倍晋太郎派** リクルート事件 ゼネコン疑獄 中島洋次郎事件	**竹下登派** リクルート事件 金丸事件 ゼネコン疑獄 （中村喜四郎）	**宮澤喜一派** リクルート事件
21世紀				
高村正彦派	**村上正邦派** KSD事件 （村上正邦）	**森喜朗派**	**橋本龍太郎派** 日歯連 （村岡兼造）	**加藤紘一派** 秘書脱税事件 （加藤紘一）

※下線は自派から逮捕者あるいは失脚者を出した事件。

6・1　特捜検察の黄金期

アメリカ陰謀論の虚実

しばしば、まことしやかに語られる俗説がある。「東京地検特捜部はＣＩＡが作ったので、親中派の田中派系統は狙われるけれども、親米の岸派系統が狙われたことがない」というアメリカ陰謀論だ。確かに地検特捜部は占領期に創設されたが、検察庁は明治以来の機関だ。最高検の意思で特捜部が動くことはあるが、逆は無い。

では、昭和三〇（一九五五）年の自民党結成時から現在に至る五大派閥と、それぞれの派閥が関わった疑獄事件を並べてみる。

確かに、田中角栄～竹下登《たけしたのぼる》～橋本龍太郎《はしもとりゅうたろう》に連なる親中派の派閥は狙い撃ちされている。だが、それ以上に目立つのは河野一郎と中曽根康弘に連なる派閥だ。この派閥は常に三大派閥の後塵《こうじん》を拝しており、領袖は無理な資金集めを強いられてきた。その結果、多くの逮捕者を出している。この人たちは特に親中派でもない。

逆に、親米派の岸信介を祖とする派閥も無傷ではない。池田勇人を源流に持つ人々も同じだ。

まったく疑獄に巻き込まれていないのは、三木武夫の系統の人々である。この派閥はクリーンを売りにしていたが、それが理由ではない。派閥自体に力がないため人も金も集まらなかったので、疑獄になりようがなかっただけである。

以上、事実を概観しただけでもアメリカ陰謀論などは都市伝説と断定できる。検察が政治家の疑獄を追及する場合は、個別の事件ごとに理由があるのだ。

さて、本章では、昭和四〇年代の検察の動きを追う。

馬場の意外な発言

特捜検察の黄金期は、清原が検事総長を引退し、馬場義続がその座についた昭和三九（一九六四）年一月八日からであると言われる。

馬場がついに検事総長となった時には、「特捜にあらずんば人にあらず」という空気が醸成されていた。昭電疑獄や造船疑獄など、積極的に経済事件を手掛けてきた馬場が検察の頂点に君臨することに対して、政界が警戒しないわけがない。

平沼騏一郎の時代以来、起訴を独占する検察は、政界にとって脅威である。馬場も、起訴独占主義と起訴便宜主義を利用して、地位を向上、派閥を強化してきた。かつての馬場は、腹心の河井信太郎とともに、起訴を武器に政界に切り込んでいた。

昭和三二年、二代前の花井忠が検事総長に就任した時、つまり岸本の検事総長の線が薄くなった時であるが、岸本系の市島成一《いちしませいいち》最高検刑事部長が「検察官は公訴官であれ」という意見書を提出したことがあった。つまり、政界の疑獄事件に切り込んで大物政治家の起訴で脚光を浴びようとするのではなく、警察から送られてきた事件の裁判に専念すべきだ、という意味だ。当時、馬場は法務事務次官の地位にいて、検察首脳部として市島の意見書を握りつぶしている。捜査という武器を手離す気はないという意思表示だ。

ところが、検事総長に就任した馬場は「検事は公判に重点をおき、公判中心でいくべきだ」と語った。河井に刺激され、後に続こうとしていた検事は、この馬場の発言に失望したという。検察内部には、馬場の総長就任に自民党筋の政界から猛反発と妨害があり、反発を封じるには〝公判中心〟と言う必要があったのだという情報が流れた（前掲『検察を斬る』三六頁）。

6・2 黒い霧事件

吹原産業事件

政界では、派閥政治と金権選挙が問題視されていた。昭和三九（一九六四）年七月の自民党総裁選挙は、池田勇人の秘書だった伊藤昌哉《いとうまさや》が「完全に常軌を逸していた」と記すほどである（伊藤昌哉『池田勇人　その生と死』二三六頁）。

結果は池田が勝利したが、病に倒れ、総裁選で二位だった佐藤栄作に政権は移る。池田を支持していた河野一郎は翌年、無念のまま病に倒れた。池田も後を追うかの如く、病没する。

馬場は、池田、次いで佐藤と、時の最高権力者と歩調を合わせた。河野や池田が去り、佐藤を脅かす敵がいなくなったころ、多くの疑獄事件が噴出した。黒い霧事件である。

最初に発覚したのが、吹原《ふきはら》産業事件である。

この事件の発端は、吹原弘宣《ひろのぶ》と造船疑獄のきっかけを作った金融王・森脇将光が、池田内閣の官房長官であり派閥の幹部だった黒金泰美《くろがねやすみ》の名前を使って三菱銀行から三〇億円を騙し取ろうとした事件である。

吹原は、政治家の名前を出して信用させ、詐欺的に金を出させる事件を度々起こしている常習犯だった。黒金は家の売買の関係で吹原に実印などを預けており、吹原が詐欺で集めた金を差し出させ、総裁選の買収資金にしたのではないかと疑われた。

この事件では、吹原と森脇のみが起訴され有罪となった。政治家の名前を使えば、私腹を肥やすことができる。政治家も名義貸しの見返りに、資金を集めることができる。そうした癒着が生んだ事件だった（前掲『戦後疑獄史の群像』一八頁）。

黒金の証言を裏付けるため、池田派を継いだ前尾繁三郎《まえおしげさぶろう》や大幹部の大平正芳《おおひらまさよし》も事情聴取を受ける。

ちなみに、佐藤に対し反主流的態度を示していた藤山愛一郎も、三億円を吹原に騙し取られていた。

同様の詐欺罪で執行猶予付きの有罪判決を受けている吹原に対しては、実刑判決という厳しい判決が下されたが、こんな吹原と関係があったことが明らかになった黒金は失脚を余儀なくされた。

田中彰治事件——政界のマッチポンプ

翌昭和四一（一九六六）年には、田中彰治《たなかしょうじ》事件が騒動となる。田中彰治は恐喝代議士、政界のマッチポンプと言われた人物だ。

その犯歴は古く、初犯は昭和四年。その後、戦中の昭和一七年には実刑判決を受けるが、逃亡して逃げ切り、時効によって刑の執行を免れている。その後も田中には警察沙汰は絶えない。

造船疑獄の指揮権発動に際し、当時の佐藤藤佐総長や馬場義続東京地検検事正らに噛みついた経歴もある。疑獄を追及しながら、裏取引を持ち掛ける。自分で火をつけて火消し役も行うので、「マッチポンプ」である。

田中彰治は、右翼の総元締と言われた児玉誉士夫や、田中角栄の盟友である小佐野賢治《おさのけんじ》など政界のフィクサーと呼ばれる大物ですら、「うるさいから金を握らせてだまらせておけ」と言わせるほどの手腕を持っていた。だが、彼らは検察側につくことで田中彰治を窮地に追い込んだ。

検察も苦慮していた。詐欺被害の告発があり、数年かけて内偵を続けても、告発者が田中彰治の報復を恐れて告発を取り下げることも度々で、なだめすかしながら立件を試みていたのである。

ここで小佐野が刑事告発したことで、田中彰治の立件は一気に進む。容疑は、旧虎ノ門国有地払い下げ事件が恐喝罪、深谷工業団地二重転売詐欺事件は詐欺罪、習志野土地二重担保事件は詐欺と背任など複数に及び、いずれも政治家にかけられる容疑とは思えない内容ばかりであった。

田中彰治は逮捕が近いとわかると病院に入院し、任意取調べの召喚に医師の診断書で応酬。検察は逮捕には医師を同行し、取調べても問題なしとの診断を取ってパジャマ姿の田中を車に乗せて連行した。取り調べが始まると、ハンストで抵抗したが、検察側に鼻から栄養剤を注入すると言われてハンストを諦めるということもあった（前掲『戦後疑獄史の群像』四三〜四四頁）。

一一月二二日に行われた田中彰治事件の初公判で、検察が読み上げた冒頭陳述は一五万字にのぼる量だった（前掲『戦後政治裁判史録3』二二七頁）。言うまでもなく、田中は実刑判決の有罪だった。懲役四年であり、控訴中に死亡、刑が確定した。

なお、この事件の後の昭和四二年七月一五日付で、小佐野は法相の諮問機関・矯正保護審議会委員に任命され、この公職を四期・八年務めている（前掲『検察を斬る』二五六頁）。世間にほとんど知られなかった事実であるが、あからさまな論功行賞である。

田中彰治は、派閥は河野派に属したが、事実上は一匹狼だった。河野派でも田中に対する身内意識は薄かった。

共和製糖事件

だが、共和製糖事件は大打撃だった。河野の死後の河野派は、若い中曽根康弘を推し立てようとする中堅と、それについていけない森清《もりきよし》や園田直《そのだすなお》らの長老に分裂していた。完全分裂の直前に直撃したのが、共和製糖事件だった。河野派大幹部の重政誠之《しげまさせいし》が池田内閣の農林大臣時代に、共和製糖への不正融資を斡旋したのではないかとの疑惑を向けられ、秘書が政治資金規正法違反で逮捕された事件だ。

他にも東京都議会の議長をめぐる買収、果てはプロ野球の八百長疑惑までまとめて「黒い霧」と称された。佐藤は人心一新を掲げて解散総選挙を断行、安定過半数を維持するのはもちろん、一議席減という事実上の勝利で乗り切った。

こうした一連の過程で、旧池田派領袖は前尾繁三郎に代替わりしたが、総裁派閥時代の勢力はなくし、旧河野派に至っては森派と中曽根派に分裂してしまった。岸信介の後継者の福田赳夫は黒い霧解散の際の自民党幹事長であり、佐藤長期政権を一貫して支えることとなる。田中角栄は黒い霧事件でいったんは雌伏を余儀なくされるが、佐藤派の資金の大半を用立てる役回りとなる。

佐藤を脅かす敵はいなくなった。

この時期は、「特捜部の黄金時代」と呼ばれる。だが、「政権与党にすり寄り、敵対派閥のみを摘発し、巨悪には切り込まなかった」と評することも可能だ。

確かに馬場は、最高権力者である池田、次いで佐藤と歩調を合わせていた。

6・3　検察人事への政治介入

〝困った〟法務大臣たち

佐藤政権の法務大臣には、問題人物が多かった。いずれも、死刑執行にまつわる話である。

第一次佐藤内閣、第二次佐藤内閣、第二次田中内閣で法務大臣を務めた田中伊三次《たなかいさじ》は、閣議後の記者会見で、実際の死刑執行をみんなで見ようと言い出している。

当時、法務省の総務課長だった伊藤栄樹に叱られても懲りることなく、せめて刑場だけでもという話になり、記者を引き連れて完成したばかりの小菅刑務所に行っている。自分の首に絞縄をかけて見せようとして、すでに二人の命を奪った絞縄の汚れを見たとたん、尻込みして逃げた（勢藤修三『法務・検察　裏の裏』六三頁）。

昭和四二年一〇月、佐藤首相が訪米で不在の間に一度に二三人分の死刑執行命令書にサインをし、それを新聞各社の記者に公開した。このためにわざわざ呼び出された記者たちは、記事にしていいと言った田中の無神経さの前に「総身の血が一度に引く思い」をしたという。記事にしたのはサンケイ新聞一社だけであった。サンケイ記者の俵孝太郎《たわらこうたろう》は「公表して、世間とともにその無神経さ加減を嗤うべし」という立場をとった（前掲『法務・検察　裏の裏』七六頁）。

田中伊三次の次の法務大臣は赤間文三《あかまぶんぞう》であるが、今度は、逆に絶対にサインをしないと拒絶した。以来、別の用事で秘書が来ても、そんなものにサインをしたら自分にお迎えが来るじゃないかと、常に怯え続ける始末であったという。

赤間の二代後の小林武治《たけじ》は、サインをするから死刑執行命令書を持ってくるよう事務方に督励した。死刑執行命令書には分厚い資料が添付されているが、書類に手も付けなかった赤間と違い、小林はそれを丹念に読んだ。そして、「読み終えると無造作にサイン」したそうである（前掲『法務・検察　裏の裏』七一頁）。結局、小林一人で一年間に二六人の死刑が行われた。事務方としては赤間のように逃げ回られるよりはマシとはいえ、督励するほどサインをしたがった小林に狂気めいたものを感じたそうである。

ちなみに、死刑は死刑執行命令書にサインがされてから五日で執行することが決まっている。そのため、田中伊三次が一度に二三人分の命令書にサインを出した時は、現場が相当な労苦を強いられた。

抜擢人事の波紋

そんな困った法務大臣の筆頭、田中伊三次の時代、馬場の定年退官が近づいていた。この時、馬場の腹心である河井信太郎は東京地検の次席検事であった。東京地検特捜部長から東京地検次席検事という人事も、本来であれば地方庁の検事正を経験した後に就くので異例のことだが、さらにこのまま昇格させて東京地検検事正にしようという案が出された。

地検の中でも、東京地検は別格の存在である。河井の一つ年下の布施健も、東京地検特捜部長から東京地検検事正になるまでには、甲府地検検事正、法務省矯正局長を経て一〇年がかりである。馬場自身、一度も東京を離れず要職を歴任し、総長になっているが、この河井の抜擢人事はあまりにも度が過ぎていた。

まず、この人事案に法務事務次官の竹内寿平が反対した。検察内部でも反発があった上、認証官である八高検の検事長全員も反対した。すると、田中法相は竹内を次期検事総長にしてやると媚びたが、それを聞いた竹内は、それこそあってはいけないことであると一蹴した。結局、この人事はお流れとなった。

法務・検察に限らず、官僚の世界で先輩を追い越す人事は時に命取りになることがある。にもかかわらず、このような人事案を作ったのは誰だったのか。

政治の介入を利用する

発案したのは、政治的に小回りが利く河井を手駒にすれば検察をコントロールできると考えた佐藤栄作首相だったのではないかと言われている。馬場は佐藤から持ち掛けられた人事案を立場上断り切れず、田中法相に懇請したとのことだ。しかし、竹内事務次官が断ることができたものを、検事総長の馬場ができなかったというのは不可解ではある。

確かに、河井の実行力は有無を言わせないものがあった。

ただ、そういう河井の捜査手法に対して味方になり、責任をとってやろうという者は馬場の他にいなかった。馬場は自分がいなくなった後、河井のような捜査手法を検察に残すには、河井自身の立場を引き上げておくことが必要と考えたのだろう。馬場から見れば、政治の介入を利用したということだったのかもしれない。

馬場義続に続いて検事総長に就任したのは、井本台吉である。

井本は戦前思想検事だったため、戦後の公職追放を受けて弁護士をしていた時代がある。昭電疑獄では、旧制高校、東大からの友人であり、大蔵省主計局長であった福田赳夫の弁護人となり、無罪を勝ち取っている。

井本の総長就任には、自民党幹事長だった福田の後押しがあったとも言われている。その福田に井本を総長にするよう働きかけたのが、池田正之輔《いけだまさのすけ》だ。

池田は戦前、検察の主流派・塩野閥を形成した塩野季彦の私設秘書をしていた。塩野の力添えで代議士となった池田には、塩野閥の司法関係者の人脈があった。池田の秘書は、大野伴睦の勧めで政界に転身した岸本義広の秘書だった鷲見一雄《わしみかずお》である。また、池田は、鳩山一郎や三木武吉らと行動していた。分党派自由党を率いていた鳩山が吉田の勧誘で与党自由党に戻った際も同調せず、三木武吉や河野一郎らと日本自由党を結成して抵抗し、「八人の侍」と言われた。保守合同後の自民党では岸派、福田派に所属する。

池田は、田中法相の馬場派偏重人事には黙っていられず井本を総長にすべきと福田に働きかけたという（前掲『特捜検察物語（上）』二四五〜二四六頁）。池田は司法界に明るいことを自負していた。

だが、戦後の検察はすでに塩野閥の時代ではなくなっている。池田の働きかけがなくても、検察内部では東京高検検事長だった井本の昇格は当然と考えられていた。

6・4　日通・花蝶事件

ありがた迷惑な「族議員」

井本台吉が検事総長になった後、昭和四三（一九六八）年一月二二日、池田は佐藤首相のところに出向き、検察陣について注文を付けた。翌日、佐藤首相は赤間法相を通じて池田の注文を「見送る」としている（前掲『佐藤栄作日記第三巻』二二二頁）。

その後、三月一八日には「検察庁人事で河井信太郎君の抜擢に反対と検事総長〔井本台吉〕から云って来たので、検事一体の原則を守り抜くに都合のいい人事をする事。河井君の兄貴分の山本〔清二郎〕君を登用し度し〔と〕云って来た。総長にまかす」という記述がある（前掲『佐藤栄作日記第三巻』二五四頁）。総長人事が解決した後も、河井人事が水面下で検討を続けられていたことがわかる。

池田は、法務省の予算と法律を一手に担い面倒を見てきたという自負があるが、法務・検察としてはありがた迷惑な存在と化していた。いわば「族議員」のような存在であった。そんなありがた迷惑な「族議員」の池田が中心となった騒動が、日通事件と花蝶《かちょう》事件である。

池田への逮捕請求

日通事件とは、当時の物流企業最大手だった日本通運と政界をめぐる汚職事件である。当時、日通は国の米麦の輸送を独占していたが、そのことが国会で問題になっていた。国会での追及をやめてもらうよう働きかけるための資金が必要となり、日通上層部は不正な裏金作りを現場に指示した。まず国税庁が裏金の存在に気付き、事件性を認めた東京地検特捜部が捜査を開始したのである。

捜査の結果、日通が資金提供した政治家が、社会党の大倉精一《おおくらせいいち》と自民党の池田正之輔であることが突き止められた。まず、大倉が逮捕され、六月一九日に池田の逮捕を決めたが、二二日の検察首脳部の会議では池田逮捕に待ったがかけられた。反対したのは井本総長と法務省上層部である。

河井や、河井の薫陶を受けた後輩の検事たちによって、池田の逮捕請求を裏付ける証拠は固められていたから、現場の首脳部に対する反発は大きかった。

六月二三日の夜、赤間法相は佐藤首相に電話で相談している。佐藤は選挙が終わるまでは困るが指揮権発動は考えていないと答えている。だが翌二四日、読売新聞とＮＨＫで報道されたため万事休すとなり、手の施し様がないと検察当局に任せるとしていた（前掲『佐藤栄作日記第三巻』二九八頁）。

法務省上層部は池田逮捕に反対の理由を、佐藤の日記にあるように、選挙（参議院議員選挙）が近いからとしている。逮捕すれば、有権者に予断を与えるというのだ。しかし、それならばすでに逮捕した社会党の大倉も同じであり、平等ではない。

最終的に検察は、池田の逮捕をしない代わりに、池田と大倉の二人を同時に起訴することにした。ちなみに、直後の選挙結果を見ると、自民党が改選前一四〇議席→一三七議席（三議席減）、社会党は七三議席→六五議席（八議席減）という結果になっている。

特捜部は、池田の逮捕を諦める代わりに、池田の議員事務所や鷲見秘書の自宅などの捜索を行った。それに激怒した池田は「今から東京地検を相手に世紀の大げんかをしてやる」と息巻いた。

情報リークと連判状

この捜索で押収した証拠資料の中に、新橋の料亭「花蝶」で池田と福田赳夫自民党幹事長、井本検事総長の三人が会食した時の領収書が発見された。花蝶事件である。

この料亭は、日通幹部が裏金を池田ら政治家に渡す際に使われていた店である。三人の会食の事実は、料亭の従業員からも明らかだった。しかも、会食した日が悪すぎた。前日、逮捕した元日通社長の次男が取調中に検察庁の屋上から飛び降りて自殺していた。証拠はつかめていなかったが、政界汚職の政治家として池田の名前はあがっている。

九月になって、この会食の事実が『財界展望』と共産党発行の『赤旗』の二誌にリークされ、表沙汰になった。井本は記者会見では、この時点では日通事件のことは知らなかったし、会食の代金はポケットマネーで支払ったと弁明したが、検察内部にそのような言い訳が通じるはずがない。とある検察ＯＢが、「客が三人、芸者が五人の宴会に、四万円そこそこ払って公明正大はないよ。これは安すぎる」と井本に注意したという（前掲『検察を斬る』二六〇頁）。そういう問題ではないだろう。

事件の情報のリークで思い出されるのは、売春汚職での立松事件である。この時、すでに検察内部にいた井本にしてみれば、当然、自分の情報を流したのは河井ではないかと疑ったことは想像に難くない。記事には、検察内部の者でない限り知り得ない領収書の番号や関係者の人数まで、事細かに書かれていた。河井はもちろん、特捜部と井本の対立は決定的なものになった。

東京地検特捜部では有志が井本総長退陣を求める連判状を作った。河井に近い栗本六郎《くりもとろくろう》副部長（日通事件で主任検事）が中心だったが、二人だけ連判状への署名を拒んだ検事がいて、そのうちの一人が後に「鬼の吉永」と恐れられる吉永祐介《よしながゆうすけ》だった。

吉永は日通事件で福島敏行《ふくしまとしゆき》元社長の取調べを担当し、その次男の自殺の件で苦しんだ一人である。ロッキード事件、リクルート事件という政権の存続に赤信号を灯させるような事件の捜査指揮をし、河井イズムを継承したような検事である。吉永はこの件を「事件を潰すために謀議を持ったのならいざ知らず、たまたま酒を飲んだこと〔井本が料亭で会合を持ったこと〕を、特別意図を持っているように考えるのは納得いかない。こんなことで特捜部を潰すわけにはいかないと思った」と語っている。

連判状を作った中心人物の栗本も、後日の取材で「あれは井本さんがかわいそうだ。会食時点で、日通側はまだ池田代議士への請託を自白していなかった」「若手には、俺たちがまとまって辞表を出したら、検察上層部の方が責任を問われる、と言っていた」と語っている。

この秘話が掲載されている、村山治・松本正・小俣一平『田中角栄を逮捕した男』（三二～三三頁）で、著者の一人、小俣一平は「今の時代だったら、絶対に検事総長はやめている。無理を通せば、道理が引っ込む時代だったんですね。いや、今の安倍政権下だったら大丈夫か（笑）」と述べている。

安倍政権の評価はともかく、「李下に冠を正さず」との批判に耐えられる検察だったかどうかは疑問だ。

6・5　池田正之輔 vs. 河井信太郎

我が闘争

昭和四三（一九六八）年八月二日、佐藤首相は赤間法相から検察人事について相談を受けている。佐藤は、「今回も、河井君は足ぶみか」と記している（前掲『佐藤栄作日記第三巻』三一二頁）。

福田・池田・井本の会食が雑誌に掲載された一週間後、河井に最高検検事の辞令が下った。栗本も東京地検公判部長となった。見た目は昇格だが、事実上の懲罰人事である。以後、二人ともこれを最後に二度と東京には戻ることなく検察人生を終えることになる。

しかし、この件はそれでは終わらなかった。

池田は「国家を毒する悪検事を斬る」という副題がついた「我が闘争」というタイトルのパンフレットを大量に作り、ばら撒いた。

私（池田）の起訴は、馬場義続の露骨人事で、河井が東京地検次席検事から検事正に昇格しようとした時、これに反対し阻止した私怨によるものだ。河井は日通から金をもらった政治家は四七人と公言しているが、他の議員関係の捜査を中止し、当面の敵である私（池田）を逮捕し、起訴に持ち込んで政治生命を絶とうとした陰謀が、このデッチあげ事件である。

（前掲『特捜検察物語（上）』二六二頁）

反撃

河井も黙ってはいなかった。雑誌『現代』昭和四三（一九六八）年一一月号に「わが生命をかけた東京地検生活」を寄稿して反駁する。河井は「人事などについていろいろ偉そうにいうが、池田被告は検察庁とどんな関係があるのか。卑怯未練だ」との露骨な言い回しで罵った（前掲『検察を斬る』二六一頁）。

昭電疑獄の大野伴睦相手の時は、寄稿前の文面にチェックを入れてまで面倒を見てくれた先輩がいたが、偉くなりすぎた河井に言葉を選ぶように指導できる上司はいなかった。池田は雑誌を読んでさらに激怒し、周囲は河井が挑発に乗ったことを批判した。池田の攻撃は執拗で、講演でも河井を攻撃し、宣伝カーを霞が関に走らせて、最大ボリュームで河井の悪口を触れ回らせたりもしている。最高検に対して名誉毀損の刑事告発、民事でも謝罪広告を求める訴訟を起こし、検察適格審査会に河井の懲戒免職を求める申し立てを行った。

刑事告発と民事訴訟については、当時のそごう社長の水島広雄《みずしまひろお》が仲裁に入ったのだが、それに応じたことと、雑誌での反駁の二点で河井は法相から訓告処分を受けてしまう。

河井は、後年に回顧している。

私は、徹頭徹尾、孤軍奮闘した。その場合にへこたれて、「そんなこと馬鹿らしい、喧嘩なんかしてるより辞めて弁護士でもやればいい」というくらいなら、初めからそんな事件はやらないことである。

検察の生命を守り、検察の威信を守るということは、そういう横車を押す人に対しては徹頭徹尾闘うという姿勢がなくては守れない。

（前掲『特捜検事ノート』二一六頁）

孤軍奮闘する河井の元には、佐藤藤佐や花井忠ら歴代総長が会いに来て激励したという。そして民事訴訟では、池田側が控訴できないほどの圧倒的な勝利を収めた。刑事では検察に起訴された池田は、収賄罪で懲役一年六月追徴金三〇〇万円の実刑判決となった。最高裁まで争ったが判決は覆らなかった。

6・6　派閥解消？

回ってきた栄誉

河井信太郎以外にも、派閥人事で苦労をした人物がもう一人いる。馬場義続と対立した岸本義広が頼りにした岡原昌男である。岡原は岸本失脚と同時に東京から外された。京都地検検事正三年目の時、検察首脳の居並ぶ前で、「京洛の巷にさまようこと三年……」と発言したことは、業界では有名な語り草である。

大阪は東京に次ぐ序列にあるが、大阪高検検事長はその次がない。

京洛の巷にさまよいつづけて一〇年、大阪高検検事長の岡原に、昭和四五（一九七〇）年最高裁判所から判事にならないかと声がかかった。岡原自身はどちらか一方に肩入れしたつもりはなかったが、戦前は岸本と同じく思想系の事件を担当しつつも公職追放を免れていたことから、馬場に疎まれた。それでも検事を辞めずに続けた岡原に、馬場でも望めなかった栄誉が回ってきたのだった。

岡原に声をかけたのは石田和外最高裁長官である。平沼騏一郎が立件した帝人事件を「水中ニ月影ヲ掬セントスルノ類」と判決した人物である。

その石田が最高裁判所の判事に就任したのは、前年の昭和四四年一月一一日のことである。

「国難にさいして」

佐藤栄作が検察人事に介入していたことは既に述べた。実は最高裁人事にも介入を行っている。

最近の研究では、佐藤内閣は左傾化政権であると指摘されている。特に識者の著作として、樋口恒晴『「一国平和主義」の錯覚』（ビジネス社より『「平和」という病』として加筆修正再刊）を推奨しておく。だが、『「一国平和主義」の錯覚』で詳細に論じている通り、当時の日本人は左傾化どころか、佐藤を右傾化政権と見做していた。社会党など左派の左傾化が、さらに激しかったためである。

公務員は争議行為を禁止され、争議行為をあおった場合、刑事罰を科すとされていたが、昭和四一年の全逓東京中郵事件の判決以降、最高裁判所は判例を変更し、公務員にも民間企業の労働者と同じ基本権を肯定して、刑事罰を科さない方針を打ち出した。事実上、公務員の労働争議活動の解禁である。

法曹界でも、青年法律家協会（青法協）という共産党系の裁判官のグループが形成され、下級審を中心に裁判所の判断が左傾化傾向をたどっていた。共産党が弁護士会だけではなく、裁判所内に入りこんだことで、検察は体制護持組織として期待を背負うこととなる。

こうした動きに対し、都公安条例違反事件で無罪判決が下されたのを契機に、政府・与党から裁判所批判が噴出する。都公安条例では、デモ活動の届出に対し、交通の妨げにならないようにするという条件を付けて許可しているにもかかわらず、その条件を破ったとして起訴された事件であった。学生運動がまだ盛んな時期で、新宿駅が占拠されたり、東大は紛争のために入試が行えなかったりした。

こうした中で、佐藤首相が次期最高裁判所長官として白羽の矢を立てたのが石田であった。昭和四三年一二月一九日、初代検事総長であり、元法相の木村篤太郎が突然佐藤の元を訪ね、石田を推薦した。司法界の内情をわかっていない佐藤首相が、行政法学者出身の田中二《じ》郎《ろう》判事を次期長官に考えているらしいと知ってのことだった。山本祐司によれば、木村はこの時の状況を「国難にさいして」と表現したという（山本祐司『最高裁物語（上）』一八九頁）。

佐藤は、「横田最高才《ママ》長官を官邸によんで後任の推薦を頼む。田中〔二郎〕君は推さぬ。明日午後石田〔和外〕君を官邸によんで交渉をする積り。度々新聞に出た名前で検察庁も賛成、剣道の達人らしい」と記す（前掲『佐藤栄作日記第三巻』三七七頁）。

石田が最高裁長官に就任すると、内々で長官候補と目されていた田中二郎は、突然最高裁を辞した。

検察でも、昭和四五年三月三一日、井本台吉は検事総長を竹内寿平東京高検検事長に譲って退官した。竹内は次席を経ずに東京高検検事長に就任しての総長であるが、井本が総長に就任する時の検察部内のとりまとめや、先の花蝶事件で井本が特捜部と険悪になった時に仲介に奔走したことが評価され、異論は出なかった。派閥人事で苦しんだ井本は、総長を交代する際、人事での派閥間の融和を図るよう申し送り、竹内もそれに同意した。

「彼が歩く跡は腐ってくる」

この時、竹内の後任の総長となる大沢一郎《おおさわいちろう》が東京高検検事長に就任、一〇月には河井の兄貴分と言われた山本清二郎《やまもとせいじろう》が次長検事に就任する。

大沢は、馬場総長時代に法務省矯正局長であったが、その時に田中角栄、小佐野賢治、そして小佐野の顧問弁護士である正木亮《まさきあきら》との縁を得たと言われる。正木は司法省行刑局長などを歴任、戦後に公職追放となり弁護士に転身した。田中角栄が炭鉱国管事件で起訴された時に弁護人に就き、小佐野と知り合っている。

民間団体（現在は公益財団法人）である矯正協会の会長として矯正行政にも功績を残している正木は、『刑事政策汎論』などの多数の著書があり、日本の死刑廃止論の第一人者であった。矯正行政とは、刑務所や少年院などの刑事収容施設で行われる行政のことだ。現在も、受刑者が作った商品の販売はこの団体が行っている。小佐野は正木の影響を受けて、矯正協会にかなりの資金援助を行っていた。大沢と小佐野を引き合わせたのも正木であると言われている（前掲『法務・検察　裏の裏』一七三頁）。

大阪生まれの大沢は、酒は飲めないが酒席を好み、大阪・京都でも派手に遊んでいたそうである。大阪地検特捜部がタクシー汚職事件を捜査していると、国際興業社主の小佐野と大沢の派手な交際が知られるところとなった。

捜査は、なぜか最高検から待ったがかかったという。当時、大沢は最高検刑事部長の立場だった。「どうも彼が歩く跡は腐ってくる」と同期の仲間にまで苦言を呈される有様だった（前掲『検察を斬る』四三頁）。この件には、河井も代議士が関係するような事件は東京（東京地検特捜部）に任せておけばよいと言い放ち、馬場総長の間、大阪地検特捜部は捜査を行うことができなかった。

6・7　尊属殺重罰規定違憲判決

最高裁の本来の仕事

法学部生ならば、一度は「憲法判例」の類の本を読む。別名、「最高裁門前払い集」との陰口もある。

最高裁の本来の仕事は、憲法判断である。法令が憲法に適合しているかを判断し、仮に深刻な人権侵害が行われた場合、違憲判決を下し、救済する。いかなる法律も命令も行政の行為も、最高裁が違憲判断を下してしまえば無効である。無辜の民が権力の前に泣き寝入りすることがあってはならない。最高裁が「憲法の番人」「人権の砦」である所以である。

という建前は、よほどおめでたい者でなければ信じていない。実態は、最高裁が憲法判断をするというだけで、今でも新聞の一面を飾るニュースとなる。故に、法学部生は憲法判例集を「最高裁門前払い集」と揶揄する。こうした最高裁の姿勢は、小著『誰が殺した？　日本国憲法！』で一通り指摘しておいた。

実父の絞殺

ところが、昭和四八（一九七三）年四月四日、驚天動地の判決が下った。最高裁判所大法廷は、刑法第二〇〇条の尊属殺人罪規定に対して判例変更を行った上で、憲法違反の判決を下したのだ。

事件の被告人は、一四歳から実の父親に強姦されつづけていた女性であった。この女性は、五人の子供の出産に加え、六回の堕胎を強いられ、これ以上妊娠することがあると生命の危険があることから、不妊手術を受けざるを得なくなる。実父は、意に逆らうと暴力を振るって手が付けられないため、実母も含めて親戚も近寄らなくなり、誰も女性を救い出すことができなかった。

女性は残された妹や産んだ子供が自分と同じ目に遭わされる危険があったため、犠牲になることを決心した。何度か家出を試みたが、その度に執拗に追いかけられては、連れ戻されていた。女性は諦めて暮らし、周りからは夫婦にしか見えなかったという。

実父が働くのをやめ、生活費を得るために外に働きに出るようになった女性は、置かれた身の上を承知の上で結婚をしてくれる男性と巡り合う。だが、実父は娘を手放すまいと、止めに入る周囲の人間にも暴力を振るい、娘にも脅迫めいた暴言を吐き、ますます手が付けられない状態になった。
そして昭和四三年一〇月、前途を絶望した女性は実父を絞殺するに至る。夜中ではあったが、即座に自首した。

覆された判決

この女性の不幸な境遇に同情した大貫大八《おおぬきだいはち》弁護士は、無償でこの女性の弁護人を引き受けた。通常、被告人が自費で弁護士を雇うことができない場合、国選弁護人の制度に基づき国が弁護士を付ける。しかし、二審あるいは最高裁まで争った場合、第一審の弁護士が続けて第二審でも国選弁護人として就くことができない仕組みになっている。そこで、大貫弁護士が名乗りを上げ、大八弁護士が癌に倒れた後は、息子の正一《しょういち》弁護士が上告審から事件を引き継いだ。

第一審の宇都宮地裁判決は昭和四四年五月二九日であった。事件の内容が内容であったため、新聞も報道を控え、「栃木親殺し事件」とのみ伝えられた。女性は刑法第二〇〇条の尊属殺人罪で起訴されたが、判決は、刑法第二〇〇条の尊属殺規定を憲法違反とし、無効であるとした。罪となる事実に対し、刑法第一九九条の普通殺人罪を適用の上、犯行が過剰防衛であると認定して、刑を免除した。

しかし、検察はこの判決に対して控訴を行った。刑法第二〇〇条の尊属殺規定が憲法違反と判断されたためである。当時、この事件を担当した地検の検事は、立場上、控訴するしかなかったと話している（谷口優子『尊属殺人罪が消えた日』二一七頁）。

第二審の東京高裁は、昭和四六年五月一二日に判決を覆した。第一審を破棄し、刑法第二〇〇条の尊属殺規定を合憲としたうえで実刑判決を下す。さらに、第一審の事実認定と、弁護人の主張を「とるに足らない」（判決文ママ）と退けた。井波七郎《いなみしちろう》裁判長は、以下のような質問を投げかけてさえいる。

> 被告人とお父さんとの関係は、いわば〝本卦《ほんけ》がえり〟である。大昔ならばあたりまえのことだった……。ところで、被告人はお父さんの青春を考えたことがあるか。男が三十歳から四十歳にかけての働きざかりに何もかも投げ打って被告人と一緒に暮らした男の貴重な時間を、だ。
>
> （前掲『尊属殺人罪が消えた日』二〇八頁）

井波裁判長の理屈によれば、女性と父が一〇年以上もはた目からは普通の夫婦のような平穏な生活を継続することができたのだから、女性の殺害行為は過剰防衛にはあたらないというのである。

もし高裁がこのような理屈で被告人の置かれた状況を解するのであれば、その男は父ではなく夫であり、被告人に「尊属殺」を適用すること自体に矛盾が生じる理論展開である。一五年に一一回も妊娠させられた事実は、判決では無視された。高裁は、懲役三年六か月を言い渡した。

事実上の無罪放免

なお大沢一郎は、このときの高裁で行われる控訴審の公判を総括する立場にあった東京高検検事正であった。

過去の最高裁判例では、尊属殺は合憲と判断されていた。「親殺しは、通常の人殺しより重い」という立場である。昭和二五年には福島地検が跳躍上告して争い、合憲判決を勝ち取っている。

だが、この「栃木親殺し事件」のような、被害者に同情の余地がない、極めて例外的な事件でも同じことが言えるのか。

当時の刑法第二〇〇条の尊属殺規定が定めた法定刑は、死刑または無期懲役の二択しかない。執行猶予判決は三年以下の懲役または禁錮刑でなければつけることができないのであるが、軽い方の無期懲役を選択して、刑法が認める二回の減軽を行っても三年六か月の懲役刑となってしまう。必ず実刑である。

そのため、このような事案の裁判では、尊属殺規定が憲法第一四条の定める「法の下の平等」に反するという主張で争われてきた。

石田長官は最高裁判決で、「法律上、刑の加重要件とする規定を設けても、かかる差別的取扱いをもつてただちに合理的な根拠を欠くものと断ずることはできず、したがつてまた、憲法14条1項に違反するということもできないものと解する」と断った上で、「加重の程度が極端であつて、前示のごとき立法目的達成の手段として甚だしく均衡を失し、これを正当化しうべき根拠を見出しえないときは、その差別は著しく不合理なものといわなければならず、かかる規定は憲法14条1項に違反して無効であるとしなければならない」とした。

要するに、尊属殺を重くするのは構わないが、量刑に極端な開きがある、普通殺人ならば執行猶予もあるが、親殺しは最低刑三年六か月であるような法律は違憲であるので、無効であるということである。被告人の女性は懲役二年六か月、執行猶予三年という判決で、事実上の無罪放免となった。

法解釈を誤った検察

問題は、ここからである。

この最高裁判決を受けて、最高検は全国の検察に通達を出し、その時点での尊属殺人での起訴を、普通殺人での起訴に切り替えた。また、尊属殺での起訴を取りやめている。

これを、司法権を握る最高裁と、行政権を握る検察が組んで、立法権を侵害したと評する元裁判官の論者もいる（井上薫『司法は腐り人権滅ぶ』）。

事実、最高裁判決を受けても自民党には「親殺しを解放した」などと尊属殺重罰規定の事実上の削除に批判的な意見が強く、平成七（一九九五）年の刑法全面改正まで条文は削除されなかった。しかし、検察が尊属殺人での起訴を行わない以上、死文化している。これを「立法権の侵害」と評されても、やむを得ないだろう。

だが、最高裁判決は、尊属殺人を違憲としたのではない。尊属殺人の「極端」な重罰規定を違憲としたのである。立法府は、「極端」な重罰規定のみを改正すれば事足りたと言える。

だが、政権与党の自民党の政治家が何をしようがしまいが、事件を裁判にかけるのは検察である。当時の検察は法解釈を誤った。「栃木親殺し」のような例外中の例外一事を以て、多くの親殺しを解放したと指弾されてしかるべきだろう。

この決定を行ったのは、検事総長に昇格した大沢を筆頭とする当時の検察首脳部である。

6・8　金脈政変

「眠れる検察」

昭和四七（一九七二）年七月七日に田中角栄政権が発足し、翌昭和四八年二月二日には竹内寿平が引退して、大沢一郎が検事総長に就任する。

先に述べたように、竹内寿平の後任候補は二人いた。一人が田中角栄との人脈を持つ大沢一郎東京高検検事長、もう一人は河井信太郎の兄貴分・山本清二郎次長検事である。

山本は河井と同じ中央大学出身で、田中とともに佐藤派の大番頭と言われた保利茂《ほりしげる》とは親しい間柄にあった。保利も中央大学出身である。そのため、佐藤政権の次が田中なら大沢、福田なら山本になるだろうと言われていた。仮に福田政権となって山本が昇格しても、極端な抜擢人事にはならず、より順当なのは大沢であるというだけにすぎない。結果論として順当な大沢とも言えるだろうが、田中人脈の小佐野との関係がある状態で、政治の影響がない人事とは言えないだろう。

日通・花蝶事件をきっかけに、特捜部から河井、栗本を除いた後、大沢の代になると、それまで五〜六年じっくり経験を積むことができた人事から、長くても二年前後で異動させるという人事運用に切り替えられたという。理由ははっきりしないが、河井型の職人気質の検事が育ちにくい環境になり、竹内＝大沢時代の検察は「眠れる検察」と揶揄されることとなる。

そんな中でも、東京地検塩野宣慶《しおのやすよし》検事正、伊藤栄樹次長検事、大堀誠一《おおぼりせいいち》特捜部長の下で特捜部は経済事件を取り扱っている。

昭和四八（一九七三）年三月発覚の殖産住宅事件は、上場前の株を優先的に譲りうけた場合、有償でも贈収賄罪が成立するかを争った事案であるが、「入手困難で値上がり確実な新株を、公開価格で取得できる機会を得ること自体が賄賂になる」との最高裁の判決を得た。これは、後のリクルート事件の立件に影響を与えた。ちなみに、この事件で逮捕された東郷《とうごう》民安《たみやす》の所得税の脱税額二六億円は、平成二三（二〇一一）年に李初枝《りはつえ》が二七億九〇〇〇万円の相続税の脱税で逮捕されるまで史上最高額の記録を保ち続けた。

この事件で、東郷民安は「中曽根通産相から『殖産住宅が上場するそうだが、新規上場は儲かると聞いている。二十五億円ぐらい調達できないか』と依頼された」と法廷で陳述した（立花隆『田中角栄研究全記録（上）』二二頁）。東郷と中曽根は旧制静岡高校以来の友人関係であったし、この事件の一端には社内の勢力争いを背景に児玉誉士夫や小佐野賢治も絡んでいた。しかし、この事件で政治家に手が伸びることはなかった。

田中角栄の錬金術

田中が行った昭和四七年衆議院総選挙は、二当一落選挙と言われた。二億で当選、一億で落選という意味である。現在の貨幣価値なら六〜八億円で当選、三〜四億円あっても落選というところである。昭和四七年の総裁選（福田赳夫と争った角福戦争）では三〇〜五〇億円、その後の昭和四九年参議院選挙では五〇〇億〜一〇〇〇億円を使ったと言われる。参院選後は一〇億〜一五億円の「お中元」を配って党内基盤を固めたといわれている（前掲『田中角栄研究全記録（上）』一六頁）。金額には諸説あり、一説には田中は総裁選で当時の金額にして一〇〇億円をばら撒いたとも言われる。

田中は昭和三〇年代から他とは桁の違う金を使い、佐藤派代貸しの地位を維持するために無理な集金を続けてきた。岸信介は「同じ一本指でも、福田は百万、田中は一億」と評していたという（前掲『田中角栄研究全記録（上）』九九頁）。

田中角栄が莫大な政治資金をひねり出す錬金術は、田中彰治事件あたりから見え隠れし始めている。田中彰治事件のときに、捜査の突破口となった旧虎ノ門国有地払い下げ事件とは、五年間譲渡禁止の条件で大蔵省が市場より安値で払い下げた国有地（旧虎ノ門公園跡地）を、小佐野の会社が条件を無視して転売し、七億円の利益を上げたというものだ。譲渡禁止の約束を破った場合は、払い下げの契約を解除することになっていたが、当時の蔵相は田中角栄である。

蔵相の関係者に大蔵省の国有地を安値で払い下げること自体も問題であったが、条件を破っても大蔵省は契約解除を行わなかった。この問題は田中彰治ではない別の議員が国会質問で取り上げていて、それを聞いていた田中彰治が恐喝のネタに使ったのだ。検察が、なぜ小佐野が田中彰治に脅迫されたのか、恐喝のネタの端緒に触れなかったはずはないのであるが、この時は見逃されている。

強い内閣ではなかった田中内閣

六月に、東京地検特捜部は田中金脈の土地転がし疑惑の捜査を開始した。

しかし、この事件では田中の側近である山田泰司《やまだたいし》を特別背任罪と宅建業法違反（免許期限切れの無免許営業）で起訴することしかできずに終わった。捜査も三か月で終わった上、裁判も一か月半という早さで結審し、執行猶予付きの有罪判決で終わっている。

特捜部は捜査をさせてもらえなかったのだ。起訴の三日前には田中の腹心・二階堂進《にかいどうすすむ》が布施総長に面会に来ていたことが目撃されているという（前掲『検事総長』一七三頁）。

このように田中は各所に人脈を配し、強大な政権であるかのように見える。しかし、小著『自民党の正体』や『政争家・三木武夫』で解説しておいたが、田中内閣は最初から他派閥の支えで成立しており、もともと組織として決して強い内閣ではなかった。

田中内閣の早期退陣を決定的にしたのは、昭和四九年六月の参議院議員選挙での大敗である。七月には副総理・環境庁長官の三木武夫が辞表を叩きつけ、蔵相の福田もこれに続いた。

そして、田中の資金源を追ったのが、ジャーナリストの立花隆《たちばなたかし》である。その取材結果は、『文藝春秋』一一月号で、「田中角栄研究」と題して発表された。立花の取材成果は政界では周知だったが、一般には衝撃を与えた。

田中内閣二年半の金権体質に世論は嫌気がさしており、後継総理には「クリーン」を標榜する三木武夫が就いた。

三木内閣で法相となったのは中曽根派の稲葉《いなば》修《おさむ》である。中央大学で教授も務めた稲葉は、法務事務次官に河井信太郎を推薦してきた。これには、河井の出身大学・中央大学真法会《しんぽう》の創設者である向江《むかえ》璋悦《てるよし》と、向江が顧問弁護士をしていた中曽根派の領袖・中曽根康弘も関わっていたと言われている。向江は過去に、岸本と並んで塩野閥四天王と呼ばれ公職追放で法務省を追われた太田耐造を事務次官に送り込もうと、当時の検事総長だった佐藤藤佐に掛け合ったこともあるような人物だ（向江璋悦『鬼検事』一六六〜一六七頁）。

余談であるが、中央大学が「法科の中央」と呼ばれるのは、向江が作った真法会出身者から司法試験合格者を多数輩出しているという実績があったからだ。真法会はサークル活動の一つにすぎないのであるが、入会のための試験があり、現役の法曹資格を持つ先輩が無料で指導をしてくれる。選ばれし者という意識を持たせているサークルなのである。なぜ司法試験を受けるだけで選ばれし者になるのかは不明だが、事実そのような体質なのだから仕方がない。

政治家が動いたものの

さて、河井は当時、広島高検検事長であった。その地位からならば、以前のような異例の抜擢人事にはならないが、事務次官は法相との間で人事の調整を行う要である。河井のことを職人肌の検事として慕う者もあったが、毀誉褒貶《きよほうへん》の激しさもあって、河井を事務次官にすることについては異論が強かった。以前に抜擢人事で揉めた記憶はまだ新しい。

先例に従えば刑事局長の辻辰三郎《つじたつさぶろう》が事務次官であるのだが、これにも検察部内から異論があった。〝誰から見ても適任〟と考えられていた東京地検検事正の塩野宜慶は「血圧が高く、従来のものぐさな性格から自ら消極的だった」（前掲『法務・検察　裏の裏』一二三頁）。

今度の河井人事は、そのことを聞き及んだ稲葉のゴリ押しである。稲葉は事務次官がダメとわかると、次長検事を推してきたが、それも現職事務次官の神谷尚男《かみやひさお》は断った。神谷は河井の事務次官就任を阻止するため、必死で塩野を口説き落としたという。

ちなみに、この塩野宣慶は、塩野閥の塩野季彦の長男であるが、父と違って権力欲や出世欲がなく、典型的な昼行灯《ひるあんどん》だったという。総長候補とみなされていたが、ロッキード事件発覚後に東京高検検事正になった後、昭和五二年に最高裁判所判事となった。季彦の養父の宜健は東京地裁検事局検事正、宣慶の息子の健彦《たけひこ》は福島地検検事正の、四代に渡る検察一家である。

河井はこうして二度も政治家が動いて中央に戻そうと試みられたが、最後まで東京に戻されることはなかった。

動乱の予兆

田中内閣が終わると同時に、大沢総長時代も終わりを告げた。昭和五〇（一九七五）年一月二五日、東京地検特捜部長を経験した現場派の布施健が検事総長に就任した。

この時を待っていた人物がいる。香川保一《かがわやすかず》である。香川は判事出身だが、判検交流人事で法務省に出向し、民事一課長を経て、昭和四七年に官房長になった。

香川は小佐野賢治が矯正保護審議会委員に名を連ねることに当初から反対し、排除することを考えていた。官房長は矯正保護審議会委員の人事に影響力を及ぼせる。しかし、竹内～大沢の時代の間は抗っても無駄だとわかっていたので、香川はじっと時が来るのを待った。

しかし、政権を手放しても田中の力は侮れない。大沢の引退後、香川は関係各所に小佐野の五期目の就任を阻止すべく根回しを始めたが、審議会委員の任期切れが近づくと小佐野再任を望む陳情が相次いだ。香川は、法務・検察内部への小佐野シンパの浸透のすさまじさに絶句したという。

昭和五〇年七月、香川は民事局長へ転任となったが、後任の藤島昭《ふじしまあきら》も香川の意を汲んで小佐野外しに動いた。永田町からも小佐野留任の圧力がかかったが、事務次官の塩野から「好きにやっていい」という内諾も得ていた藤島は、一計を案じた。大沢に、小佐野は多忙であろうから、いつまでも委員をやっていただくのは「法務省としては心苦しいので」交代していただくつもりであることを了承してもらえませんかと、先手を打って頼み込んだのである。現役を去った大沢に、これをひっくり返すことはできなかった。

ようやく、法務・検察は田中彰治事件以来の小佐野とのしがらみを切った。

動乱の予兆である。

第七章

ロッキード事件

7・1 法相の椅子

法務大臣は「危険のない人物」

戦後政治において法務大臣の席が反主流派に渡ったことは一度しかない。佐藤栄作内閣末期の、前尾繁三郎だけが例外である。佐藤内閣の発足当初こそ前尾は反抗的であった。だが、政権が六年も続いた時点で、前尾は派閥の領袖の座すら大平正芳に追われ、もはや佐藤を脅かす力は失っていた。ちなみに、前尾が入閣した第三次佐藤改造内閣は、佐藤にとって最後の組閣であり、政権もレイムダックと化していく。

この一回を例外として、自民党政権の法務大臣はすべて主流派、もしくは時の政権にとって危険の無い人物である。当然である。疑獄事件が発生した時、検察を指揮する法務大臣が敵対的であれば、政権の致命傷になりかねない。

こうした事情は、非自民政権でも同じであり、法相の地位はすべて主流派で占めている。三木武夫内閣の法相も、主流派の中曽根派から稲葉修が採られた。稲葉はクアラルンプール事件などに遭遇し、良くも悪くも歴史に名を遺した法相となった（同事件の詳細は、また三木武夫や三木内閣に関しても、小著『政争家・三木武夫』を参照)。だが、稲葉が関わった最も重大な事件はロッキード事件である。そして、この事件以後、法相の椅子の重みが増していく。

漁夫の利

昭和五〇年代は、三角大福中と言われる自民党五大派閥の領袖が次々と総理大臣に就く。その嚆矢《こうし》が田中角栄だった。だが、その田中は金脈政変で内閣を追われ、残った二大実力者の大福がにらみ合っている中で、第四派閥領袖の三木が漁夫の利をさらった。

角大福の三大実力者にとって、三木内閣は暫定政権のつもりだった。だが、三木に政権を明け渡す気は毛頭無い。むしろ、田中派若手筆頭の竹下登を建設大臣に〝一本釣り〟したほどだった。他にも、福田派の安倍晋太郎《あべしんたろう》農相、大平派の宮沢喜一《みやざわきいち》外相ら若手実力者を積極的に内閣に登用している。彼らに勢力を付けさせ、各派閥の領袖を突き上げさせようとしていたのだ(この手法は後に中曽根康弘も用い、成功している)。

そして、隙あらば三木を引きずり降ろそうとする多数派の陰謀をかわしているうちに、海の向こうから大事件が飛んできた。

第一報

日本にその第一報が入ったのは、昭和五一（一九七六）年二月五日午前一時過ぎの外電であった。

アメリカのロッキード社が航空機の売り込みに際し、日本・イタリア・トルコ・フランスなど数か国に不正な資金提供を行っていたことを、副会長のアーチボルト・コーチャンがアメリカ上院多国籍企業小委員会（チャーチ委員会）で証言したのだ。コーチャンが日本人の誰に賄賂を渡したのか。日本政界は、蜂の巣をつついたような大騒動となった。

日本ではロッキードから賄賂をもらった「灰色高官」が誰なのかに関心が集中していたが、アメリカ政府はその中身を把握していたので、国際的な大謀略と化していく。

小佐野の盟友の田中角栄前首相、児玉の舎弟格の中曽根康弘自民党幹事長の名前は当時から取りざたされていた。そして、当時は秘されていたが、アメリカの新聞記者は現職閣僚の竹下登の名も早くからあげていた（奥山俊宏『秘密解除ロッキード事件』一一六頁）。こうした動きに、老獪な三木が敏感でないはずがない。

「ここで検察が立ち上がらなければ……」

日本で最初に動いたのは検察だった。東京地検特捜部副部長だった吉永祐介は、これを知るとすぐに部下に下調べを命じる。翌日には最高検の江幡修三《えばたしゅうぞう》検事から川島興《かわしまこう》特捜部長に極秘で調査を行うよう指示が下る。腰砕けだった田中金脈事件のときとは明らかに違った。

チャーチ委員会で出た証言はこれにとどまらなかった。コーチャンは日本政府高官への献金、右翼の総元締の児玉誉士夫から政商・小佐野賢治を紹介されたことを明かした。

法務省内では、堀田力《ほったつとむ》参事官が安原美穂《やすはらよしほ》刑事局長を説得し、チャーチ委員会で公開された資料、非公開の秘密資料の入手についての検討を始めた。堀田は大阪地検特捜部で活躍し、前年までアメリカ大使館勤務だった。大使館勤務中、ウォーターゲート事件を調査していた堀田はこの後もアメリカ司法当局との交渉役を務めることになった。

ロッキード社の売り込みは日本以外にも行われていたため、この件で資料引き渡しを求めてきた国があったという。堀田によると、日本の申し込みが最も早く熱心だったので、アメリカも協力的だったという（堀田力オフィシャルホームページ「社会の国際化、民意の変移～流れの中のロッキード事件」より抜粋　二〇一〇年一〇月二〇日）。

国会では二月一六、一七日に証人喚問が行われた。脳梗塞で倒れた児玉は出頭しなかったが、小佐野賢治（国際興業社主）、若狭得治《わかさとくじ》（全日空社長）、檜山廣《ひやまひろ》（丸紅会長）、大久保利春《おおくぼとしはる》（丸紅専務・大久保利通の直系の子孫）、伊藤宏《いとうひろし》（丸紅専務）が証言を行った。小佐野が答弁した「記憶にございません」は流行語になった。

一八日には最高検、高検、地検、法務省の幹部による首脳会議が開かれた。訴訟制度の異なるアメリカとの事件資料の取り寄せや証言聴取をどう行うか、時効などの問題点が指摘されたが、それで捜査をやめようという話にはならなかった。むしろ、困難かもしれないが捜査をすべきだという積極的な意見が多く上がる。神谷尚男法務事務次官は「ここで検察が立ち上がらなければ、今後二〇年間検察は、国民から信頼されないだろう」と主張した（坂上遼『ロッキード秘録』三六頁）。

「逆指揮権」の行使

最初の突破口は、児玉の脱税容疑だった。チャーチ委員会で児玉に渡ったと証言された金が所得税申告の中には入っていない。国税局もこの件で調査を始めており、捜査に参加したいと申し出のあった警察庁を加えた三庁合同での捜査態勢ということになった。

しかし、特捜部は警察との合同捜査を渋っていた。後藤田正晴元警察庁長官は、田中に近い。警察が後藤田に情報を漏らさない保障はない。しかし、そのことは警察を捜査から外す理由にはできなかった。検察は警察に、捜査に参加することを承諾する代わりに、渡す情報は制限した。警察との対立を避けながらの難しい折衝は、捜査終了まで続くことになる。

実は、事件発覚当初の検察は、及び腰だった。無論、二二年前の造船疑獄での指揮権発動の悪夢が蘇るからである。政界中枢に迫っても、指揮権発動で阻止されるのではないか。いくら三木武夫が田中金権政治を批判して政権を奪ったとはいえ、土壇場では同じ自民党員として庇うのではないか。

だが、それは杞憂だった。多くのロッキード関係の文献が政権は法律解釈でも予算でも協力的であったとし、むしろ田中逮捕を使嗾《しそう》する「逆指揮権」が行使されたとするのが現在の通説だ。

三木は率先して疑惑解明に協力する動きを見せ、国会でも早々に「日本の政治の名誉にかけて真相を究明する」と宣言した。自民党内からは、「はしゃぎすぎだ」「惻隠《そくいん》の情がないのか」と批判が上がっていくが、三木は世論を味方につけ無視する。

二月二四日、三木はジェラルド・フォード大統領にチャーチ委員会に提出された資料の提供を求める親書を送った。このことは、日米の司法取り決めもない状態で、法務・検察の頭越しに行われたため検察首脳部を驚かせた。

三木の率先したアメリカへの捜査協力要請は、デュープロセスが厳格なアメリカの態度を硬化させたと言われているが、アメリカも決して非協力的だったわけではない。田中角栄とその徒党は親中国の姿勢が露骨であり、フォード共和党政権は懸念していたという事情もあった。三木は世論（つまりマスコミ）だけでなく、アメリカをも後ろ盾に、自民党主流派に戦いを挑んだ。この時点で検察は、三木の走狗となる以外に選ぶ道はなかったと言える。

法的根拠は？

四月三日、三木は「灰色高官の名前を発表する用意がある」と宣言した。自民党に恐怖が走る。五五年体制と言われる派閥八百長政治は、相手を抹殺するまでは戦わないのが要諦である。しかし、その理屈は保守傍流と目された三木には通用しない。

それにしても、三木の宣言の法的根拠は何なのか。三木は、刑事訴訟法第四七条但書の、訴訟に関する書類は、公判の開廷前に公開してはならないが、公益上の必要その他の事由があると認められる場合は「この限りでない」を引っ張りだしている。こうしたことを三木一人が思いつくとは考えられない。

当時、三木の秘書だった岩野美代治《いわのみよじ》は、こうした「入れ知恵」は、当時最も行き来していた法務省の安原美穂刑事局長ではないかと推測しつつも、内閣法制局が教えた可能性にも言及している。意外にも、三木は大阪のエースといわれた別所汪太郎《べっしょおうたろう》検事（大阪タクシー汚職事件で活躍）や、河井信太郎大阪高検検事長とも懇意であった（岩野美代治、竹内桂編『三木武夫秘書回顧録』一九三頁）。だが、法務省の、しかも本流を歩んでいる安原が捜査資料の公開を望んでいない検察庁の足を引っ張るようなことをしたとは考えにくい。

三木は、霞が関では、自民党保守本流と言われる福田・大平・田中の三派に連なる大蔵省とは常に対立した。大蔵省は「我は富士山、他は並びの山」と称する官庁中の官庁である。ただし、その大蔵省の統制が効かない唯一の官庁が内閣法制局である（そのメカニズムと法的根拠は、小著『総理の実力　官僚の支配』、『日本国憲法を改正できない8つの理由』を参照）。なお、事件発覚時の法制局長官は吉国一郎であり、七月には法制次長の真田秀夫《さなだひでお》が昇格している。三木と法制局の密接な連携は、岩野も証言している（前掲『三木武夫秘書回顧録』一七七頁）。

「三木おろし」と情報のリーク

灰色高官の公表も含め、三木は資料すべての公開を望んだが、そのことは検察を悩ませた。三木自身や三木派には、資料に名前があろうはずがなく、何の危険もない。しかし、捜査資料の公開は、事前の証拠隠滅や口裏合わせをされる危険が高い。証拠を消されてしまったら、疑惑があっても逮捕も起訴もできなくなってしまう。そうなれば、検察は一身に世論の非難を浴びることになる。金が流れたとされる「政府高官」の名を明かされることだけは、逮捕、起訴がなるまで避けなければならない。アメリカ側から提供される資料の公開で、逃げ場を失ったとしても、それが公判で使えるかどうかは別問題である。いわば、三木は検察に対して高官の名前や資料の公開という人質を取ったようなものである。

結局、捜査資料の公表はフォード大統領の返書にある秘密保持を前提とする、ということで押し通した。検察に対しては首相の権力で公開するぞと脅し、政界に対しては検察の姿勢を理由に公開を控えると恩に着せる。

政局の緊張が高まる中、五月一三日の読売新聞は、田中角栄前首相・椎名悦三郎《しいなえつさぶろう》自民党副総裁・福田赳夫副総理・大平正芳蔵相の四人が三木おろしの陰謀を企てたとスクープした。三木は読売新聞出身の中村慶一郎《なかむらけいいちろう》を秘書にしている。明らかに、情報を察知した三木のリークだ。三木はこの記事を使って、世論の「ロッキード隠し」という非難をすべて反三木派に押し付けた。各紙の社会部も三木を支持し、毎日新聞の社会部が中心になって「三木おろし」を批判するキャンペーンを始めた。当時の検察担当記者は、検察に協力するという思いが強かったようであるが、完全に三木に政争の駒として利用されている。

六月二七日から二八日にアメリカで行われた第二回先進国首脳会議（サンファンサミット）に出席した三木は、「何とかフォード大統領と差しで話ができないだろうか」とさかんに迫った。三木が「差しで」望む会談の内容について岩野は、「外務省も入れたくなかったので、ロッキード以外にはありえません」と断言している（前掲『三木武夫秘書回顧録』一九五〜一九六頁）。

7・2　田中角栄、逮捕

情報の遮断

吉永祐介特捜部副部長は、内部に対しても情報を遮断した。個々が担当している部分的なことはわかっても、全体像がわからないようにしたのだ。警察からはザルのように情報が洩れ、すぐに新聞やテレビの俎上に載せられてしまうので、それを前提とした「部分」だけ、あるいは形として手伝わせることを常に考えなくてはならなかった。

一方、検察内部でも、政府に近い法務省・最高検・高検と、現場で捜査を行う地検・特捜部にも判断をめぐって温度差があった。また事件発覚当初は、検事の中には河井の門下生も多く残っていたため、そこから河井を通じて政界側に情報が洩れている節があった。

加えて、昭和四九年、東京地検特捜部が田中金脈の捜査に当たっていた時には、当時・広島高検検事長だった河井が東京の料亭で田中角栄と密会していたという噂もあり、首脳部は河井の娘が小佐野の国際興業秘書課に勤務していた事実も押さえていた（前掲『法務・検察裏の裏』一九八頁）。

吉永は河井の息のかかった検事を捜査の中心から外した。結果、河井の元には一切情報が行かなくなる。会議で上京した河井は特捜部産みの親の自分に情報が入ってこないことを怒ったというが、相手にする検察首脳部は誰一人いなかったという。

七月上旬から中旬にかけての国会審議の中で、野党の追及に答えて、幾人かの灰色高官の名はあがっていた。佐々木秀世《ささきひでよ》、橋本登美三郎《はしもととみさぶろう》、佐藤孝行《さとうこうこう》などである。マスコミは彼らがいつ逮捕されるかを予想したが、田中が逮捕されることを期待はしても、本音では検察がそこまでやるとは思えなくなっていた。立花隆ですら、ラジオでは強気に田中逮捕を口にしていたが、言い過ぎたかなと思っていたそうである（前掲『田中角栄研究全記録（下）』三三七頁）。

検察は、国内で整えられる証拠だけで立件する準備も同時に進めた。吉永は、訴訟制度の異なるアメリカの資料に頼らない公判維持を最初から見据えていた。後に全日空ルートと呼ばれるロッキード社から全日空への不正資金供与の立証に突破口が開けると、ロッキード事件の本丸である丸紅を経由しての政府高官への贈収賄（丸紅ルート）の道も開けた。検察は、六月下旬に入ると全日空幹部、丸紅幹部を続々と逮捕した。

極秘にされた「Xデー」

検察が田中角栄の逮捕実現に向けて動き始めたのは、七月二三日以降である。丸紅の伊藤宏専務から田中角栄に五億円が渡される一部始終の聴取に成功したからだ。

七月二七日、東京地検は田中角栄を外為法違反で逮捕した。首相経験者の逮捕は昭電疑獄の芦田均以来である。そして、総理大臣現職時の犯罪としての逮捕は初となる。

前日の二六日午前一〇時四〇分に布施検事総長、神谷東京高検検事長、高瀬礼二《たかせれいじ》東京地検検事正の三者で田中の逮捕の最終的な確認がなされた。最高検が正式に決定したのが同日の午後零時二〇分。稲葉法相に安原刑事局長が報告を入れ、逮捕の了承を得たのが同日午後二時半だという。

三木首相には安原から報告がされた。三木から「(自民)党にも話をしておこうか」と尋ねられた安原は「絶対話さないでください」と説得したそうである(前掲『ロッキード秘録』一〇八頁)。

具体的な逮捕のスケジュールは当日の朝まで明かされなかった。関係者でありながら警視総監には逮捕まで情報が伏せられたままだったほどである。この一件で、検察と警視庁の関係は険悪となった。当然だろう。

ただし、これは逮捕の最終確認である。前総理で与党最大派閥領袖の逮捕の動きを、現職首相や法相が直前まで知らないわけがない。

七月二三日の夜、三木は政治評論家の藤原弘達《ふじわらこうたつ》を呼び寄せ、「もしあなたが総理大臣だったとしたらどういう行動をとるか言ってほしい」と、仮定の話として尋ねた。藤原は前の週に偶然ゴルフ場で田中と会っていた。大丈夫と言いながら内心の不安を隠せなかった様子を見ていたので、三木が具体的なことを言おうとしなくても何を尋ねているかはわかったという。藤原は「いつぞや、あなたから電話があったとき、あなたはロッキード問題に命をかけると言った。それも、政治生命というのではなく、文字通り命をかけると。だから、これは、殺される覚悟がなければできませんよ。中途半端ならやらんほうがいい」と進言した（藤原弘達『独断の戦後史』二一五〜二一六頁）。

検察は、三木の「逆指揮権」を理解していたから、田中逮捕に踏み切れたのだ。ただし、「Xデー」は直前まで極秘だっただろう。

7・3　灰色高官

世論の関心

灰色高官の筆頭と思われていた田中が逮捕されると、これまで戦々恐々としていた灰色高官候補を含む全員が開き直った。総裁派閥の三木派と幹事長派閥の中曽根派以外のすべての派閥が反主流に回った。

田中が保釈された二日後の八月一九日、自民党の三分の二が参加して挙党体制確立協議会（挙党協）が設立された。当時の閣僚二〇人中でも、一五人が敵に回った。

だが、挙党協は三木の牙城は崩せない。

それどころか、国会の審議で灰色高官に名前があがった佐藤孝行元運輸政務次官が八月二〇日に逮捕され、二一日には橋本登美三郎元運輸大臣が逮捕された。

世論の関心は、ロッキード社から金を受け取った田中以外の灰色議員は誰なのか、何人いるのかに移っていった。

八月二五日、NHKの午後一一時のニュースで、検察が灰色高官四名の取調べを行ったと報じた。翌朝の各紙朝刊一面トップは、二階堂進、佐々木秀世、加藤六月《かとうむつき》、福永一臣《ふくながかずおみ》の名前をあげ、近時の動静まで添えて「灰色高官四人から聴取」と書いた。

しかし、これは記者の勇み足による誤報だった。検察には自民党から猛抗議があり、東京地検が報道事実を否定するコメントを発表する記者会見をするに至った。ちなみに、新聞社では三〇名超の「灰色高官予定稿」を用意して待ち構えていた（毎日新聞社会部『毎日新聞ロッキード取材全行動』三四六頁）。

この誤報事件によって、検察の灰色議員のリストアップが加速度的に進展することになる。八月末には、検察によってリストアップされた灰色高官全員に対する事情聴取が始まり、九月五日までにはそれを終えている。

公開されなかった「灰色高官名簿」

実は、「灰色高官」にはハッキリとした定義がない。当初は、チャーチ委員会でロッキード社関係者が証言した中に登場する日本政府高官を指した言葉として使われている。しかし、検察庁が入手した資料にはいわゆる「高官リスト」という整った資料があったわけではない。今、私たちが知る灰色高官リストとは、検察が国内の捜査で積み重ねた結果である。

その後も野党やマスコミは、検察が嫌疑をかけた政治家全員の氏名の公表を迫っているが、すでに名前が出された二階堂ら四名を追認する形にとどまった。内閣法制局が、総理大臣には公開する権利があるという答弁を国会でしていたが、三木は決断しなかった。

ちなみに、法務省は灰色高官について定義しているが、要約すると、捜査の結果、ロッキード社からの資金を受領しているが、公訴時効・収賄罪不成立ほかの理由により起訴猶予、不起訴処分となった者で、政治的・道義的責任が認められる者のことである。

当時公表されなかった八名を加え、逮捕者を含めた灰色高官をまとめると、次のようになる（前掲『ロッキード秘録』一六〇頁以下）。

逮捕・起訴（三名）

丸紅ルート　田中角栄　元内閣総理大臣（懲役四年、死亡により公訴棄却）

全日空ルート　橋本登美三郎　元運輸大臣（懲役二年六月執行猶予三年、死亡により公訴棄却）

佐藤孝行　元運輸政務次官（懲役二年執行猶予三年、上告取下・確定）

事情聴取（十二名）全員、不起訴処分

加藤六月　運輸委員会理事　金銭収受は否認。

佐々木秀世　元運輸大臣　アリバイ込みで金銭収受を否認。

二階堂進　元官房長官　全面否認。

福永一臣　外務委員　ロッキード社からの金を丸紅経由で収受認める。

※以下は当時報道もされず。

村山達雄《むらやまたつお》　決算委員長　全日空からの献金はあった。

竹下登　建設大臣　全日空からの献金はあった。申告漏れで他意はない。

木村睦男《きむらむつお》　運輸大臣　ロッキード社から出たと思われる金を受け取ったが返還した。

佐藤守良《さとうもりよし》　運輸政務次官　餞別として受け取った。
中川一郎《なかがわいちろう》　運輸委員長　全日空主宰で壮行会を開いてもらった。餞別、土産代。
西村直己《にしむらなおみ》　元防衛庁長官　全日空とは古い付き合い、何気なしに受け取っている。
関谷勝利《せきやかつとし》　運輸委員　料亭で全日空からの献金を受け取った。
大橋武夫　元運輸大臣　秘書は認めたが、本人は「知らない」。

本書で注目は、元法務総裁でもあった大橋だろうか。何度も大蔵大臣を務める村山や、ニューリーダーの一角として一派を率いるに至る中川など、中堅どころの実力者が並ぶ。中川は最期に自決を選ぶが、ロッキード事件が影響していたかどうかは、想像するしかない。

この「公開されなかった灰色高官名簿」を眺めると、当時のロッキード・三木おろし政局で最も重要な人物が竹下登であることに異論はあるまい。現に、田中派幹部で竹下の盟友の金丸信《かねまるしん》は、田中逮捕の直後には派閥の代替わりを企てている。竹下としては、灰色高官の汚名から逃れるため、袞竜《こんりょう》の袖《そで》に隠れて、主殺しを試みたということになる。

検察は竹下への献金の賄賂性を立証できないと判断して不起訴にしたのだが、すでにアメリカでは「灰色高官」と認識されていた。公開から一〇年、ほとんど話題になっていないが、現代史研究で重視すべき事実であろう。

7・4 鬼頭ニセ電話事件

不可解な言動

田中逮捕から間もない八月四日の深夜、三木の自宅に布施検事総長を名乗る電話があった。電話の内容は、中曽根康弘自民党幹事長に収賄容疑があると誤認させ、その逮捕を中止してほしいという指揮権発動の言質を引き出そうとしたものであった。のらりくらりと返事をはぐらかす三木に、電話の主は執拗に「中曽根不逮捕、田中起訴」の言質を取り付けようとした。

布施総長を騙って電話を掛けたのは、京都地裁の鬼頭史郎《きとうしろう》判事補であった。鬼頭はこの時の電話の録音を記事にしてもらう目的で新聞記者に聞かせたことから、二か月後の一〇月二二日付読売新聞に掲載されて発覚した（前掲『戦後政治裁判史録5』三六三〜三六五頁）。

前代未聞の不祥事であるが、罪としては軽犯罪法違反しか適用できず、東京簡易裁判所に起訴となり、簡裁事件では異例の冒頭陳述が行われた。検察は軽犯罪法では最高刑の拘留二九日を求刑し、裁判所は求刑通りの有罪判決（執行猶予なし）を言い渡した。最高裁まで争ったが上告棄却で刑が確定する。

鬼頭は法廷で電話の主は自分ではないと否認したが、記者には電話をしたのは自分だと言っており、声紋鑑定でも鬼頭と布施総長を名乗った電話の主と同一人物であるとの鑑定が出た。読売新聞側も虚偽の報道をさせられたとして、積極的に誤報を陳謝する記事を掲載した。

鬼頭には、調査のためと偽って、日本共産党委員長だった宮本顕治《みやもとけんじ》が網走刑務所で服役していたときの資料を求めた「宮本身分証事件」も刑事訴追されており、不可解な言動が多い。その行動の動機や背後関係もまったくわからない。

日本全体が異様な空気に包まれていた。

7・5　浮足立っていたマスコミと暗黒裁判批判

世の「空気」が田中を殺した

田中角栄ロッキード裁判は暗黒裁判であった。このような主張をしたのは、英語学者の渡《わた》部昇一《なべしょういち》上智大学教授や、在野の政治学者の小室直樹《こむろなおき》ら、保守派の論客数人だけだった。

小室直樹は「日本人は田中角栄を「殺した」ことで、みずからのデモクラシーをも捨てた」と述べている（『痛快！憲法学』二四二頁）。裁判で判決が下るまでは「推定無罪」であるという正論を口にしようものなら袋叩きの目にあわせるような世の「空気」が田中を殺したというのである。

当時、ロッキード事件を取材していたマスコミは、検察にエールを送っていたし、それを検察が歓迎していたことも事実である。民間機関に過ぎないマスコミがいくら調査取材を行っても、限界がある。真相を知るためには、強制力のある検察に動いてもらわなければならないと考えていた記者は少なくなかった。

同時期、朝日新聞社会部記者でロッキード事件を取材していた松本正《まつもとただし》は「当時は、マスコミも検察も浮足立っていた側面がある」（前掲『田中角栄を逮捕した男』七〇頁）と述べている。ただ、捜査の経過を見る限り、この時の検察は猪突猛進的な河井の時代とは違い、慎重に動いており、誤報を連発した経緯や報道内容を見る限り、浮足立っていたのはマスコミだけではないかとも思える。

暗黒裁判論の根拠

日本の司法制度がフランスやドイツの影響を受けて始まり、戦後、アメリカ法の影響を受けてはいるが、アメリカとはまったく異なることは述べてきた通りである。そのことがもたらす影響を吉永は危惧していた。そのため、アメリカで苦労して証拠を集めていた堀田らとは対立する場面もあった。

その危惧通りの批判となったのが、小室や渡部らによる「暗黒裁判」との批判である。昭和五九年、文藝春秋の雑誌『諸君！』でロッキード裁判批判キャンペーンが始まったという。これに対しては、ロッキード裁判すべてを傍聴した立花隆が反論を行っている。

暗黒裁判論が根拠とするのは、田中逮捕の一か月前に聴取された、ロッキード社のコーチャン副会長らの嘱託尋問調書を公判が証拠採用したことについて、である。

刑事訴訟法第二二六条は、「犯罪の捜査に欠くことのできない知識を有すると明らかに認められる者が、第二二三条第一項の規定による取調に対して、出頭又は供述を拒んだ場合には、第一回の公判期日前に限り、検察官は、裁判官にその者の証人尋問を請求することができる」と規定する。

検察官が強制力を持たない参考人に対して、その人から話を聞けないと捜査が進まない場合に、裁判所に証人尋問をしてもらうよう求めることができるという規定である。

尋問を行うのは裁判所であるが、これは公判ではなく捜査の一部であり、捜査の強制処分の一つという位置づけである。検察は証人尋問の申請を行い、どういう質問をしてほしいという要望は可能だが、尋問は裁判所が主体となって行う。捜査であるのに、裁判所が公判と同じような形で行い、呼び出しを受けた場合には出頭義務、宣誓義務、証言義務が生じるため、一般的に混同されやすい。

ロッキードやリクルートなど、検察番として長く事件を見てきている記者たちが書いた本でも、この点は混同されて論じられ、裁判所が捜査に介入したとの批判がある。起訴前証人尋問は、性質上、公判の証拠としては望ましくないと言われているが、実際に使われる例も散見される。

仮にコーチャンらが日本人で、この手続きが取られたとしても、起訴前証人尋問の制度を正しく理解できていないと、このような混同が起きるのだが、さらに理解を複雑にしているのが、証人がアメリカ在住のアメリカ人であることだ。

そこで、検察から要請を受けた裁判所は、アメリカの裁判所に、日本の裁判所に代わって、コーチャンの起訴前証人尋問を依頼したのが、嘱託尋問と呼ばれるものであった。

ここで、手続きの主体は「検察〜裁判所」から「日本の裁判所〜アメリカの裁判所」の話に移る。さらに、アメリカの裁判所がコーチャンに免責特権を付与するよう求めたので、この証言の性質がより複雑化してしまった。吉永は、日本にない免責特権を与えることは手続き上の瑕疵があるから、ほかのものまで台無しになるのではないかと危ぶんでいたが、堀田は、この嘱託尋問調書があるから裁判を戦えたと思っていたという（前掲『田中角栄を逮捕した男』一一二〜一一三頁）。

丸紅ルートの最高裁大法廷判決（平成七年二月二二日）では、日本の制度にない免責特権を付したことを理由に、この嘱託尋問調書は証拠採用すべきでないと判決している。ロッキード裁判が暗黒裁判だとする最大の理由は、この起訴前の嘱託証人尋問調書について反対尋問がされなかったからだが、これは最高裁が自ら認めたということだ。

ちなみに、この時期までにハイジャック事件など国と国をまたぐ国際犯罪は発生しているが、刑事訴訟についての具体的な条約はまだない時代であった（その後、昭和五五年五月二九日に国際捜査共助等に関する法律が整備される）。

批判の核心

コーチャンらに対する免責についても様々議論があるが、自国の国民が他国のために証言を行うときに、他国に対して自国で受けられる権利を守って欲しいと条件を付けること自体は違法ではない。

ロッキード事件における初期段階の捜査においては、コーチャンらの証言は最重要であった。しかし、アメリカの裁判所としては、自国では運用されている免責付与がされないのであれば証言をしないと言われては、日本の裁判所の嘱託を果たすことができない。日本としては、証言を取るか、諦めるかであるが、きわどい形の解決をしたことは事実だ。

平たく言えば、アメリカ人のコーチャンに日本の法律を適用する困難である。コーチャンは「アメリカだと真実を証言すれば無罪だが、日本にはそのような制度がないから断る」と言って日本の裁判所に来なかった。だから、田中角栄はコーチャンに反対尋問ができなかったのだが、ならばコーチャンの証言は採用できないはずである。小室らの批判はここにある。

確かに、公判段階になると、コーチャンらの証言そのものの重要性は落ちている。田中の受託収賄罪の構成要件は、反対尋問が行える証人の証言や、物証によって争われた。

渡部らが「反対尋問がまったくない裁判だった」と批判する点について、立花は「一例をあげると、佐々木秀世・元運輸大臣に対する証人尋問は、佐々木が入院している病院で行なわれたが、弁護側の主尋問がすみ、検察側の反対尋問がはじまったとたんに佐々木の血圧が急に上がり、証人尋問は中止となった。検察側の反対尋問は事実上なかったが、この証人尋問調書は証拠として採用された」（立花隆『論駁　ロッキード裁判批判を斬るⅠ』一六三頁）と強引に反論している。

立花は刑事裁判で裁かれるのは検察であり、被告人は無罪の推定を受けた上で権利を守られるという原則を知らないのか。それでも、立花の意見の方が当時の圧倒的主流であった。法律論で言えば、田中角栄ロッキード裁判は暗黒裁判であった。

司法に汚点を残す

ちなみに断っておくが、私（倉山）は総理大臣就任以後の田中角栄は有害無益で一刻も早く抹殺されるべき政治家であったと考えている。だが、抹殺した者のやり方が正義に適っていたかと聞かれたら、否と答える。

ロッキード事件に関し、日本の司法は異常だった。

当時は関係者が親睦を図るということはごく普通に行われていたようである。昭和五九

（一九八四）年、ロッキード事件の第一審判決後のことであるが、司法記者クラブが催す旅行会に裁判所と検察庁の広報責任者が招かれていたという。

特捜部副部長だった吉永は、ロッキード事件の公判を担当することになり、東京地検次席検事となっていた。このポストは定例記者会見や番記者たちとの窓口を担当する広報責任者を兼ねるため、この席に呼ばれている。一方、裁判所側から招かれたのが、ロッキード事件丸紅ルートを担当した岡田光了《おかだみつのり》裁判長だった。吉永と岡田はともに司法修習七期であり、知らない間柄ではなかった（前掲『田中角栄を逮捕した男』一一四～一一五頁）。しかし、そんな問題ではない。

当時の状況を踏まえて、この一事を見れば、報道、検察、裁判所に癒着があったのではないかと疑われるのもやむを得ないだろう。

日本国憲法初の任期満了

さて、憲法上、内閣総理大臣は本人が辞めるといわない限り、総選挙で敗北させる以外に辞めさせる方法はない。三木は任期満了が迫っていた衆議院を解散し、国民の信任を得て続投しようとしていた。いかに自民党でも、総選挙に勝利した総理大臣を引きずりおろせば世論が敵になる。だから解散させじと、その前に三木を辞めさせようとしていた。

自民党の党則では、国会議員の三分の二が一致すれば総裁を解任できる。しかし、その場合は自民党が分裂する。仮に三木を総理から引きずりおろせても、挙党協は予算や法律を通すのに三木に頭を下げねばならなくなる。三木の方こそ、挙党協を恫喝していた。

両者の思惑が閣議でぶつかった。

この時、三木は一五閣僚を罷免し、田中派若手の小渕恵三《おぶちけいぞう》らを起用するつもりだった。あるいは、新自由クラブを結成して脱党していた河野洋平《こうのようへい》や西岡武夫《にしおかたけお》の入閣も検討していた。さらに灰色高官疑惑のある幹事長の中曽根をも切り捨て、民社党との連立で中央突破を図る工作を進めていた（前掲『秘密解除ロッキード事件』一六六、一七八頁）。

だが、三木は決断できず、衆議院は日本国憲法初の任期満了を迎える。総選挙で、自民党は二七一議席を二四九議席に減らす大敗を喫した。昭和五一年一二月一七日、三木は政権を降りる。

アメリカを後ろ盾に延命した三木内閣の退陣後、歴代内閣は中国の影響力が大きい内閣が続く。再び、中国よりアメリカの影響力が強い首相が登場するのは、三〇年後の小泉純一郎《こいずみじゅんいちろう》を待たねばならない。

7・6　三木去りし後

「闇将軍」

三木の後を受けたのは、福田赳夫である。福田は自民党保守本流筆頭と目され、親米反中であった。しかし、福田は、親中派の田中・大平の支持で政権に就いた。党務に至っては、幹事長のポストを大平正芳に明け渡すほどだった。前政権で主流だった、三木・中曽根の両派は反主流に回る。だが、福田は田中や大平を信用しておらず、隙を見て主流と反主流を入れ替えようとしていた。

田中派は昭和四七（一九七二）年の結成時には八一人、その後は最盛時九一人にまで増やし、退陣後にさらに九四人に増やしている。三木おろし後のロッキード選挙で数を減らしたが、それでも八六人の第一派閥を保っていた（朝日新聞政治部『田中支配』一四九頁）。第三派閥の大平派との結束は固く、首相の福田を支える形でありつつも、いつでも挟撃できる態勢であった。

こうした自民党の形勢を見て、検察は党内第二派閥の福田派にすり寄った。福田と検察には、福田の昭電事件での弁護人を務めた井本総長以来の縁がある。政権交代直後の昭和五二年一月中旬からロッキード事件の初公判が始まったこともあり、法務・検察は政権与党と対決する構図にならないよう配慮していたという指摘がある（前掲『田中角栄を逮捕した男』九五頁）。

この裁判は、田中を起訴しただけでは終われない。有罪にしてこそ意味があった。吉永はもちろん、アメリカ組の堀田を含めて、特捜部の現場で捜査を行っていた検事たちがそのまま公判検事を引き継ぐ異例の人事が敷かれた。

福田は昭和五二年七月の参議院選挙を乗り切った。何より田中派を一〇人減らし、七六人にまで削った。秋に行われる予定の自民党総裁選挙で勝利すれば、福田の政権基盤は盤石になる。田中派は先細り、ほどなく田中の政治生命は絶たれるであろう。

だが、ここで田中は乾坤一擲《けんこんいってき》の勝負に出る。一一月の総裁選で大平を担ぎ、福田を負かせたのだ。現職総理大臣が自民党総裁選挙に敗北したのは、空前絶後である。

以後、田中角栄は「闇将軍」の異名をとり、時の政権も、日本の政治も思うがままに操るようになる。

田中は、裁判に勝つには圧倒的な力を身に着けねばならないと固く信じて派閥を膨張させ、次々と総理大臣の首を意のままに挿《す》げ替えていくこととなる。

7・7　もう一つの航空機疑惑

ダグラス・グラマン事件

昭和五三（一九七八）年一二月二五日、またしてもアメリカ証券取引委員会（SEC）で、マグダネル・ダグラス社とグラマン社が日本政府高官に不正な資金を渡したことを明らかにした。ダグラス・グラマン事件（日商岩井事件ともいう）の発覚である。

年が明けて、昭和五四年一月九日には大堀誠一次席検事が異例の捜査開始宣言をし、ロッキード事件で取り交わした日米司法取り決めを先例として、未公開資料の入手手続きに入る。

政府高官に金を送ったと告発された二社はいずれもアメリカの軍需産業を担う会社で、岸信介政権時代に始まった第二次防衛力整備計画の延長にある話であり、昭和五四年予算で、すでにマグダネル・ダグラス社、グラマン社の戦闘機購入費が計上されていた。

検察は仲介に入った日商岩井の関係者の聴取を開始し、国会も証人喚問を行った。二月一日に島田《しまだ》三敬《みつひろ》常務が飛び降り自殺をするという不幸がおきるが、追及の手は緩まなかった。

国会では、岸信介元首相、福田赳夫前首相、松野頼三《まつのらいぞう》元防衛庁長官の名前が取りざたされるが、福田は自身の名が挙がったことに対して名誉毀損の訴えを起こした。

検察は、日商岩井の海部八郎《かいふはちろう》副社長らの取調べと、海外支店間の帳簿解析の両面から、松野に五億円が渡ったことを突き止める。しかし、政治家の収賄罪は公訴時効の壁に阻まれ、刑事訴追には至らなかった。五月一五日に日商岩井の海部ら三名だけを起訴すると、早々に終結宣言が出される。

政治的配慮

しかし、その後も国会での追及は続いた。これまで起訴後の証人喚問は裁判に支障をきたす恐れがあるとして行われてこなかったが、日商岩井幹部は、起訴後に証人喚問を行った初の事例となる。

これを可能にしたのは、伊藤栄樹法務省刑事局長の国会での答弁だった。このとき伊藤は野党の追及に対し、「受け取られる方からの何らかの御要望がなければ、五億円という金はそう簡単には出さないわけでございます。ただ、その御要望の趣旨が、要望された方としては、ファントムに絡んで要望されたものやら、純粋な政治献金のような気持ちで要望されたたものやら、その辺は主観の問題でございまして、必ずしも定かでございません」と踏み込んだ答弁を行っている（昭和五四年五月二九日衆議院法務委員会）。

松野は刑事訴追がないとしても、五億円が政治献金であると言って譲らなかった。しかし、これら伊藤の答弁により、質問者をして「はじめに五億円ありき」となり、野党の松野への追及は厳しさを増すばかりであった。最終的に松野は議員辞職を迫られ、次の選挙でも落選する。大平にとって、松野は福田派でありながら、先の三木おろしで「軍師」として挙党協を翻弄した仇敵である。

大平は報告に来た伊藤に「君は千両役者だから」と言って、労をねぎらったという（前掲『検事総長』一九九頁）。

伊藤は、「一部でしゃべりすぎだとの批判も受けた。たしかに、意識して普段よりも突っ込んだ答弁をした」（前掲『秋霜烈日』一四二頁）と自ら述懐する。積極的な答弁を行なうことは検事総長にも了承を取ってのことであるというが、政治的な配慮を持った、意図的な演出ができたのは伊藤だからだろう。

松野が「捲土重来を期して衆議院議員を辞職するに至ったことは、国会と検察の協力による調査が成功したものといってよかろう」（前掲『秋霜烈日』一四四頁）との言葉は額面通りには受け取れまい。

7・8　暗闘、再び

出世ルートの慣習化

法務省に大臣官房が置かれるのは遅く、昭和四三（一九六八）年である。大臣官房とは、多くの省庁で事務方の長である事務次官の補佐役として据えられている。だが、法務検察では事務次官が長ではなく、次官自体が官房長のような役回りをしていた。それでも、法律事項や予算など事務事項の増加により、法務省にも官房長が置かれるようになった。ただ、官房長は総長への跳躍台ではない。

法務・検察では、法務省刑事局長から事務次官を経て、東京高検検事長、検事総長という出世ルートが慣習化していく。出世ルートの慣習化には、政治家の介入を防ぎやすくするという意味合いがある。

ロッキード事件後、検事総長は布施健から神谷尚男、安原美穂、辻辰三郎、江幡修三と、ほぼ既定路線での交代が続いた。いずれもロッキード事件の時の幹部である。ロッキード事件は、造船疑獄で敗北感に打ちのめされた検察に栄光を取り戻したと感じられた。検察の組織益にとって、田中逮捕は果断であった。その意思決定に参加した幹部は、前章で紹介した塩野以外は軒並み総長に出世している。

また、ロッキード事件の捜査に関わった検事は、軒並み出世している。

ロッキード事件の捜査を担当した検事を数えたところ、赤穂浪士よろしく四七人だった。多くが後に名前を知られる検事たちだ。後の認証官が八名、そのうち二名が検事総長である。また、後に内閣法制局長官となる宮崎礼壹《みやざきれいいち》が含まれていることも見逃せない。

実刑判決

田中角栄は派閥の威力を利用して、大平の後も鈴木善幸《すずきぜんこう》、中曽根康弘と、言いなりになる政治家を総理大臣に据え続けた。ちなみに法務大臣も、田中の意向が最大限に尊重された。田中を逮捕した稲葉の退場の後は、大平内閣では自民党随一の親中派の古井喜実《ふるいよしみ》と「本籍地田中派」の倉石忠雄《くらいしただお》、鈴木内閣では「無派閥田中系」の奥野誠亮《おくのせいすけ》と、角栄と当選同期で文人政治家として有名な坂田道太《さかたみちた》、そして中曽根内閣でも「無派閥田中系」の秦野章である。特筆すべきは、倉石と秦野である。

◆ロッキード事件担当検事のその後：高検検事長クラスのみ

当時の官職	氏名	最終ポスト等
本部長（東京地検検事正）	高瀬禮二	東京高検検事長
副本部長（東京地検次席検事）	豊島英次郎	名古屋高検検事長
捜査統括（東京地検特捜部長）	川島興	大阪高検検事長
連絡調整（東京地検特捜部副部長）	藤本一孝	山口地検検事正
主任検事（東京地検特捜部副部長）	吉永祐介	検事総長
	河上和雄	最高検公判部長、コメンテーター
	村田恒	名古屋高検検事長
	濱邦久	法務事務次官
	堀田力	法務大臣官房長
	松田昇	東京地検特捜部長、最高検刑事部長
	荒木友雄	東京高裁部総括判事
	石川達紘	名古屋高検検事長
	東條伸一郎	大阪高検検事長
	松尾邦弘	検事総長
	宮﨑礼壹	内閣法制局長官

倉石は大臣就任後の記者会見で「公明正大で青天白日になられることを念願します」と、田中の無罪を求めると言い切った。また、大臣室から田中に電話しているのを目撃されている（前掲『法務・検察　裏の裏』一〇四～一〇五頁）。秦野は日大出身のノンキャリアから警視総監にのし上がったたたき上げであるが、ロッキード裁判には批判的な論陣を張っていた。ロッキード裁判に備えての角栄人事だと誰もが見做した。

しかし、総理大臣は最高裁長官に対する人事権を行使できるが、裁判の内容には干渉できない。いかなる暗黒裁判であったとしても。これが司法権の独立である。

昭和五八年一〇月一二日、田中角栄元首相に対し、懲役四年の実刑判決が下った。検察は安堵したが、田中は怒り狂った。

田中は、「不退転の決意で戦い抜く」という田中所感を公表し、検察と裁判所に対する徹底抗戦を宣言する。この田中所感を聞いた福田赳夫は「奇想天外な内容だ。気が狂ったのではないか」と皮肉った。腹心の二階堂進自民党幹事長や後藤田正晴官房長官すら、自重を求めたほどだった。

目白の自邸に戻った田中は、さらに過激で支離滅裂な演説をした。田中は、「もうメチャクチャな裁判だ。三権分立も何もわかっていない。あの調子なら検察官が一〇人いれば中曽根だってやれるぞ。我々、国会議員がこんなバカなことを許していたことを恥じなければいかん！」と絶叫した。判決の一〇日前、田中はストレスで倒れ、救急車を呼んでいる（前掲『田中支配』一〇二頁）。もはや日本は、田中の検察に対する怨念だけに振り回されていた。

竹下による田中派の乗っ取り

野党とマスコミは田中に議員辞職を求めた。日本政界には、不祥事を起こした議員はいったん辞職して、再び当選することが禊になる、との不思議な風習がある。

田中も禊を求められたが、議員辞職は拒否した。

議員辞職を求める中曽根康弘首相に対し、田中は解散総選挙を命じた。この時の田中は、一審で有罪判決が下った刑事被告人であり、一無所属議員である。自民党議員ですらない。

しかし、闇将軍の命令に中曽根は抗うことができず、自民党は総選挙で過半数割れの大敗を喫し、新自由クラブとの連立政権へと転落した。連立は、結党以来初である。

田中はロッキード裁判で無罪を勝ちとり、再び総理の座に返り咲くことを夢見ていたという。だが、その道は絶たれた。もはや党利党略ですらない田中の妄執には、田中派内からも不満が噴出した。

昭和六〇年二月、竹下登は創政会を立ち上げる。事実上の田中派乗っ取り宣言である。逆上した田中は脳梗塞に倒れ、田中派一四〇人中、一一〇人が竹下派に結集した。

この瞬間、田中角栄は過去の人となった。

判決の意味

その後、昭和六二年七月、控訴審でも田中の訴えは棄却された。即日上告したが、記者会見は娘婿・田中直紀《なおき》衆議院議員一人が代理でメモを読み上げるだけという、ひどく寂しい光景になっていた。

田中は平成五（一九九三）年一二月一六日に死亡し、公訴棄却となった。裁判はここに終結し、田中の有罪は確定した。事件発覚から一七年目の決着である。

東京高検検事長で引退した藤永幸治《ふじながゆきはる》は、「田中が死ぬまで判決を引き延ばした最高裁」と題して、これを批判している（藤永幸治『特捜検察の事件簿』一三頁）。「病人に実刑を下すのを恐れた」との意見だ。

しかし、判決文を読むと、逆だろう。

最高裁大法廷は、嘱託尋問調書の証拠能力を否定した。被告人に反対尋問を許さない証拠など採用できない。まともな法律家の感覚では、そうならざるを得ない。しかし、それを認めると、田中に無罪を宣告せざるを得なくなる。しかし、田中が死ねば「訴えの利益なし」と裁判そのものを打ち切れる。

「田中が死ぬまで判決を引き延ばした最高裁」の意味は、「裁判で有罪にできない人間を犯罪者にした誤りを認めたくなかった最高裁」と解すべきである。

なお、「裁判で有罪にできない」と「犯罪をやっていない」は別である。刑事裁判において裁かれるのは検察なのだから、検察の挙証に瑕疵があったにもかかわらず「被告人が死ぬのを待って、永遠に犯罪者の烙印を捺した」以上、田中裁判は暗黒裁判だったと断ずるほかない。

吉永の処遇

ロッキード事件の陰で、検察はどうなっていたか。

この事件で主任検事（特捜部副部長）を務めた吉永祐介は特捜部長、東京地検次席を経て、最高検検事としてロッキード裁判を仕切った。第一審判決後の昭和五九年一二月に水戸地方検察庁検事正に転任する。

だが、この水戸地検検事正とは、かつて河井信太郎が出世ルートを外されたときと同じである。ロッキードで最も功績のあった吉永のこの処遇に、雑誌までが「吉永さんは左遷」と記事にした。

この頃、東京高検検事長だった伊藤栄樹が吉永を嫌って飛ばしたという話もあったという。吉永も「吉永は検察では偉くしないぞと宣言したような人事」と認識していたようだ。控訴審判決後の昭和六〇年秋頃、伊藤が「暮れには戻す。ロッキード公判の体制もあって」と吉永を最高検公判部長にするという話を聞いた記者がその話を吉永に伝えると、「ばか言え。伊藤がそんなことするわけないよ。リップサービス、リップサービス」と言っていたという（前掲『田中角栄を逮捕した男』一四六頁）。

〝ミスター検察〟と権力

昭和六〇（一九八五）年一二月、伊藤が検事総長となり、吉永も話の通り最高検公判部長となった。吉永は司法修習七期。吉永がロッキード裁判のために特例の人事を歩む間に、吉永の二代後に特捜部長になった同期の岡村泰孝《やすたか》が吉永を追い抜いて、官房長、刑事局長の出世コースに乗っていた。年齢では、岡村の方が吉永より三歳年長である。岡村の後を、吉永と同年齢だが司法修習では三期後の根来泰周が追う形である。ロッキード事件対策のための異例の人事が再び暗闘を生むことになるが、それが爆発するのは後の話である。

伊藤栄樹は造船疑獄の初動捜査に参加し、一方、河井の猪突猛進的な政界汚職に切り込む態度を批判してきたことを紹介してきた。就任会見でも「巨悪は眠らせない」と言い放ち、特捜部経験者で現場も経験しているので現場派の検事というイメージが強いが、任官以来の経歴は、検事としての仕事よりも法務省での事務仕事が長い「赤煉瓦派」というべきものである。先のダグラス・グラマン事件でも岸や福田を見逃しているにもかかわらず、野党に同調して松野の責任追及をしたことで、花形検事となった。

だが、〝ミスター検察〟と呼ばれた伊藤が首脳部になっている時代を見ると、検察は再び政権中枢への切り込みをやめている。翌年五月、撚糸工連《ねんしこうれん》事件が発覚し、横手文雄《よこてふみお》（民社党）と稲村佐近四郎《いなむらさこんしろう》（自民党）の国会議員二名を在宅で起訴し、有罪にした。

ロッキード事件以来一〇年ぶりの政界汚職の摘発だったが、彼らは政権中枢にいる政治家とは言えない。伊藤は、国会会期中の国会議員の逮捕では、許諾請求時に攻撃的な質問を受けることや、捜査情報が政治家に漏れるのを嫌った。この頃、首脳部から議員に対しては強制捜査や逮捕を控えるようにと指示が出されていたという。

また、伊藤は首相の中曽根と手を握っていると断言する司法関係者もいた（久保博司『日本の検察』二三九頁）。総長就任の際には、「あの人」から巻紙に長々と墨の力強い筆法で就任お祝いの言葉をいただいたという話がある。立花隆は「あの人」は中曽根以外にないと思うと述べている（立花隆『巨悪vs言論』五七五頁）。

密約の噂

昭和六一（一九八六）年に発覚した平和相互銀行による政界工作疑惑も、強制捜査の準備を整えながらも参議院選挙が近いことを理由にタイミングを外され、捜査も早々に終結させられてしまった。

このことで特捜部と検察幹部が対立し、花蝶事件以来の連判状が作られるほどの騒ぎになった。平和相互銀行は、この年一〇月一日に住友銀行と合併しており、検察庁首脳部と大蔵省、銀行との間で合併後に捜査を及ぼさないとする密約があったのではないかと伝えられる。

平和相互銀行事件は十分な捜査ができないうちに打ち切られたに等しい。

このうち金屏風事件は、刑事事件とは別に、事件当事者間の民事事件で争われた。平和相互銀行の監査役伊坂重昭《いさかしげあき》（元検事）が第三者に渡った平和相互銀行の株を取り戻そうとしたところ、二〇〇〇万円ほどの価値しかない金屏風を指定の画商から四〇億円で買い取る条件が付され、伊坂は四〇億円を支払ったが、株は結局戻ってこなかったというものである。その四〇億円が政界工作に使われたのではないかと言われているのだ。

検察は政界工作の追及は行わなかった。平成五（一九九三）年の衆議院予算委員会審議では、公明党の草川昭三《くさかわしょうぞう》が、民事事件で伊坂が提出した上申書を引用して、竹下や金丸へのヤミ献金疑惑、皇民党事件や東京佐川事件など、後に発覚する事件との関係に触れ、検察が捜査を止めたことを糾弾する質問を行っている。

昭和六二年七月、伊藤は盲腸ガンの宣告を受け、翌年三月に総長を前田《まえだ》宏《ひろし》に譲り、その二か月後の五月に他界した。通夜には、竹下登首相、金丸信前副総理ら政府・自民党首脳をはじめ、各界から二〇〇〇人の弔問客が詰めかけたという（前掲『検察を斬る』二八〇頁）。

第八章

リクルート、竹下登、大蔵省解体

8・1　発覚

政界の「汚染」

昭和六二（一九八七）年一〇月三一日、中曽根康弘首相は、竹下登を後継自民党総裁に指名した。自民党総裁になるということは総理大臣になることである。それを日本人の誰もが疑いようがなかった時代だった。また、最大派閥を率いる竹下の政権は、長期安定化するだろうと見られていた。

だが、竹下内閣は、その一年半の任期の大半がリクルート事件で揺れ続けることとなる。就職・転職情報で知られるリクルート社は、旅行やグルメなど多岐な情報を扱うことで急成長した企業である。その子会社であるリクルートコスモスの株は、昭和六一年一〇月末に店頭公開されたばかりだった。

昭和六三年六月一八日、朝日新聞がリクルート社が川崎市助役へ一億円の利益供与を行った疑惑をスクープで報じた。川崎市の助役は起訴こそされなかったが、この報道の二日後に助役を解雇される。二四日、産経新聞が当時自民党の中堅議員だった森喜朗《もりよしろう》元文相が秘書を通じてリクルートコスモス株の譲渡を受け、売却益を得ていたと報道すると、堰《せき》を切ったように各紙も追随しはじめる。

自民党の各派閥では、中曽根前首相と渡辺美智雄《わたなべみちお》自民党政調会長、それに藤波孝生《ふじなみたかお》元官房長官、安倍晋太郎自民党幹事長と森、宮沢喜一副総理兼蔵相と加藤紘一《かとうこういち》元防衛庁長官といったように、「ニューリーダー」と言われた派閥の領袖と、「ネオニューリーダー」と目された次期後継候補たちが軒並み「汚染」されていた。

竹下派でも、竹下首相その人が未公開株を受け取っていた。無傷だったのは、最弱小派閥の河本派だけである。「汚染」は、社会党・公明党・民社党ら野党にも広がり、民社党に至っては塚本三郎《つかもとさぶろう》委員長が未公開株を受け取っていた。

東大在学中に江副浩正《えぞえひろまさ》と同級生だった自民党のある代議士は、江副が「株は共産党を除く野党にも渡した」と話していたと明かしている（朝日新聞政治部『竹下政権の崩壊』六二頁）。後に「みんなの党」代表を務める渡辺喜美《わたなべよしみ》は、父・美智雄の秘書時代に未公開株の名義人として五〇〇〇株を受け取っていた（平成六年一二月二九日『しんぶん赤旗』に蒸し返されて、記事にされている）。渡辺美智雄も、「アタシの知らないうちにウチのせがれが五〇〇〇株もらったばっかりに、こっちは総理大臣がパーになっちゃったよ」と自嘲気味に語っていた。

ちょうどこの時期、消費税導入が政治日程に上っていた。「政治家は濡《ぬ》れ手《て》で粟《あわ》の金もうけをしながら、庶民には増税か？」という感情的反発により、騒動が発火した点は否めない。当時、最高検公判部長だった吉永祐介は、事務官に新聞記事のスクラップ作成を命じるが「あんなの、事件になるのかね？」と懐疑的だったという（前掲『田中角栄を逮捕した男』一五五頁）。

捜査開始「中曽根はやれないか」

特捜部が動き出すのは、九月に入ってからだ。新聞報道の後、リクルートには政治献金先のリストの提供が求められ、国会ではリクルートからの金が渡った政府、与党議員への追及が続いた。

そんな中、国会の爆弾男の異名をとる楢崎弥之助《ならさきやのすけ》が日本テレビと組んで、リクルート社社長室長の松原弘《まつばらひろし》が国会での質問に手心を加えて欲しいと面会に来た時の一部始終を隠し録りすることに成功する。社長室長が金を渡そうとし、それを押し返す楢崎とのやり取りは、九月五日夕方六時からの日本テレビ『ニュースプラス１』で全国放送された。楢崎は放送に先立ち、記者会見を開き、リクルート事件関係者を告発すると発表。特捜部は、まずこの事件からリクルート事件に着手した。

捜査が開始されて三か月後の一二月、吉永は前田宏総長に請われて東京地検検事正となり、この事件の捜査指揮を執る。伊藤栄樹前総長ら赤煉瓦系の幹部は吉永にはマネジメント能力がないと酷評していたが、前田は吉永を買っていた。

一二月一〇日、初めてリクルートの江副社長を取り調べた宗像紀夫《むなかたのりお》は、中曽根康弘との関係を聴取している。これは、吉永の指示ではないという。ある検察首脳が自室からわざわざ検事正室まできて「中曽根はやれないか」と尋ねてきたと吉永は語っている（前掲『田中角栄を逮捕した男』一七一頁）。

新卒採用の求人情報を扱っていたことから、文部省、労働省にも疑惑は広がった。土井《どい》たか子のパーティー券購入を仲介したのは労働省の官僚だった。両省の元事務次官二名と、担当課長一名が逮捕・起訴された。

ちなみにこの頃、ある大蔵官僚は「あれは労働や文部ら三流官庁だから起きたこと、ウチではあり得ない」と豪語していた事実は、記憶に留める価値があるだろう。

加えて、江副が情報誌以外にも進出をしようとしていたのが、ＮＴＴが独占していた通信情報事業である。リクルートはＮＴＴが購入していたアメリカ・クレイ社のスーパーコンピユーター四台のうち二台を転売してもらっていたが、それはＣＯＣＯＭ（対共産圏輸出統制委員会）の禁輸品であり、政治の力を利用してＮＴＴが購入している。

当時のリクルート社の力や地位では入手不可能なのは明白で、電電公社から民営化して間もないＮＴＴは、まだ準公務員扱いだったため贈収賄が成立することとなった。

リクルート株の売却益を得ていた真藤恒《しんとうひさし》会長は辞任、他の取締役二名とともに逮捕、起訴された。刑事責任の追及はされなかったが、東大教授の公文俊平《くもんしゅんぺい》も未公開株を受け取っており、それが判明してすぐ、東大を退官している。

件《くだん》のスーパーコンピューター購入の交渉には、中曽根前首相が関与していた。そのため江副は、中曽根との会談内容や贈賄がないかどうかを繰り返し追及されることになる。

取調べの様子

江副は『リクルート事件・江副浩正の真実』の中で、取調べの様子を明かしている。

約一年にわたる取調べの中で、宗像ほか取調べの検事たちの口から「ヘッドクオーター〔吉永のこと〕から叱られた」という言葉が一〇回も登場する。時には泣き落としに使われ、叱られたのはお前のせいだという責任転嫁の恫喝に用いられている。

江副は、目の焦点が合わなくなるよう壁に向かって立たされたり、土下座を強要されたりもしている。意に沿わない調書には頑として署名を拒否していたが、勾留が長期化すると、調書の内容は裁判で争う戦術に切り替えて早く保釈を受けられるようにしたと綴っている。

しかし、接見した弁護士に江副が「読みようによっては、どちらともとれる調書は、『疑わしきは罰せず』で、『被告人の利益に』じゃないんですか」と尋ねると、弁護士は「建前はそうですが、裁判での実情はそのような調書は検察側の利益になるんですよ」と答えている（同書二四九頁）。

この事件では、最初に逮捕された松原社長室長も、ビデオ以外のことは口を割らなかった。松原のように本気になって口をつぐまれたら、検察は手も足も出ないことを示した事件でもあった（前掲『田中角栄を逮捕した男』一六三頁）。

8・2　竹下政権の崩壊

五度目の倒閣だが……

昭和六三（一九八八）年一二月九日、宮沢喜一蔵相が国会で証人喚問され、秘書を通じてリクルートの未公開株の売却益が入っていたことを認め、蔵相を辞任した。消費税導入が決定する直前の出来事である。

竹下は自ら蔵相を兼任して二四日に消費税関連法案を可決成立させると、二六日に内閣改造を行って政権の延命を図ろうとした。だが、よりによって法相の長谷川峻《はせがわたかし》が就任二日後にリクルートにパーティー券を購入してもらっていたことが発覚し、在任三日という史上最短記録で辞任に追い込まれた。記者会見でリクルートと「ご縁がないからここに居られる」と大口を叩いたことが裏目に出た。

江副と親交があった竹下には、検察の追及でもっと多くの政治家の名前があがることの想像はついており、法相を政治家から起用することに及び腰だったという。長谷川の後任には、元内閣法制局長官の高辻正己《たかつじまさみ》を起用した。当初、竹下の念頭には安原美穂元検事総長があったが、当時、安原はNTTの社外監査役を務めていたため就任を固辞したという。その代わり、安原は後に竹下が発足させた「政治改革に関する有識者会議（賢人会議）」のメンバーの一人に名を連ねている（後藤謙次『竹下政権・五七六日』三九〇頁）。

昭和六四年、一月七日に昭和天皇が崩御された。年号は平成に改元される。それから間もない二四日には経済企画庁長官の原田憲《はらだけん》が辞任する。二月に入り、昭和天皇の大喪の礼が終わると、野党は予算案審議の条件に中曽根康弘前首相の証人喚問を要求。中曽根は証人喚問に応じる代わりに釈明会見を開いた。

三月に、江副が贈賄罪で起訴されたが、事件は収拾しない。四月に入り、竹下が秘書の青《あお》木《き》伊《い》平《へい》名義で江副から五〇〇〇万円の借金をしていたことが明るみになり、二五日に竹下は退陣を決意する。この金は、リクルート側から献金の申し出を受けたものを、秘書の青木がそれは受け取れないからと借金の形で処理したものだった。

翌二六日、青木が自殺しているのが発見される。この疑獄事件でも犠牲者が出た。この青木の死はリクルート事件だけではなく、背後に平和相互銀行事件の「金屏風事件」の影があるのではないかと噂された（第七章参照）。

検察は竹下内閣を倒した。シーメンス、帝人、昭電、造船に次ぐ五度目の倒閣である。日本テレビのスクープでリクルート事件が本格化してから八か月、絶対無敵を誇っていた竹下に唯一牙をむいていたのが検察である。

検察の味方はマスコミだった。連日の報道で内閣支持率は一桁を切り、「消費税（三％）よりも下がるのではないか」とすら言われた。そうした最中の退陣劇だった。

だが……。

竹下の秘策

これこそ権力維持を目論む、竹下の秘策だった。内閣を総辞職に追い込むことが勝利だと考えるのが常識だろう。しかし、竹下は常識を超越した権力者だった。

竹下は、依然として自民党最大派閥を率いている。竹下は政権を退いてからも、宇野宗《うのそう》佑《すけ》・海部俊樹《かいふとしき》・宮澤喜一と、次々と傀儡《かいらい》政権を樹立していく。竹下派幹部の金丸信や小沢一《おざわいち》郎《ろう》と合わせ「金竹小《こんちくしょう》支配」、あるいは「竹下派支配」と呼ばれた。その支配力は、かつての田中角栄以上だった。しかも竹下には、田中のような刑事被告人としての負い目は無い。

法務大臣は「主流派か人畜無害」の法則は、竹下支配でも現れた。宇野内閣の谷川和穂《たにかわかずお》は竹下派別動隊と言われた河本派、解散直前で短命が決まっていた第一次海部内閣では人畜無害の後藤正夫《ごとうまさお》、第二次内閣では長谷川信《はせがわしん》・梶山静六《かじやませいろく》・左藤恵《さとうめぐむ》、次いで宮沢内閣でも田原隆《たわらたかし》と、四人連続竹下派が法相を占めている。

この中で注目すべきは、自他ともに認める竹下親衛隊長の梶山である。梶山の法相在任自体は三か月と短かったが、明らかに影響力を行使している。岡村泰孝と根来泰周は梶山と結びつき、「ＫＯＮトリオ」とまで称された。

岡村はリクルート事件以降、法務事務次官、次長検事、東京高検検事長、検事総長と上り詰めていく。根来はその下を、法務省刑事局長、法務事務次官、東京高検検事長と追っていた。総理大臣の椅子を捨てて、真の支配者の地位を守る。そして自分に逆らった法務・検察は人事でからめとる。根来のように、竹下派に忠誠を誓って出世しようとしているとしか思えない者が幅を利かすようになった。

吉永の左遷と「根来シフト」

その陰で平成三（一九九一）年三月二八日、吉永祐介は広島高検検事長への異動の内示が下された。広島高検検事長は、左遷コースと目されていた。かつては岸本義広や、吉永の師匠の河井信太郎も飛ばされている。同じロッキード、リクルートの二大疑獄事件で活躍した吉永は、東京地検特捜部の象徴のような存在だった。特捜部の現場気質から出世には興味がなかったようだが、広島に行った頃には心境が変わったらしい。

広島高検検事長時代の吉永に、吉永番の記者で、懇意にしている小俣一平《おまたいっぺい》記者がヒマラヤ取材旅行の土産にマニ車（摩尼車）をプレゼントした。小俣は「絶対、検事総長になれます。これを回しながら願い事を唱えれば、必ず叶う」と励ました。吉永は「総長になる、総長になる」と小俣の前でやってみせたという。吉永夫人は、後に検事総長の話が決まるまで吉永がマニ車を回していたと小俣に話している（前掲『田中角栄を逮捕した男』二八五頁）。この年の人事では他にも、吉永とともにロッキード事件の捜査に関わった二人の検事が検察庁を後にしている。堀田力と、河上和雄だ。

検察首脳部は偶然にも京大閥で固められることになった。

検事総長の岡村、法務事務次官の根来、次長検事の土肥孝治《どいたかはる》、東京高検検事長の藤永幸治、吉永の後任の東京地検検事正・増井清彦《ますいきよひこ》、全員が京大出身者である。ちなみに、法曹の中では学閥以上に司法修習の同期の方が、はるかに結束が固い。ただ、一つはっきりしていることは、学閥抜きでも、この人事は根来を検事総長にするためのシフトであることだ。

8・3　佐川急便事件

一六年ぶりの方針転換

平成四（一九九二）年一月一四日、特捜部は宮沢派の阿部文男《あべふみお》を受託収賄罪で逮捕した。共和事件である。伊藤・前田・筧栄一《かけいえいいち》の三代の総長は政治家の逮捕を控えてきたが、岡村総長はロッキード事件以来一六年ぶりに方針を転換する。時の首相は宮沢喜一、総裁派閥からの不祥事に検察は切り込んだ。

阿部の収賄罪は、典型的なタカリであった。共存共栄の関係だからと、言われるままに金を出し続けてきた贈賄側の会社・共和は、阿部にしぼられるだけしぼり取られて倒産している。平成六年五月に出された第一審判決では、常軌を逸していた癒着ぶりを指摘され、懲役三年、追徴金九〇〇〇万円の実刑判決が下りている。これも、ロッキード事件の田中以来のことであった。あまりにも悪質な犯罪に、政界でも同情は無かった。

だが、阿部はあまりにも小物だった。そもそも、真の権力は首相の宮沢喜一などではなく、竹下派にあるのは明らかだった。オーナーの竹下登、自民党副総裁の金丸信、派閥会長代行として後継者の地位を固めつつあった小沢一郎、幹事長の綿貫民輔《わたぬきたみすけ》を国会対策委員長として支える梶山静六。ロッキードやリクルート以来続く金権腐敗政治と一派支配に、国民の政治不信は高まっていた。

だが、竹下派は強くなりすぎた。宮沢喜一は自民党総裁選で支援を得るため、二三歳年下で政界ではるかに後輩の小沢一郎を事務所に訪ね、頭を下げている。この時、小沢は候補者三人を事務所で「面談」するかのような態度で接した。こうした傲慢な態度に不満のマグマが高まっていた時に、佐川急便事件が爆発した。

世論の怒りと「一六戦争」

佐川急便は変わった企業形態で急成長した会社である。本社があって各地域に支社を持つのではなく、地域の名前に「佐川急便」の名前を付けた会社を立ち上げ、それぞれを競わせた。従業員の過酷な労働環境でも知られていた運送会社であった。

中でも物流量の多さから急成長したのが東京佐川急便だった。その社長が渡辺《わたなべ》広康《ひろやす》である。東京佐川の急成長を実現させた背景には、暴力団稲川会と政治家への資金提供があった。佐川急便の会長である佐川《さがわ》清《きよし》は、出身地が同じ田中角栄を頼みにしており、京都に拠点を置く佐川に代わって東京の目白に通う役目を東京佐川の渡辺がやっていた。だが、東京佐川が大きくなると、渡辺と佐川の関係に亀裂が入る。

佐川は渡辺が稲川会系の企業に多額の資金の貸し付けを行っていたことを知ると、渡辺と東京佐川の会計担当者の二名を特別背任で東京地検特捜部に告訴した。特捜部が捜査の結果、全ルートで計上した使途不明金額＝特別背任にあたる金額は九五二億円であった。これが政界にも飛び火する。

その後の捜査で、金丸信自民党副総裁に五億円、金子清《きよし》新潟県知事に一億円のヤミ献金が発覚したのだ。政界へ流れた佐川からのヤミ献金の総額は二〇億円にのぼった。

これが報道されると、たちまち世論は怒りの矛先を金丸に向けた。

平成四（一九九二）年八月二七日、竹下派会長代行の小沢一郎は、金丸の釈明会見をセッティングした。これは、欧州に出張中だった国対委員長の梶山静六に無断で行われたため、梶山が怒りを爆発させた。これが、竹下側近の中で最も若い小沢一郎と、落選経験者で苦労人の梶山の「一六戦争」へと発展する。

小沢は、早々にこの五億円について司直の手が伸びることを想定し、対策を練っていたため、会見をやっておけば金丸を守りきれると考えていた。だが、この会見で金丸は「渡辺広康から一九九〇年の総選挙前にもらった」と献金受領を認めてしまう。

これを聞いた特捜部はすぐに渡辺から聴取した時期と受領の時期が食い違うことに気づき、政治資金規正法の時効にかからないことを確かめると、本格的な捜査を開始した。

金丸の失脚

ところが、それに検察上層部が待ったをかけた。政権と近い法務省側は特捜部の本格捜査に難色を示したのである。特捜部が事情聴取を求めると、金丸は「政治家の良心として違反を認めたのに、犯罪人呼ばわりされて検察庁に出頭することなど断じてできない」と言って拒んだ（村串栄一『検察秘録』四四頁）。

こうした経緯があって、翌二八日、東京地検特捜部は金丸に対し、容疑を認める上申書の提出を受けて、五億円のヤミ献金に対する政治資金規正法違反で罰金二〇万円の略式起訴手続きを行い、金丸はそれを受け入れ、直ちに罰金を支払った。不名誉な記録であるが、政治資金規正法違反の処罰適用を受けた初の政治家である。

一方、同じ佐川から一億円のヤミ献金を受けていた金子前県知事は公判請求を受け、五年以下の禁錮、三〇万円以下の罰金の有罪が確定している。特捜部長の五十嵐紀男《いがらしのりお》は、世間に自分たちはこういう法律で戦っていることを知ってもらえれば……、もっと強い武器（法律）を検察に与えてもらえれば……、と考えていたという。

しかし、世論が法律の不備などに理解を示すはずがない。「五億円の賄賂を受け取っていて、二〇万円の罰金で済むのか！」

この種の報道がなされると、全国の検察官の業務に支障をきたす。

検察庁の石碑に黄色いペンキ缶が投げつけられた。九月二八日のことである。なお犯人の名は吉永邦秀《よしながくにひで》、かつてのロッキード事件の報道に際し、自分と同じ苗字の吉永祐介の活躍に親しみを感じていたという（向谷進『地検特捜部』一九〇頁）。ちなみに、吉永は二〇万円の罰金刑となった。

世論だけでなく、自民党内の批判も強まる。

一〇月一四日、金丸は議員辞職を表明した。リクルート事件で多くの政治家が「秘書が」「妻が」と言い訳にしていたのと同じような態度をとるのを、金丸が潔しとしなかったからだった。

だが、金丸の失脚は政界大動乱の火ぶたにすぎなかった。

8・4　ほめ殺し調書朗読事件

自民党の検察不信

「日本一金儲けの上手い竹下さんを総理にしましょう」

昭和六二（一九八七）年、次期自民党総裁の指名を受けようとしていた竹下登に対して、このような〝ほめ殺し〟が執拗に続いていた。ほめ殺しを街宣車で連呼していた右翼団体の日本皇民党に対し、金丸信・小渕恵三・森喜朗・梶山静六・浜田《はまだ》幸一《こういち》・魚住《うおずみ》汎英《ひろひで》・浦田《うらた》勝《まさる》の七名が街宣をやめるよう働きかけを行っていたことが、佐川急便事件の公判で明らかにされた。

通常、法廷に提出される証拠書類は、本来は全文朗読する定めであるが、要旨を述べることで簡略化することが許されている。逆に、全文朗読することの方が今では珍しくなっている。この時、提出された証拠にはイニシャルに置き換えた仮名のものと、裏付けがされていない実名入りの二種類が混在していたという。後者は本来であれば出されるべきでない書類であるが、裁判所は目に留めた。裁判長は、実名入りの調書を指定して、異例の全文朗読を検察官に指示したのである。

梶山は、そんな書類が法廷に出され、しかも朗読までされたことに怒り狂い、「検事総長も検事長もやめてもらう。担当検事は全員地方へ左遷だ」と恫喝したという（前掲『検事総長』二五五頁）。宮沢首相も「真相究明」を綿貫幹事長に指示した。自民党の検察不信が一気に爆発した。

一連の検察の態度は身内からも批判が出ており、何としても成果を上げねばならなかった。

手に入れた武器

一方、東京国税局は、東京佐川急便から金丸に渡った五億円への課税を検討していた。前年秋に金丸は夫人を亡くし、その相続を受けたが、相続財産の一部の証券の所在が不明であった。加えて、金丸事務所の会計にも不明瞭な点があったため調査を行っていたのだ。その結果、金丸が五億円とは別に、さらに巨額の個人の所得を隠し持っている疑いが濃厚となった。

金丸の脱税の容疑を確信した国税庁の次長以下三名の幹部は、最高検察庁検事の石川達紘《いしかわたつひろ》に事件を持ち込む。極秘案件であることから、単独で身動きが取れる石川検事を選んだといわれている。石川は密かに事件を特捜部長の五十嵐紀男に持ち込み、特捜部のごく限られた検事だけで捜査を進めた。

「上に知られたら、事件は潰される」

これまで、佐川事件級の政界中枢に切り込むような疑獄事件が起きた時は、強気の現場と、政界との仲介を果たす上司の双方が存在した。戦後だけを見ても、河井信太郎＝馬場義続、吉永祐介＝布施健・前田宏のような柔と剛を併せ持った一体感が検察にあった。ところが、この東京佐川事件の場合は、上層部と特捜部が水と油の状態にある。上層部は竹下派に忠誠を誓っているようなものだ。石川は特捜部と心中するつもりで臨んだという。

平成五（一九九三）年三月六日、特捜部は金丸を所得税法違反で逮捕、自宅から約三四億円相当のワリシンと金の延べ棒を押収した。その金庫があった床は重みでめり込んでいたという。金の延べ棒は北朝鮮からの賄賂ではないかとの噂も流れた。

その後、起訴された金丸は、係争中の平成八年に死去し、公訴棄却となった。

この時、特捜部は金丸事務所の金の出入りを記した帳簿を入手することができた。竹下派を支えた不正な政治献金の流れを一網打尽にできるチャンスを手に入れたのだ。

8・5　竹下派分裂

「吉永コール」

平成三（一九九一）年三月に広島高検検事長に飛ばされた吉永は、同じ年の一二月には大阪高検検事長となった。これでもう東京に戻る芽はないなと吉永は思ったはずだ。

検察批判が起きた時、吉永を長く取材していた松本正（朝日新聞記者）と小俣一平（NHK記者）の二人で「吉永コール」を言論界で展開していた。小俣が「吉永さんを東京に戻せ！」と毎週のように週刊文春に書く。木俣正剛《きまたせいごう》が立花隆や山崎豊子《やまさきとよこ》たちのコメントを集め、「検察の救世主は吉永祐介しかいない」という世論形成を試みた（前掲『田中角栄を逮捕した男』二八八頁）。

検察首脳部も、現場も含めた法務・検察全体の立て直しには、吉永が必要だという結論に傾いた。幸いなのは、岡村と吉永は同期だが、吉永の方が若いという点である。しかも、根来よりも年上である。

竹下派叩きの黒幕

リクルート事件で竹下内閣を総辞職に追い込んだと喜んだのも束の間、法務・検察は竹下派支配に屈したも同然の状態におかれた。

しかし、その竹下派が割れたとしたら？

金丸の政界引退は、竹下派分裂の引き金となった。オーナーの竹下登は、派閥会長に小渕恵三を任命し、これを梶山静六と橋本龍太郎が支持する。小沢一郎は羽田孜《はたつとむ》を担ぎ、渡部《わたなべ》恒三《こうぞう》や奥田敬和《おくだけいわ》らと派閥を出ていく。

最大派閥の分裂に、首相の宮沢が動いた。内閣改造に際し、かつての田中角栄の腹心で、中曽根内閣官房長官、「官界の天皇」として尊敬を受けていた後藤田正晴を法相に据える。渡辺美智雄外相の病気退任の後には、代わって副総理に任命する。

平成四（一九九二）年一二月、田原隆の後に法相になった後藤田正晴の就任直後の第一声は、「吉永君はどこにいるのか」だった。

検察内部にも、吉永の処遇や京大閥で主要ポストが独占された状態が目に余るという、検察出身の元最高裁判事・岡原昌男のようなＯＢもいた。岡原は、きっと頼りになると確信して「意見書」を持って後藤田法相の元を訪ねている（一九九四年三月『文藝春秋』岡原の記事）。マニ車をプレゼントしてくれた小俣記者に、吉永は「岡村が『東京に戻ってこい』と言うんだよ」「ハードルはあるが、これは超えてきた、と岡村は言った」と語ったという。ハードルとは、根来の処遇のことである。

この会話を読み解くのは簡単である。吉永が定年まで居座れば根来の総長就任はないので、それ以前に退任して譲り渡すことが吉永の総長就任の条件である、との密約である。

平成五年七月、吉永は東京高検検事長として東京へ戻り、再び特捜部の指揮を執り始める。東京地検特捜部は、金丸の強制捜査で押収した帳簿を元に、ゼネコン汚職の捜査を始めていた。

おそらく岡村は、吉永に密約を守らせる自信はあっただろう。一二月、吉永はとうとう念願の検事総長となった。

なぜ、元竹下派会長で「政界のドン」とまで言われた金丸信の逮捕と事件の捜査が許されたか。言うまでもなく、岡村が許したからである。では、岡村の背後には誰がいたか。岡村あるいは根来と懇意の実力者は梶山だが、宮沢が後藤田法相を迎え入れた内閣改造で、梶山は自民党幹事長に就任している。その梶山の背後には？

検察の竹下派叩きの黒幕は、竹下登その人なのである。

小沢包囲網

なお、竹下登は蔵相五期、大蔵省にとって一〇年来の悲願の消費税を実現した大恩人である。検察の特捜部と大蔵省の国税庁は事件捜査においては蜜月だが、金丸事件の捜査でも密接な連携がとられた。それは竹下の意に添わぬ形で行われただろうか。現場の正義感も、竹下という巨悪の前では、釈迦の手のひらで踊る孫悟空でしかない。

竹下が叩かせた竹下派とは、小沢一郎とその徒党である。小沢は竹下の支配を脱しようと振る舞った。竹下から見れば謀叛人である。そして、抹殺されようとしていた。宮沢内閣改造の要は、後藤田法相と梶山幹事長である。世論は金丸逮捕に踏み切ったことで「黄色いペンキ事件」が嘘のように検察支持一色だったが、その内実は小沢包囲網だった。

だが、窮地に陥った小沢は、乾坤一擲の勝負に出る。政治改革を求める世論を頼りに、野党が提出した内閣不信任案に同調して自民党を脱党した。宮沢と梶山は解散総選挙で応じたが、小沢は野党を結集し、細川護熙《ほそかわもりひろ》を首班にした連立政権を樹立した。自民党は、結党以来はじめて野党に転落した。

ゼネコン汚職の結末

こうした政界の変動は、岡村も予想できるはずがない。

野党に転落した自民党には、官僚も財界も見向きもしない。小沢は大蔵省と組んで権力掌握を図った。そして、自民党の壊滅を図る。

金丸脱税事件の証拠書類から、ゼネコンと呼ばれる大手建設会社が自民党議員に賄賂を贈る見返りに情報を得ていたという疑惑が生じた。自民党議員とは、「一、二、三、四、六」と暗号で呼ばれた。小沢一郎、三塚博《みつづかひろし》、中村喜四郎《なかむらきしろう》、梶山静六である。小沢は、梶山やその側近の中村喜四郎元建設相に、竹下派そして自民党を追い出されている。

検察の捜査は、中村と梶山が対象とされたが、梶山には司直の手が及ばず、中村の逮捕だけで終了する。総長の吉永や東京高検検事長の根来も、無理筋と感じていたようだ（村山治『市場検察』一二三頁、山本祐司『特捜検察物語』（下）二八一〜二八二頁）。

なお、この事件の捜査の応援に入った検事が、参考人（被疑者ではない）を暴行して負傷させ、特別公務員暴行陵虐罪で起訴、懲戒免職処分となったという不祥事があった。

また、中村は最高裁まで争い、懲役一年六か月・追徴金一〇〇〇万円の実刑判決を受けているが、検察の取り調べに対して完全黙秘（カンモク）を貫いている。そして、出所後には無所属で出馬、自民党候補を相手に小選挙区で連続当選を続けている。

ゼネコン汚職は、総理候補と言われた中村喜四郎の政治家人生を奪っただけで終わった。小沢と梶山の「一・六戦争」は、両者無傷の引き分けである。しかし、勝てるはずの時に勝てなかった小沢にとって致命的な結果をもたらす。

検察の良心の発露

小沢は北朝鮮核疑惑や国民福祉税など政権運営をしくじり、細川首相も佐川急便からの政治献金疑惑を追及され、退陣を表明する。そして、竹下は連立与党から社会党を切り崩し、村山富市《とみいち》を首班に担ぐことで政権を奪還した。新党結成から一〇か月、小沢のはかない栄華も終わった。

社会党の切り崩しの中心人物は梶山であり、細川の佐川急便疑惑を追及したのは、竹下派で急速に台頭した野中広務《のなかひろむ》だった。小沢は過去の人となり、梶山と野中が竹下派（名目上は小渕派）の主導権を争うことで日本の政界は動いていくが、村山とその後に首相となる橋本龍太郎や小渕恵三は竹下の側近である。

加藤紘一曰く、「竹下さんが首を縦に振ればすべてが決まる時代」の復活である。

こうした政界中枢の動きに検察も影響されないはずはないが、吉永は総長の座に居座る。村山内閣成立が平成六年六月三〇日、七月に根来は六三歳で定年退官に追いやられる。吉永は、平成八年一月に定年まで一年残して退官している。まるで根来の総長就任阻止を見届けたかのようである。

この間の真相は、文献により記述がことごとく食い違う。歴史が明らかにされるには、もう少し時間が必要だろう。

ただ、後世の歴史家が新史料を発見する前に、考察しておくべき事実がある。

一つ。検察組織では現職の検事総長の意向よりも、総長OBら先輩連の意向が強く作用すること。この点で、現役の最終決定には異を挟まない財務省や、現役を離れたら元長官の意向など顧みられない最高裁とは、対照的だ。

二つ。根来は法務本省での勤務が長く、政界への人脈が圧倒的だったこと。

三つ。自民党結党以来の激変の中で、根来の態度を快く思わない勢力が法務・検察内に現役かＯＢかを問わず、根強く存在したこと。

四つ。根来を総長にするか否かは、制度上は吉永の一存である。根来に譲るよう求める勢力の圧力も想像に難くないが、吉永を守る勢力も存在したから定年まで居座れたはずである。

そしていささか余談になるが、退官後の根来はプロ野球コミッショナーに天下っている。根来在任時は、プロ野球再編問題で大醜態をさらしたのは、少しでも野球を知る者には周知の事実である。根来総長就任を阻止したのは、検察の良心の発露であったと評されるかもしれない。

8・6　大蔵省接待疑惑

大蔵官僚への過剰接待

バブル崩壊当初の衝撃から、国民が不況を実感していく一九九〇年代後半には、官僚による汚職の摘発が大きく取り上げられた。自民党が政権に復帰した村山内閣の頃から、不況のうさ晴らしの如くマスコミが官僚バッシングに興じていた。

中でもテレビや週刊誌で大きく取り上げられたのは、大蔵省接待汚職事件である。「過剰接待」や、銀行・証券会社の「ＭＯＦ担」という言葉が広く流布した。「ＭＯＦ」とは「Ministry of Finance」、つまり大蔵省のことである。特に接待場所となった飲食店の特殊業態「ノーパンしゃぶしゃぶ」の名称を冠した報道が世間の耳目を集めた。

大蔵官僚に対する金融機関の高額接待などは珍しいことではなく、むしろわざわざ外に向かって言わないが、以前から当然のことだという認識だったことは、テリー伊藤『お笑い大蔵省極秘情報』でも語られている。平成七（一九九五）年の二信組事件で、乱脈融資の裏側に大蔵官僚への高額な接待があることを掴んだ検察がすでに内偵を進めていたという話もある（『暴走する「検察」』所収、黒田健太郎「再検証！　大蔵＆検察「ウラ取引」疑惑」）。

過剰接待が公となる発端は、第一勧業銀行総会屋利益供与事件である。平成九年、第一勧銀本店に東京地検特捜部の家宅捜索が入り、三六人を逮捕、うち三二人が証券取引法違反と商法違反で起訴された。

この時の捜査で大手証券会社や都市銀行の記録から、大蔵省官僚への莫大な接待費が判明したのである。

大量に処分された大蔵官僚

バブル崩壊まで、官僚にとって接待は日常的だった。ここで問題とされたのは、総会屋への異常な融資が金融検査で露見しないように大蔵官僚への巨額の接待費を費やして情報を得ていたこと、バブル崩壊以来の破綻処理に関係した不良債権の査定で便宜を図ってもらおうとしたことである。

しかし、汚職としての立件が困難な事例ばかりだった。結果、接待汚職事件に対する特捜部のやり方には、大蔵省や検察幹部からも「接待だけで捜査するなんて」と批判の声が上がった（前掲『検事総長』二七六頁）。

また、日興証券に対する捜査では、自民党所属議員だった新井《あらい》将敬《しょうけい》元衆議院議員に証券取引法違反の嫌疑がかかる。新井は大蔵官僚出身の政治家であり、平成六年の新進党結成に参加したものの二年で復党していた。検察から逮捕許諾請求が出され、衆議院議院運営委員会の決議と前後して新井は自殺するに至った。

法務・検察に怒り心頭の自民党国対は、但木《ただき》敬一《けいいち》官房長を「法務省の出す法案も予算も一本も通さない」と怒鳴りつけたという（前掲『検事総長』二七七頁）。

平成九年、大蔵省ＯＢの井坂武彦日本道路公団理事、大蔵省現職官僚からは宮川《みやがわ》宏一《こういち》金融証券検査官室長、管理課の谷内敏美《たにうちとしみ》課長補佐が逮捕され、これを皮切りに日銀職員を含めた七名の官僚が逮捕・起訴される。平成一〇年一月には、三塚博大蔵大臣、小村武《こむらたけし》大蔵事務次官、松下康雄《まつしたやすお》日銀総裁が引責辞任する結果となった。

事件を受けて処分された大蔵省の幹部官僚は一一二名に上る。平成一〇年の第一四二回国会に提出された質問主意書（保坂展人《ほさかのぶと》衆議院議員提出）への答弁には、主にゴルフや会食といった内容が公開されている。処分された大蔵省官僚の中には、多い場合は月二回以上の供応を受けていた者がいることも報告された。

捜査の中心となったのは、平成八年一月に東京高検検事長から吉永の後任となった土肥孝治検事総長である。土肥は根来や岡村の人脈につながる人物であり、検事正時代にはイトマン事件に携わった。当時の法務事務次官は、則定衛《のりさだまもる》である。

論功行賞

さて、「官庁の中の官庁」として絶大な権勢を誇った大蔵省は、自民党が政権に復帰した直後の一九九〇年代後半だけは、嬲《なぶ》り者にされている。現在のテレビキー局と六大新聞のすべてが財務省に忠誠を誓っている状態からは想像もできないだろうが、この時代のマスコミだけは「記事が無ければ大蔵省叩き」と称しても過言ではないほど、官僚叩きに狂奔していた。

理由は、簡単である。大蔵省は、小沢一郎と組んで細川護熙連立内閣を樹立し、自民党ひいては竹下派を潰そうとした。つまり大蔵省バッシングは、竹下派の報復《ほうふく》なのである（詳細は、小著『検証　財務省の近現代史』を参照）。

リクルート事件で竹下内閣相手に孤軍奮闘した検察は、今度は竹下派の走狗として大蔵省叩きに狂奔する格好となる。

マスコミ、週刊誌を筆頭に大蔵官僚への批判が繰り返し報じられ、大蔵省から金融に関する監督権を分離せよという論調が大きくなるとともに、橋本龍太郎首相が国家公務員倫理法の必要性を認め、第一四二回国会に与野党が法案を提出、翌平成一一年八月に成立した。大蔵省は律令制以来の看板も取りあげられ、「財務省」の名を押しつけられることになる。

組織としては、金融監督部門が分離させられ、平成一〇年六月、金融監督庁が発足する。さらに、平成一二年には金融制度の設計に関わる金融企画局を統合し、金融庁となった。初代長官に就任したのは、元名古屋高検検事長の日野正晴《ひのまさはる》である。

一九九〇年代を通じて、検察から金融関係の部門の長が出るのは、これで四件目となる。

平成四年に発足した証券取引等監視委員会の水原敏博《みずはらとしひろ》初代委員長は名古屋高検検事長、平成八年には公正取引委員会で根来泰周が委員長となり、金融機関の破綻処理を行う預金保険機構では、平成八年に松田昇《まつだのぼる》元最高検刑事部長が理事長となった（前掲「再検証！　大蔵&検察「ウラ取引」疑惑」）。いずれも金融不祥事を受けての人事である。

これが論功行賞ではないと言うのは、かなり苦しい。

金融監督庁創設時の人事には、接待汚職事件の捜査幕引きを幹部が調整した結果だという指摘がある。ただ、もともとは国税庁人脈を通じた大蔵省と法務・検察は友好関係にある。また、国税当局による報復を恐れていた（前掲『市場検察』二一〇〜二一一頁）。

今でこそ落ち目の大蔵省を叩いて調子が良いが、後ろ盾の竹下がいなくなれば……。

8・7　竹下の死後

異変

異変が生じた。

平成一〇（一九九八）年の自民党総裁選挙では、小渕恵三絶対本命視の中で梶山静六が派閥を単身飛び出して出馬、大善戦をした。梶山が派を飛び出したことで、最大派閥小渕派（実質は竹下派）は野中広務が取り仕切るようになる。

平成一一年四月、「竹下登入院」の報が永田町を走る。竹下の再起はあるのか。政界が固《かた》唾《ず》を飲む中、一〇月の小渕内閣の改造で、青木幹雄《あおきみきお》が官房長官に就任した。初入閣の参議院議員が内閣の要に就くのは異例中の異例だが、青木は誰もが知る竹下側近である。

平成一二年四月に小渕が倒れて、後継首相には青木や野中の仕切りで森喜朗が就く。六月には竹下が死去し、旧小渕派の主導権は青木が握っていくこととなる。

青木は大蔵族の幹部であり、森内閣の後継には野中広務が出馬の意向を示したのにもかかわらず、同じ大蔵族の小泉純一郎を支援する。小泉内閣五年間を支えたのは青木であり、自民党すべてを敵に回しても意に介さない小泉も、青木の意向だけは尊重した。大蔵省の看板すら取り上げられた財務省にとっては、完全復権である。

大蔵叩きの先兵となっていた野中は、失意のうちに引退に追い込まれる。

では、検察はどうなったか？

次期検事総長のスキャンダル

話を小渕内閣の時代に戻す。

平成一一年四月九日の朝日新聞一面は「東京高検　則定検事長に『女性問題』　最高検、異例の調査へ　進退問題に発展も」と大々的に伝えた。この日発売された雑誌『噂の眞相』五月号に掲載された「次期検事総長が確実視される則定衛高検検事長のスキャンダル劇」を受けての記事だった。

記事の通り、則定は前年平成一〇年六月に東京高検検事長に就任しており、当時六一歳。平成三年一〇月に官房長となってから二年の在任期間を経て、順当に出世の駒を進めてきている。何事もなければ、おそらく次の年の一月までには検事総長になることが決まっていたであろう人物だ。また、一連の大蔵省スキャンダルを追及した中心人物だ。

朝日新聞が出典とした『噂の眞相』によると、則定は六年前の官房長時代に二〇代の銀座のホステスと懇意になり、その後の交際で男女の仲になった。自分の娘より年下の女性である。則定は公務の出張にも彼女を同伴させた。則定は女性を妊娠させたが、女性は則定とは店の客以上の交際を続ける気もなく、堕胎に至る。手術費用三〇万円は則定が自腹で支払ったが、慰謝料等八〇万円をパチンコ業者でいわく付きのフィクサーSに支払わせたというのである。九日から法務省は則定本人、女性、Sに対して事情聴取を行った。女性に対する法務省サイドの事情聴取は終始高圧的であったという。

三日間の調査で法務省は「国家公務員法上の懲戒処分に付すべき事実はなかった」とし、則定を厳重注意処分にした。一三日に則定は検察庁を辞職した（西岡研介『「噂の眞相」トップ屋稼業』一三六頁）。なお、この会見で則定の後任が決まっていた堀口勝正《ほりぐちかつまさ》も、朝日の記事を謀略だ、浮気は現場の活力だと発言して大問題となった。

大蔵省スキャンダルで、検察は積極的に切り込むか、手心を加えるべきかで意見が割れた。前者の代表である則定は失脚、石川達紘や熊崎勝彦《くまざきかつひこ》は捜査での「暴走」を咎められ検察主流から遠ざけられる。

後者の代表である原田明夫《はらだあきお》は検事総長に上り詰め、その後を追って松尾邦弘《まつおくにひろ》・但木敬一・樋渡利秋《ひわたりとしあき》の三人が次々と法務事務次官から東京高検検事長、そして総長へと就いていく。

財務省の支持を得て竹下死後の政争を制した、小泉純一郎首相の時代である。

終章

有罪率九九・九％、検察の正義とは？

光市母子殺害事件

「一〇〇回負けても、一〇一回目をやる」

絶望する遺族を励ました山口地検の吉池浩嗣《よしいけこうじ》三席検事の闘志が、遂に凶悪犯を死刑に追い詰めた。

九年の歳月

平成一一（一九九九）年四月一四日に発生した、山口県光市母子殺害事件は記憶に新しかろう。一八歳一か月の少年が、女性を殺害し屍姦《しかん》に及び、傍《かたわ》らにいた赤ん坊をも地面に叩きつけて殺した。事件とその後の詳細は、門田隆将《りゅうしょう》『なぜ君は絶望と闘えたのか』に詳しい。

加害者に情状酌量の余地がまったく無い事件だ。この犯人を死刑にするのに、法的には何の障害もない。だが、我が国の裁判所は、「二名以内なら無期懲役。死刑にはしない」との相場主義を採っている。

平成二〇（二〇〇八）年四月二二日の差戻し控訴審で死刑判決が出るまで、九年。その間、時代遅れに加害者の権利が守られている少年法の是非、まったく顧みられない被害者遺族の権利、そして死刑制度の存否までが問われた。

あげくの果てには、被害者遺族である本村《もとむら》洋《ひろし》氏を叩く言説まであった。

事件を追い続けた門田隆将は、『裁判官が日本を滅ぼす』で、裁判官は若くて成績優秀な者が採られるが、検察官は年齢や成績に関係なく、闘志と正義感が強い者がなるべきだ、と日本の良心を検察官に求めている。

最高刑のあり方

だが、最近の検察は最初から死刑を求刑しないことも多い。まさか「一人や二人殺しても、今の日本の裁判では死刑にはできないのだから、最初から求刑しないでおこう」などとでも考えているのか。

現在も外国を例に死刑廃止を言う人々がおり、ＥＵなどは死刑廃止を加盟条件にしているが、検察官の中には「それを言うなら、現場の警察官に凶悪犯を射殺する権限を与えていること〔簡易死刑執行〕は問題にならないのか」と論じる学者肌の人もいる。しかも、簡易死刑執行はあまりにも日常化しているので、統計が無く調査不能とのことだ（佐々木知子『日本の司法文化』二〇〇頁）。

検察官から自民党参議院議員、作家となった佐々木知子《ささきともこ》は経歴から想像するのに意外なほどリベラルだが、それでも死刑廃止論には与《くみ》していない。

最高刑のあり方はその国や社会の文化と密接に関係する。ヨーロッパであれば、すべての希望を奪って生かしておく、死ぬより苦しい目に遭わせるという拷問文化が長らく存在する。また、アメリカの場合、死刑は州によって廃止と存置が分かれるが、ヒトの物理的な寿命をはるかに上回る刑期が課されたり、仮釈放を認めない重無期刑があったりと、一般社会からの隔離と排除の考え方がある。日本でも重無期刑の議論がされているが、「命をもって罪を贖《あがな》う」という文化を持つ日本とは、土台背景が異なるのである。

検察の勝率九九％の世界。無期懲役でも有罪だから負けではない。しかし、それで被害者や遺族は救われるのか。正義であると言えるのか。

あえて負けを覚悟で戦った吉池浩嗣検事こそ、検察の良心であろう。

小泉内閣と検察

「国策捜査」

田中角栄から竹下登と三〇年間の親中派政治家による「闇将軍」支配を、小泉純一郎が終わらせた。

竹下派は小渕派を経て、この頃は橋本派と名前を変えていたが、もはや往時の勢力は無かった。派閥の名目上の会長は橋本龍太郎元首相、会長代行は村岡兼造《むらおかかねぞう》だが、彼らに実権はなく、最高実力者の青木幹雄と野中広務が激しく角逐していた。

野中の側近は鈴木宗男《むねお》と、他派閥ながら幹事長に重用された古賀誠《こがまこと》であると目された。小泉と青木は、この三人を狙い撃ちにするかのごとき行動に出る。

平成一三（二〇〇一）年四月の小泉政権の発足当初から、真っ先に狙い撃ちにされたのが鈴木だった。鈴木は、外務省に影響力が強い。小泉内閣で田中真紀子《たなかまきこ》が外相に就任すると、外交官たちと軋轢を起こした。そうした騒動の中で、鈴木や、側近のノンキャリア外交官の佐藤優《さとうまさる》が逮捕されるに至った。容疑は架空出張。

佐藤は検察の姿勢を「有罪ありきの取調べ」と批判し、その手法を「国策捜査」と名付けた。明治以来、検察には検察官同一体の原則があり、大きな疑獄事件においては検察首脳の意思が必ず固められるので、捜査は必ず国策である。だが、あまりにも絶妙な命名と、大蔵省接待スキャンダル以来もはや一〇年に及ぼうとしていた官僚不信と相まって、世間に検察への不信を抱かせるには十分であった。

さらに橋本派は追い打ちをかけられる。平成一六年四月、橋本派の会計担当者が逮捕されるに至る日歯連《にっしれん》事件が報道される。日本歯科医師連盟が橋本派に闇献金をしていたとの疑獄だ。政界の常識では、「ムネオの次は野中」だった。橋本は会長を辞任するに至り、失意のうちに政界引退に追い込まれることとなる。

検察の「ストーリー」は、「2002年3月13日の橋本派幹部会で、村岡兼造橋本派会長代理、野中広務事務総長、青木幹雄、上杉光弘《うえすぎみつひろ》元自治相の4人が出席、その席上で選挙の年なので多額の献金が目立つので領収書を不発行とすることを村岡主導で決定した」とのことである。これは「ウィキペディア」の記述からの抜粋だが、少しでも政治を知る人間は誰も信じまい。

だが、事実この「ストーリー」の線で村岡は在宅起訴され、有罪となった。

村岡本人も法廷で主張したが、青木と野中を押しのけて派閥の重要事項を村岡が決めるなど、あり得ない。

あえて憶測に踏み込むが、検察は野中を狙ったが何らかの抵抗を受けて追いきれず、「行きがけの駄賃」で抵抗力の無い村岡を起訴したのではないか。

防衛庁汚職

迫れぬ汚職

小泉純一郎は、自他ともに認める政局の天才である。自民党内に「抵抗勢力」を仕立て上げ、巨大な悪に敢然と立ち向かう改革者を自己演出して世論を味方につけ、長期政権を樹立した。もっとも、青木と二人で組めば常に自民党の過半数を制圧できる勢力だったのだが、それを見せないのも小泉の手段だった。

ただ、実際に官界の抵抗は大きかった。

根が深かったのが防衛庁である。

平成一〇(一九九八)年五月、東京地検検事正の石川達紘は、防衛庁調達実施本部背任事件に着手した。

この事件は、防衛庁が兵器を購入する際、メーカー側のNECに水増し請求をさせ、実際に支払う金額との誤差を減らす方法でメーカー側に便宜をはかり、その見返りに天下りを約束させていたものだ。この事件で防衛庁調達実施本部の本部長と副本部長に実刑判決が、メーカー側一二名も執行猶予付きの有罪判決が下りた。

捜査指揮は石川が行ったが、着手早々に右腕の熊崎勝彦が富山地検検事正に異動となった。昇任と見せて左遷、あるいは捜査から外すというのは検察では日常茶飯事だが、あまりにも不自然なタイミングである。

その後、特捜部の内偵が行われていることを知った防衛庁は、防衛庁が被疑者ではなく、被害者になる構成での法適用を法務省に打診した。そこで初めて、特捜部が捜査を行っていることを知った法務省幹部は、土肥検事総長を通じて捜査の停止を求めた。

土肥は直後の退官が決まっていた。石川は検察首脳部の中で、孤立無援だったといっていい。

事件は石川が最初に見立てた通り、防衛庁は国に対する背任、メーカーは詐欺での起訴となった。しかし、そこから先の防衛族議員の汚職捜査には手が届かなかった。

「防衛庁の天皇」

一〇月、全国検察首脳会議で、石川は「法務・検察上層部のなかには、事件に理解がないだけでなく、事件をやらせる、やらせないなどと判断することがあるようだ。それが犯罪で、証拠があるなら、事件として着手するのは当然のことではないか。なおかつ、やらせないという理由があるなら、それは現場に説明すべきだ」と訴えた（村串栄一『検察秘録』一三八頁）。

だが、この発言は検察首脳部をして石川を排除する方へ動かすことになる。

戦前から、検察は疑獄事件で切り込み、世論はそれを知って汚職を行った政治家や官僚に非難を浴びせてきた。しかし、それでも汚職が収まることはない。それは防衛庁でも変わらない。

小泉内閣において、守屋武昌《もりやたけまさ》は平成一五年に防衛事務次官に昇格し、第一次安倍晋三内閣において省に昇格してからも次官に留まり続けた。その権勢は「防衛庁の天皇」にたとえられていたが、政治家すら手が出せないほどだった。

これに業を煮やし対立した小池百合子《こいけゆりこ》は、守屋と衝突してわずか五五日で退任、高村正彦《こうむらまさひこ》長官のときに手を付けて、石破茂《いしばしげる》大臣の平成一九年八月にようやく退任に追い込めた。守屋は四年強も居座った。首相は福田康夫《やすお》に代わっていた。

その直後の一〇月、山田洋行事件が発覚する。この事件は、防衛族議員、防衛庁長官、事務次官との癒着、接待、代理店指定を受けるための政界工作と多岐にわたる。

守屋が平成二年から平成一七年の長期間にわたり、家族ぐるみで接待を受けていたことが発覚すると、世論の批判の的となった。守屋夫人は職員ではないが、積極的に接待を受けていたことから、夫とともに収賄罪容疑で逮捕、起訴された。収賄罪は身分犯であるが、夫人は「身分なき共犯」と認められ、異例の形の立件となった。

官庁の中で最弱小とされる防衛庁ですら、ここまでの抵抗である。改革にはほど遠かった。

検察開闢以来の不祥事

村木厚子の逮捕

長期政権となった小泉内閣の後、第一次安倍晋三、福田康夫、麻生太郎の歴代内閣は一年で交代した。長引く不況で自民党政治に辟易していた国民の後押しで、平成二一(二〇〇九)年に民主党が政権を奪取する。

だが、その民主党の三代の首相、鳩山由紀夫《はとやまゆきお》・菅直人《かんなおと》・野田佳彦《のだよしひこ》は、いずれも党内最大派閥を率いる小沢一郎に振り回された。同じく一年で内閣が交代する民主党政権は、「小沢対反小沢」に明け暮れた。当然、検察も巻き込まれた。

だが、それどころではない検察開闢以来の不祥事が発覚する。

平成二一年六月の麻生自民党政権末期、大阪地検特捜部は村木厚子《むらきあつこ》厚生労働省雇用均等・児童家庭局長を逮捕した。「凜の会」という団体に対して、偽の障碍者団体の公的証明書を発行した容疑である。障碍者団体と認定されれば郵便料金の特別割引制度を利用できる。その便宜を図ったというのである。

村木は、当時から初の女性事務次官候補と期待されていた。また高知大学卒と地方大学出身だったため、さらに関心を集めていた。それだけに逮捕時のマスコミも、エリート官僚による汚職事件と大々的に報じた。

捜査過程で、民主党幹部の石井一《はじめ》の名があがった。おりしも、平成二一年は、東京地検特捜部が小沢一郎の西松建設からのトンネル献金問題の捜査に入り、自民党の二階俊博《にかいとしひろ》経済産業大臣(当時)ら多数の政治家を調べていた。政治家の名前が出た瞬間、大阪地検特捜部はこの件を疑獄事件にできないかと、しつこく被疑者らに尋ねていたことが裁判の中で明らかにされた。

しかし、石井一は厚労省とは縁がなく、別の政治家についても関連付けることはできなかった。そこで大阪地検特捜部の前田恒彦《まえだつねひこ》主任検事が目をつけたのが村木だったのである。

村木は最初の一〇日間の取調べ中に、「執行猶予がつけば大した罪でない」とたぶらかされた。それを聞いて、検事と自分を含む一般市民の物差しは全然違うと非常に腹立たしくなったという。村木は「私にとっては、これは罪人になるかならないかの問題です。公務員として三〇年間やってきたことの信用を失うかどうかの問題です」と語っている(今西憲之・週刊朝日取材班『私は無実です』一九八頁)。

証拠の捏造と隠滅

本書でも、執行猶予が付けば事実上無罪放免だと記述してきた。が、それはあくまで収監されずに済むという「事実上」の話に過ぎない。執行猶予が付いていても、一度受けた有罪判決の記録を消すことはできないのである。

村木はすでにマスコミ報道にさらされ、やっていない事実によって事実を調査できない市民の感情の下にさらされている。これを払しょくすることは容易なことではない。

村木に対する勾留は六月一四日から一一月二四日の約五か月の長期に及んだ。その間、村木は、自分が上村勉《かみむらつとむ》と共謀して作成したと言われている公的証明書が、検察が作った調書通りの作成日時に改竄《かいざん》されていることを発見した。

検察は、村木が調書への署名を拒んでも、無理な強要はしなかった。しかし、村木の容疑を固めるために行われた厚労省係長の上村や、「凛の会」関係者への虚偽内容の供述の誘導や恫喝はすさまじいものであった。

被疑者が取調べや供述の状況を書き留め、後に裁判に証拠として提出する「被疑者ノート」の記録には、執行猶予判決の配慮や保釈金の金額、予定していた事業が中止にならないように配慮するなどを条件に、作り話の調書へのサインを強要している様子が克明に残されている。特に勾留が長期になるという脅しは、高齢の「凛の会」関係者にとって恐怖だった。上村は精神的に病んでいった。

検察は、村木が否認を続けても、周囲の証言が取れれば有罪にできると考えていた。それを表す裁判所でのやり取りがある。証言台に立ったのは国井弘樹《くにいひろき》検事であった。裁判所は上村の被疑者ノートにあった「記憶があいまいなら、多数決」と国井から説得された件について、その事実があるかどうかを尋ねている。国井は「一般論として、裁判官が三人いて意見が割れた時、多数決ですかと話は出た」と答えている。

村木の裁判で幸いだったのは、担当した裁判官全員が検察の提出した証拠等の矛盾点に気づき疑問を持ったことだ。特に、難波宏《なんばひろし》裁判官（右陪席）は逃げようのない鋭い質問をして、きちんと答えさせている（前掲『私は無実です』）。

平成二二年九月一〇日、大阪地裁は無罪を言い渡した。検察は控訴を断念する。

村木は復職し、その後は事務次官になっている。


さて、何が大不祥事か。

主任検事の前田は証拠の捏造や隠滅をも行い、上司の大坪弘道《おおつぼひろみち》大阪地検特捜部長と佐賀元明《さがもとあき》副部長も黙認していた。

村木に無罪判決が出た後、検察は直ちに大阪地検特捜部の担当検事の逮捕（逮捕と同時に懲戒免職処分）、捜査を行った。平成二三年四月一二日、公的証明書のフロッピーディスクを改竄し、証拠隠滅罪で起訴された前田恒彦には懲役一年六か月の実刑判決が下りた。大坪弘道と佐賀元明も同罪で懲役一年六か月、執行猶予三年の判決となった。

起訴後の有罪率九九・九％。しかし、これまでも検察は思うが儘に証拠の捏造や隠滅を行ってきたのではないか。

検察開闢以来、検察がこれほど国民の不信にさらされた大事件は無い。

おわりに　矛盾の存在

検察庁も、また然り

本書は『検証　財務省の近現代史　政治との闘い150年を読む』以来、六年ぶりの大著になる。

前著はおかげさまで話題作となり、いまだに「倉山満の最高傑作」とお褒めくださる方も多い、幸せな作品となった。最高傑作かどうかは読者諸氏の評価に任せるが、代表作であるのは間違いない。

今回は前著の続編というよりも、まったくの独立した作品となった。ただし、一つの官庁の歴史を通じて、我が国の近現代史を描くという主題は一貫している。その意味で、姉妹作であり、続編であるとも言える。

六年前、財務省をめぐる言論は二つしかなかった。一つは「頭のいい財務官僚の言っていることは正しいに決まっている」という御用言論、もう一つは「こんな間違った経済政策を推進している財務省は、頭か心、あるいは両方が悪いに決まっている」という批判的な言論。後者の立場は「リフレ派」と言われ、現在のアベノミクスを推進することになるエコノミストたちが中心だった。

当時は日本銀行（白川方明《しらかわまさあき》総裁）がデフレ誘導とでも言うしかない政策を採っており、財務省（勝栄二郎《かつえいじろう》事務次官）が追随するかのように増税原理主義的政策を推進していた。リフレ派からすれば、デフレ期に恒久増税を画策する財務省など、日銀と一枚岩の景気悪化の元凶としか見えなかった。

それに対して私は、勝次官が率いる財務省は増税原理主義とでも呼ぶしかないが、「増税は本来の大蔵省の伝統に反する」という事実を史資料に基づいて明らかにした。また、もともとの大蔵省は愛国官庁であり、政治との闘いの中で「もはや増税しかない」と追い詰められていく歴史を描いた。

私の代表作となった『検証　財務省の近現代史』以降、多くの著書を世に送り出す機会に恵まれた。そうした中で多くのメッセージを込めたのだが、近年、特に強調しているのだ、「人間の評価に百点も零点も無い」―組織ではなく個人で評価せよ」である。「財務省」「日本銀行」などという人間はいない。いかなる場合も、そこに所属する人間により、組織の意思は決まる。

検察庁も、また然り。

「首相官邸の強い意向」

現在、「安倍一強」と言われる政治状況の中で、法務・検察に対する人事介入も報道されている。

法務省は大野恒太郎《おおのこうたろう》検事総長の定年前の退官に伴う人事で林真琴《はやしまこと》刑事局長の昇格を求めたが、留任。事務次官には黒川弘務《くろかわひろむ》官房長を昇格させた。首相官邸の強い意向だという。

（村山治「官邸の注文で覆った法務事務次官人事　「検事総長人事」に影響も」『法と経済のジャーナル Asahi Judiciary』二〇一六年一一月二二日より）

こうした記事も、本書をお読みいただければ読み取れる意味の深さが違うだろう。果たして、官僚に対し「一強」を誇る安倍首相は、法務検察の人事を読み解いて介入しているのか。また、安倍内閣要人が絡んでいると噂されるスーパーコンピューターの助成金詐欺疑惑（俗にペジー事件）の捜査は進展するのか。

小さな正義

私は何度も、日本の真の三権は、立法権は内閣法制局、行政権は財務省主計局、司法権は検察庁であると主張し、本書もその観点から書いた。

そして、司法権こそ国民の生活に最も密着した権力なのである。

だが、検察は官庁のご多分に漏れず、政治の介入に振り回された。巨悪を前に大きな正義を実現できないのはやむを得ない。

検察は正義を実現する組織だ。善悪が価値観だ。そもそも社会は経済活動で出来上がっている。損得で動く。その中で許せない悪をえぐりだし、裁判にかける。ただし、あらゆる悪を摘発しては、社会は動かない。自らの正義をふりかざして暴走することを、昔は「検察ファッショ」と呼んだ。かといって、「お目こぼし」は巨悪を眠らせる。

検察は宿命的に、どこまでも矛盾の存在なのだ。この意味で、大きな正義を実現できないのはやむを得ない。

だからこそ、小さな正義をかなぐり捨てて、何の存在価値があろうや。個々の事件と向き合うことこそが、小さな正義である。

終章で述べた村木事件で、検察への信頼は失墜した。少なくとも、自浄能力を発揮できなかった。

ただし、私は本書で検察を悪の組織として描いたつもりはない。むしろ、矛盾の中で小さな正義を実現した象徴として、光市母子殺害事件の吉池検事をあげた。

検察の良心

検察の良心は、どこにあるか。

私は凶悪犯に対し、死刑を求刑し続けることにあると思う。

検察審査会制度など形式的な例外があるとしても、現実の日本社会では検察官だけが刑事裁判を起こすことができる。建前に過ぎないと言っても、検察官は自己の良心と法に従ってのみ職務を行う独立した存在である。

検察官は「秋霜烈日バッジ」をつけて仕事をする。ある検察官は「一〇〇人の犯罪者を逃すとも一人の無実の人を有罪にするな」という罪刑法定主義に対し、「一〇〇人の無実の人を有罪にしないが、一〇〇人の犯罪者も逃さない」と語った。結構なことだ。

弱者を泣き寝入りさせない、悪を逃さない、そして過ちは改める。

俗に、「徴税と裁判に不満がなければ国民は権力者に不満を持たない」と言われる。

徴税はともかく、裁判はどうだろうか。

本書は、倉山工房の高橋聖子さん、細野千春さん、雨宮美佐さん、徳岡知和子さんに助けてもらった。特に、高橋さんの膨大なリサーチがなければ本書は成立しなかった。

また、私を世に出していただいた一人である光文社の小松現さんには、今回も要所で適切な助言をいただいた。

六年も待たせて、私が知る日本一厳しい編集者のお眼鏡にかなったかどうかわからない。

最後に、読者の皆様に本書が成功しているかを決めていただきたく、筆をおく。

平成三〇年　二月

倉山　満

参考文献リスト（順不同）

〈刑法・判例・法制史全般・事典類〉

伊藤博文『憲法義解』（宮沢俊義校注、岩波書店、一九四〇年）
山崎丹照『内閣制度の研究』（高山書院、一九四二年）
司法研修所検察教官室編『検察講義案』（法曹会、二〇一五年）
裁判所職員総合研修所監修『刑法総論講義案（四訂版）』（司法協会、二〇一六年）
裁判所職員総合研修所監修『刑事訴訟法講義案（四訂補訂版）』（司法協会、二〇一五年）
法務省『犯罪白書』平成二十九年版
『法曹百年史』（法曹公論社、一九六九年）
我妻栄編『日本政治裁判史録』全五巻（第一法規、一九六八〜七〇年）
野村二郎『日本の裁判史を読む事典』（自由国民社、二〇〇四年）
藤木英雄・土本武司・松本時夫『新版刑事訴訟法入門』（有斐閣双書、一九七六年）
田中二郎・佐藤功・野村二郎編『戦後政治裁判史録』全五巻（第一法規、一九八〇年）
奥平康弘『治安維持法小史』（岩波現代文庫、二〇〇六年）
藤田正・吉井蒼生夫　編著『日本近現代法史』（信山社出版、二〇〇七年）
浅古弘・伊藤孝夫・植田信廣・神保文夫編『日本法制史』（青林書院、二〇一〇年）
伊藤隆監修、百瀬孝『事典　昭和戦前期の日本　制度と実態』（吉川弘文館、一九九〇年）

秦郁彦編『日本官僚制総合事典　１８６８－２０００』（東京大学出版会、二〇〇一年）
小室直樹『痛快！憲法学　Amazing study of constitutions & democracy』（集英社インターナショナル、二〇〇一年）

〈検察官の著作、自伝、伝記〉

『平沼騏一郎回顧録』（学陽書房、一九五五年）
『小原直回顧録』（中公文庫、一九八六年）
中野並助『犯罪の通路』（中公文庫、一九八六年）
『馬場義続追想録』（馬場義続追想録刊行会、一九七九年）
河井信太郎『検察読本』（商事法務研究会、一九七九年）
河井信太郎『特捜検察ノート』（中公文庫、一九八六年）
向江璋悦『鬼検事』（法学書院、一九七四年）
伊藤栄樹『秋霜烈日　検事総長の回想』（朝日新聞社、一九八八年）
伊藤栄樹『新版　検察庁法逐条解説』（良書普及会、一九八六年）
佐藤道夫『検事調書の余白』（朝日文庫、一九九六年）
藤永幸治『特捜検察の事件簿』（講談社現代新書、一九九八年）
安原美穂『新版　検察の窓から』（高文堂出版社、一九九一年）
佐々木知子『日本の司法文化』（文春新書、二〇〇〇年）

但木敬一『司法改革の時代　検事総長が語る検察四〇年』（中公新書ラクレ、二〇〇九年）
緒方重威『公安検察　私はなぜ、朝鮮総連ビル詐欺事件に関与したのか』（講談社、二〇〇九年）
三井環『「権力」に操られる検察　五つの特捜事件に隠された闇』（双葉新書、二〇一〇年）

〈法務・検察全般〉

野村二郎『新版　日本の検察』（日本評論社、一九七七年）
野村二郎『検事　権力と人権』（入門新書、一九七八年）
野村二郎『戦後疑獄史の群像』（第一法規、一九八〇年）
野村二郎『日本の検察　最強の権力の内側』（講談社現代新書、一九八八年）
野村二郎『検事総長の戦後史』（ビジネス社、一九八四年）
渡辺文幸『検事総長　政治と検察のあいだで』（中公新書ラクレ、二〇〇九年）
渡辺文幸『指揮権発動　造船疑獄と戦後検察の確立』（信山社、二〇〇五年）
山本祐司『東京地検特捜部の内幕』（世界文化社、一九八九年）
山本祐司『最高裁物語』全二巻（講談社＋α文庫、一九九七年）
山本祐司『特捜検察物語』全二巻（講談社、一九九八年）
山本祐司『恐慌と疑獄　東京地検特捜部』（潮出版社、一九九八年）
村山治『検察　破綻した捜査モデル』（新潮新書、二〇一二年）
村山治『市場検察』（文藝春秋、二〇〇八年）

村山治・松本正・小俣一平『田中角栄を逮捕した男　吉永祐介と特捜検察「栄光」の裏側』（朝日新聞出版、二〇一六年）
堂島慧『検察庁』（教育社新書、一九七四年）
沢田東洋男『検察を斬る　検察百年の派閥と人脈』（図書出版社、一九八八年）
勢藤修三『法務・検察裏の裏』（同友館、一九八三年）
久保博司『日本の検察』（講談社文庫、一九八九年）
大野達三『日本の検察』（新日本出版社、一九九二年）
荻野富士夫『思想検事』（岩波新書、二〇〇〇年）
村串栄一『検察秘録　誰も書けなかった事件の深層』（光文社、二〇〇二年）
村串栄一『新・検察秘録　誰も書けなかった政界捜査の舞台裏』（光文社、二〇一〇年）
向谷進『地検特捜部』（講談社、一九九三年）
読売新聞社会部『ドキュメント　検察官　揺れ動く「正義」』（中公新書、二〇〇六年）
大島真生『特捜検察は誰を逮捕したいか』（文春新書、二〇一二年）
井上薫『司法は腐り人権滅ぶ』（講談社現代新書、二〇〇七年）
山崎雅弘『「天皇機関説」事件』（集英社新書、二〇一七年）
清水聡『気骨の判決』（新潮新書、二〇〇八年）
谷口優子『尊属殺人罪が消えた日』（筑摩書房、一九八七年）
毎日新聞社会部『毎日新聞ロッキード取材全行動』（講談社、一九七七年）

坂上遼『ロッキード秘録　吉永祐介と四十七人の特捜検事たち』（講談社、二〇〇七年）
奥山俊宏『秘密解除　ロッキード事件　田中角栄はなぜアメリカに嫌われたのか』（岩波書店、二〇一六年）
江副浩正『リクルート事件・江副浩正の真実』（中央公論新社、二〇〇九年）
朝日新聞政治部『竹下政権の崩壊　リクルート事件と政治改革』（朝日新聞社、一九八九年）
朝日新聞社会部『ドキュメント　リクルート報道』（朝日新聞社、一九八九年）
共同通信社社会部編『利権癒着　政財暴・権力の構図』（共同通信社、一九九三年）
東京新聞特別取材班『検証　国策逮捕』（光文社、二〇〇六年）
別冊宝島編集部編『暴走する「検察」』（宝島ＳＵＧＯＩ文庫、二〇〇九年）
デイビッド・Ｔ・ジョンソン『アメリカ人のみた日本の検察制度　日米の比較考察』（大久保光也訳、シュプリンガーフェアラーク東京、二〇〇四年）
門田隆将『裁判官が日本を滅ぼす』（新潮社、二〇〇三年）
門田隆将『なぜ君は絶望と闘えたのか　本村洋の３３００日』（新潮文庫、二〇一〇年）
村木厚子『私は負けない「郵便不正事件」はこうして作られた』（中央公論新社、二〇一三年）
今西憲之、週刊朝日取材班『私は無実です　検察と闘った厚労省官僚村木厚子の４４５日』（朝日新聞出版、二〇一〇年）
朝日新聞取材班『証拠改竄　特捜検事の犯罪』（朝日新聞出版、二〇一一年）
田母神俊雄『日本の敵』（ＫＫベストセラーズ、二〇一七年）
塩野谷晶『実録　政治vs.特捜検察　ある女性秘書の告白』（文春新書、二〇一〇年）

テリー伊藤『お笑い大蔵省極秘情報』（飛鳥新社、一九九六年）
テリー伊藤『大蔵官僚の復讐　お笑い大蔵省極秘情報2』（飛鳥新社、一九九八年）
松本清張『深層海流・現代官僚論』（松本清張全集第31巻、文藝春秋、一九七三年）
黒木亮『法服の王国』（全二巻）（産経新聞出版、二〇一三年）
立花隆『田中角栄研究全記録』全二巻（講談社文庫、一九八二年）
立花隆『ロッキード裁判とその時代』全四巻（朝日文庫、一九九四年）
立花隆『論駁　ロッキード裁判批判を斬る』全三巻（朝日新聞社、一九八五年）
立花隆『巨悪vs言論』（文藝春秋、一九九三年）
西岡研介『「噂の眞相」トップ屋稼業』（河出文庫、二〇〇九年）
青木理『増補版 国策捜査 暴走する特捜検察と餌食にされた人たち』（角川文庫、二〇一三年）

〈政治家・政治史〉
原田熊雄述『西園寺公と政局』全九巻（岩波書店、一九五〇年）
清瀬一郎『秘録　東京裁判』（中公文庫、一九八六年）
『芦田均日記』全七巻（岩波書店、一九九一年）
『佐藤栄作日記』全六巻（朝日新聞社、一九九八年）
伊藤昌哉『池田勇人　その生と死』（至誠堂、一九六六年）
早坂茂三『田中角栄回想録』（集英社文庫、二〇一六年）

秦野章『何が権力か。』（講談社、一九八四年）
岩野美代治『三木武夫秘書回顧録』（竹内桂編、吉田書店、二〇一七年）
毛利敏彦『江藤新平　急進的改革者の悲劇　増訂版』（中公新書、一九八七年）
萩原淳『平沼騏一郎と近代日本』（京都大学学術出版会、二〇一六年）
三谷太一郎『政治制度としての陪審制』（東京大学出版会、二〇〇一年）
筒井清忠『昭和十年の陸軍と政治　軍部大臣現役武官制の虚像と実像』（岩波書店、二〇〇七年）
戸部良一『ピース・フィーラー　支那事変和平工作の群像』（論創社、一九九一年）
猪俣敬太郎『中野正剛』（吉川弘文館、一九八八年）
藤原弘達『独断の戦後史　この四十年をいかに斬るか』（ＰＨＰ研究所、一九八五年）
岩瀬達哉『われ万死に値す　ドキュメント竹下登』（新潮社、一九九九年）
福本邦雄『表舞台　裏舞台　福本邦雄回顧録』（講談社、二〇〇七年）
後藤謙次『竹下政権・五七六日』（行研、二〇〇〇年）
升味準之輔『日本政党史論』全七巻（東京大学出版会、一九六五～八〇年）
升味準之輔『日本政治史』全四巻（東京大学出版会、一九八八年）
升味準之輔『現代政治　一九五五年以降』全二巻（東京大学出版会、一九八五年）
中村隆英『明治大正史』全二巻（東京大学出版会、二〇一五年）
現代政治問題研究会編『自民党疑獄史』（現代評論社、一九七三年）
朝日新聞政治部『田中支配』（朝日新聞社、一九八五年）

樋口恒晴『「一国平和主義」の錯覚』（PHP研究所、一九九三年）
ジョン・アール・ヘインズ&ハーヴェイ・クレア『ヴェノナ　解読されたソ連の暗号とスパイ活動』（中西輝政監訳、山添博史、佐々木太郎、金自成訳、PHP研究所、二〇一〇年）
C・A・ウィロビー『GHQ　知られざる諜報戦　新版ウィロビー回顧録』（延禎監修、平塚柾緒編、山川出版社、二〇一一年）
有馬哲夫『児玉誉士夫　巨魁の昭和史』（文春新書、二〇一三年）
有馬哲夫『CIAと戦後日本　保守合同・北方領土・再軍備』（平凡社新書、二〇一〇年）
吉田則昭『緒方竹虎とCIA　アメリカ公文書が語る保守政治家の実像』（平凡社新書、二〇一二年）
三好徹『評伝　緒方竹虎』（岩波新書、一九九〇年）
山本英政『米兵犯罪と日米密約　「ジラード事件」の隠された真実』（明石書店、二〇一五年）
布川玲子・新原昭治著、編集『砂川事件と田中最高裁長官』（日本評論社、二〇一三年）
江崎道朗『アメリカ側から見た東京裁判史観の虚妄』（祥伝社新書、二〇一六年）
江崎道朗『コミンテルンの謀略と日本の敗戦』（PHP新書、二〇一七年）
江崎道朗『日本は誰と戦ったのか』（KKベストセラーズ、二〇一七年）
山村明義『GHQの日本洗脳』（光文社、二〇一四年）
児島襄『東京裁判』全二巻（中公新書、一九七一年）
戸川猪佐武『小説吉田学校』全八巻（角川文庫、一九八〇〜八一年）

〈倉山満・著書〉
『誰が殺した？　日本国憲法！』（講談社、二〇一一年）
『検証　財務省の近現代史』（光文社新書、二〇一二年）
『増税と政局・暗闘50年史』（イースト新書、二〇一四年）
『総理の実力　官僚の支配　教科書には書かれていない「政治のルール」』（ＴＡＣ出版、二〇一五年）
『お役所仕事の大東亜戦争』（三才ブックス、二〇一五年）
『この国を滅ぼさないための重要な結論』（ヒカルランド、二〇一五年）
『自民党の正体　こんなに愉快な派閥闘争史』（ＰＨＰ研究所、二〇一五年）
『政争家・三木武夫　田中角栄を殺した男』（講談社＋α文庫、二〇一六年）
『日本国憲法を改正できない8つの理由』（ＰＨＰ文庫、二〇一七年）
『右も左も誤解だらけの立憲主義』（徳間書店、二〇一七年）
『真実の日米開戦　隠蔽された近衛文麿の戦争責任』（宝島社、二〇一七年）

歴代検事総長一覧

◆大審院詰・大検事／検事長／勅任検事

岸良兼養《きしらかねやす》	一八七五年六月七日〜一八八〇年一〇月二五日
鶴田《つるた》　皓《あきら》	一八八〇年七月二一日〜一八八一年一〇月二一日

◆大審院検事長

渡辺《わたなべ》　驥《すすむ》	一八八一年一〇月二四日〜一八八六年一月二一日
名村泰蔵《なむらたいぞう》	一八八六年一月二一日〜一八九〇年八月二一日
三好退蔵《みよしたいぞう》	一八九〇年八月二一日〜一八九〇年一〇月三一日

◆検事総長

三好退蔵《みよしたいぞう》	一八九〇年一一月一日〜一八九一年六月三日

松《まつ》岡《おか》康《やす》毅《たけ》　一八九一年六月五日～一八九二年八月二〇日

春《はる》木《き》義《よし》彰《あき》　一八九二年八月二三日～一八九八年六月二八日

横《よこ》田《た》国《くに》臣《おみ》　一八九八年六月二八日～一八九八年一〇月一五日

野《の》崎《ざき》啓《けい》造《ぞう》　一八九八年一一月四日～一九〇四年四月七日

横《よこ》田《た》国《くに》臣《おみ》　一九〇四年四月七日～一九〇六年七月三日

松《まつ》室《むろ》　致《いたす》　一九〇六年七月一二日～一九一二年一二月二一日

平《ひら》沼《ぬま》騏《き》一郎《いちろう》　一九一二年一二月二一日～一九一四年四月三〇日（親補職へ）
一九一四年五月一日～一九二一年五月三一日（親任官へ）
一九二一年六月一日～一九二一年一〇月五日

鈴《すず》木《き》喜《き》三郎《さぶろう》　一九二一年一〇月五日～一九二四年一月七日

小《こ》山《やま》松《まつ》吉《きち》　一九二四年一月七日～一九三二年五月二六日

林《はやし》 頼三郎《らいざぶろう》　一九三二年五月二八日～一九三五年五月一三日

光行次郎《みつゆきじろう》　一九三五年五月一三日～一九三六年一二月一八日

泉二新熊《もとじしんぐま》　一九三六年一二月一八日～一九三九年二月一五日

木村尚達《きむらしょうたつ》　一九三九年二月一五日～一九四〇年一月一六日

岩村通世《いわむらみちよ》　一九四〇年一月一七日～一九四一年七月二五日

松阪広政《まつざかひろまさ》　一九四一年七月二九日～一九四四年七月二二日

中野並助《なかのなみすけ》　一九四四年七月二四日～一九四六年二月八日

木村篤太郎《きむらとくたろう》　一九四六年二月八日～一九四六年五月二二日

　一九四六年六月一九日～一九四七年五月二日（認証官へ）

福井盛太《ふくいもりた》　一九四七年五月三日～一九五〇年七月一三日

佐藤《さとう》藤佐《とうすけ》	一九五〇年七月一四日～一九五七年七月二三日
花井《はない》　忠《ただし》	一九五七年七月二三日～一九五九年五月一二日
清原《きよはら》邦一《くにかず》	一九五九年五月一二日～一九六四年一月八日
馬場《ばば》義続《よしつぐ》	一九六四年一月八日～一九六七年一一月二日
井本《いもと》台吉《だいきち》	一九六七年一一月二日～一九七〇年三月三一日
竹内《たけうち》寿平《じゅへい》	一九七〇年三月三一日～一九七三年二月二日
大沢《おおさわ》一郎《いちろう》	一九七三年二月二日～一九七五年一月二五日
布施《ふせ》　健《たけし》	一九七五年一月二五日～一九七七年三月二〇日
神谷《かみや》尚男《ひさお》	一九七七年三月二三日～一九七九年四月一六日
辻《つじ》　辰三郎《たつさぶろう》	一九七九年四月一七日～一九八一年七月二二日

安原美穂《やすはらよしほ》　一九八一年七月二三日〜一九八三年一二月二日

江幡修三《えばたしゅうぞう》　一九八三年一二月二日〜一九八五年一二月一九日

伊藤栄樹《いとうしげき》　一九八五年一二月一九日〜一九八八年三月二四日

前田　宏《まえだひろし》　一九八八年三月二四日〜一九九〇年五月一〇日

筧　栄一《かけいえいいち》　一九九〇年五月一〇日〜一九九二年五月二六日

岡村泰孝《おかむらやすたか》　一九九二年五月二七日〜一九九三年一二月一二日

吉永祐介《よしながゆうすけ》　一九九三年一二月一三日〜一九九六年一月一六日

土肥孝治《どいたかはる》　一九九六年一月一六日〜一九九八年六月二三日

北島敬介《きたじまけいすけ》　一九九八年六月二三日〜二〇〇一年七月二日

原田明夫《はらだあきお》　二〇〇一年七月二日〜二〇〇四年六月二五日

松尾《まつお》邦弘《くにひろ》　二〇〇四年六月二五日～二〇〇六年六月三〇日

但木《ただき》敬一《けいいち》　二〇〇六年六月三〇日～二〇〇八年六月三〇日

樋渡《ひわたり》利秋《としあき》　二〇〇八年七月一日～二〇一〇年六月一七日

大林《おおばやし》 宏《ひろし》　二〇一〇年六月一七日～二〇一〇年一二月二七日

笠間《かさま》治雄《はるお》　二〇一〇年一二月二七日～二〇一二年七月二〇日

小津《おづ》博司《ひろし》　二〇一二年七月二〇日～二〇一四年七月一八日

大野《おおの》恒太郎《こうたろう》　二〇一四年七月一八日～二〇一六年九月五日

西川《にしかわ》克行《かつゆき》　二〇一六年九月五日～

◆検察庁・略年表

年	主な出来事	内閣	司法卿 司法大臣 法務総裁 法務大臣	大検事 大審院検事長 検事総長
明治四(一八七一)年	七・九　司法省設置			
明治五(一八七二)年	四・二五　初代司法卿に江藤新平が就任 八・三　司法職務定制 一一・二九　山城屋和助割腹自殺事件		江藤新平	
明治六(一八七三)年	四・一九　江藤、司法省を離れ参議に 五月　尾去沢銅山事件 五・二七　小野組転籍事件			
明治七(一八七四)年	二月　佐賀の乱 四・一三　江藤新平、斬首刑に処される		大木喬任	
明治八(一八七五)年	五・二四　大審院開庁 六・七　初代大検事(大審院詰)に岸良兼養			岸良兼養
明治九(一八七六)年				
明治一〇(一八七七)年	西南戦争			
明治一一(一八七八)年				
明治一二(一八七九)年				
明治一三(一八八〇)年			田中不二麿	鶴田皓
明治一四(一八八一)年	初代大審院検事長に渡辺驥		大木喬任	渡辺驥
明治一五(一八八二)年	一・一　刑法、治罪法施行			

	山田顕義		明治一六(一八八三)年		
			明治一七(一八八四)年		
伊藤①	山田顕義		明治一八(一八八五)年	一二・二二	初代内閣総理大臣に伊藤博文、初代司法大臣に山田顕義
		名村泰蔵	明治一九(一八八六)年		
			明治二〇(一八八七)年		
黒田			明治二一(一八八八)年		
			明治二二(一八八九)年	二・一一	大日本帝国憲法公布
山県①					
		三好退蔵	明治二三(一八九〇)年	一一・一	初代検事総長に三好退蔵
				一一・一	裁判所構成法、刑事訴訟法施行
				一一・二九	大日本帝国憲法施行
		松岡康毅	明治二四(一八九一)年	五・一一	大津事件
松方①					
	田中不二麿				
		春木義彰	明治二五(一八九二)年	七・二二	司法官弄花事件、懲戒裁判判決
伊藤②	山県有朋			八・二三	児島惟謙、依願免官
			明治二六(一八九三)年		
	芳川顕正				
			明治二七(一八九四)年	八・一	日清戦争
			明治二八(一八九五)年	四・一七	日清講和条約(下関条約)
松方②	清浦奎吾		明治二九(一八九六)年		
			明治三〇(一八九七)年		

伊藤③ 大隈① 山県②	曽禰荒助 大東義徹 清浦奎吾	横田国臣 野崎啓造	明治三一(一八九八)年	
			明治三二(一八九九)年	
伊藤④	金子堅太郎		明治三三(一九〇〇)年	
桂①	清浦奎吾		明治三四(一九〇一)年	
			明治三五(一九〇二)年	一・三〇　日英同盟
			明治三六(一九〇三)年	
		横田国臣	明治三七(一九〇四)年	二・一〇　日露戦争
			明治三八(一九〇五)年	
西園寺①	松田正久	松室致	明治三九(一九〇六)年	
			明治四〇(一九〇七)年	
桂②	千家尊福 岡部長職		明治四一(一九〇八)年	
			明治四二(一九〇九)年	四・一三　日糖事件強制捜査
			明治四三(一九一〇)年	五・二五　大逆事件 八・二二　韓国併合に関する日韓条約
西園寺②	松田正久		明治四四(一九一一)年	富くじ事件 八月　警視庁に特別高等課を設置 九・六　平沼騏一郎、司法次官に就任
			大正元(一九一二)年	

桂③	松室致			七・三〇	明治天皇崩御
		平沼騏一郎		一二・二一	平沼騏一郎、検事総長に就任
山本①	松田正久		大正二(一九一三)年		金屏風払い下げ事件
	奥田義人		大正三(一九一四)年		御料地買い上げ宮内大臣汚職疑惑
				一・二九	シーメンス事件強制捜査開始
大隈②	尾崎行雄			四・一六	山本権兵衛内閣総辞職
				七・二八	第一次世界大戦勃発
			大正四(一九一五)年	六・二七	大浦事件強制捜査
			大正五(一九一六)年	一・一二	大隈重信首相暗殺未遂事件
寺内	松室致				
			大正六(一九一七)年	一一月	ロシア革命
原	原敬		大正七(一九一八)年		
			大正八(一九一九)年	一・一八	パリ講和会議
	大木遠吉		大正九(一九二〇)年	一・一四	森戸辰男事件
			大正一〇(一九二一)年	二・一二	大本教事件(第一次)
				五・一八	裁判所構成法改正(検察官の定年制導入)
		鈴木喜三郎		一〇・五	平沼騏一郎大審院長
高橋				一一・四	原敬首相東京駅で刺殺
加藤	岡野敬次郎		大正一一(一九二二)年	五・五	刑事訴訟法改正
			大正一二(一九二三)年	四・一八	陪審法成立
山本②	平沼騏一郎			九・一	関東大震災
				一二・二七	摂政狙撃事件(虎ノ門事件)

清浦	鈴木喜三郎		大正一三(一九二四)年	五月	国本社設立
加藤	横田千之助	小山松吉			
	小川平吉		大正一四(一九二五)年	一・二〇	日ソ基本条約(ソ連との国交樹立)
	江木翼			四・二二	治安維持法
				一〇・二〇	朴烈事件
若槻①			昭和元(一九二六)年	二・二三	松島遊廓移転事件疑惑告発
				九・一八	京都学連事件予審結審(初の治安維持法適用)
				一二・二五	大正天皇崩御
田中	原嘉道		昭和二(一九二七)年		金融恐慌
			昭和三(一九二八)年	二・二〇	衆議院議員総選挙(初の普通選挙)
				三・一五	三・一五事件
				七・三	特別高等警察を全国に設置
			昭和四(一九二九)年	四・一六	四・一六事件
浜口	渡辺千冬				五私鉄疑獄事件
					世界恐慌始まる
			昭和五(一九三〇)年	四・二二	ロンドン海軍軍縮条約
				四・二五	衆議院で統帥権干犯問題
若槻②			昭和六(一九三一)年	九・一八	満洲事変
犬養	鈴木喜三郎				
	川村竹治		昭和七(一九三二)年	一・八	桜田門事件
斎藤	小山松吉			二・九	井上準之助射殺
				三・一	満州国建国

				三・五　血盟団事件
		林頼三郎		五・一五　五・一五事件
			昭和八（一九三三）年	三・二七　国際連盟脱退を通告
			昭和九（一九三四）年	二・一七　帝人事件強制捜査
岡田	小原直			
			昭和一〇（一九三五）年	二・一八　天皇機関説事件
		光行次郎		八・三　国体明徴に関する政府声明
				一〇・一五　国体明徴に関する政府声明（第二次）
				一二・八　大本教事件（第二次）
広田	林頼三郎		昭和一一（一九三六）年	二・二六　二・二六事件
		泉二新熊		一二・一二　西安事件
林	塩野季彦		昭和一二（一九三七）年	思想担当（司法省刑事局第五課）設置
近衛①				七・七　盧溝橋事件
				一二・一五　人民戦線事件検挙開始
				一二・一六　帝人事件、東京地裁無罪判決
			昭和一三（一九三八）年	四・一　国家総動員法
平沼		木村尚達	昭和一四（一九三九）年	一・五　平沼騏一郎内閣発足
				二・二八　河合栄治郎事件
				五・一一　ノモンハン事件
阿部	宮城長五郎			八・二八　平沼騏一郎内閣総辞職
米内	木村尚達	岩村通世	昭和一五（一九四〇）年	
近衛②	風見章			
	柳川平助			

内閣	法相	検事総長	年	月日	事項
		松阪広政	昭和一六(一九四一)年	一月	企画院事件捜査開始
近衛③	岩村通世			八・一四	平沼騏一郎狙撃事件
東条				一〇月	ゾルゲ事件
			昭和一七(一九四二)年	九・一一	横浜事件検挙(治安維持法違反)
			昭和一八(一九四三)年	一〇・二七	中野正剛割腹自殺(中野正剛事件)
小磯	松阪広政	中野並助	昭和一九(一九四四)年	六・二七	尾崎行雄不敬事件、大審院無罪判決
鈴木			昭和二〇(一九四五)年	八・一五	玉音放送(ポツダム宣言受諾を発表)
東久邇宮	岩田宙造			九月〜	平沼、岩村、松阪、塩野にA級戦犯容疑者指定
幣原					
				一〇・四	GHQによる人権指令
				一〇・一五	治安維持法廃止
				一二月	岩田法相、木内曽益を大審院検事に抜擢
		木村篤太郎	昭和二一(一九四六)年	一・四	公職追放令、思想事件関係者の公職追放
吉田①	木村篤太郎	福井盛太		五・三	極東国際軍事裁判所開廷(東京裁判)
				五・一九	食糧メーデー・プラカード事件
				六月	木内曽益、東京地裁検事正
				一一・三	日本国憲法公布(翌年五・三施行)
			昭和二二(一九四七)年	四・一六	裁判所法、検察庁法公布(五・三施行)
片山	鈴木義男			五・三	最高裁判所発足
				一一月	東京地検に隠退蔵事件捜査部新設
				一二・三一	内務省解体
			昭和二三(一九四八)年	二・一五	司法省廃止、法務庁発足。初代法務総裁に鈴木義男

芦田				四月	昭電疑獄事件衆議院で高橋英吉が質問
吉田②	殖田俊吉			一〇月	山崎首班工作事件
				一〇・一九	炭鉱国管疑獄捜査開始
				一一・一二	極東国際軍事裁判判決
				一二・七	芦田均(前首相)を逮捕
吉田③	殖田俊吉		昭和二四(一九四九)年	一・一	(新)刑事訴訟法施行
				五月	隠退蔵事件捜査部を改称、東京地検特捜部に
				六・一	法務庁を法務府に改称
				七・六	下山事件
				七・一五	三鷹事件
				八・一七	松川事件
				一〇・一	中華人民共和国建国
	大橋武夫		昭和二五(一九五〇)年	六・二五	朝鮮戦争勃発
				六・二八	大橋武夫法相に就任、木内騒動始まる
		佐藤藤佐		七月	レッドパージ開始、公職追放解除
			昭和二六(一九五一)年	三・六	木内曽益、検事を辞職
	木村篤太郎			一〇月	二重煙突事件
			昭和二七(一九五二)年	五・一	血のメーデー事件
				六・二四	吹田事件
				七・七	大須事件
				七・二一	破壊活動防止法公布・施行

				八・一	法務府を法務省に改称、初代法務大臣に
吉田④	犬養健				木村篤太郎
吉田⑤			昭和二八(一九五三)年	三月	保全経済会事件
			昭和二九(一九五四)年	一・二三	造船疑獄強制捜査
	加藤鐐五郎			四・二一	造船疑獄で犬養法相が指揮権発動
	小原直				
鳩山①	花村四郎				
鳩山②			昭和三〇(一九五五)年	一一・一五	自由民主党結党
鳩山③	牧野良三				
			昭和三一(一九五六)年	九月	競走馬輸入事件
					河井信太郎、東京地検から法務省総合研
					修所教官に左遷
石橋	中村梅吉			一〇・一九	日ソ共同宣言
		花井忠	昭和三二(一九五七)年	一・三〇	ジラード事件
岸①				一〇・一二	売春汚職事件強制捜査
	唐沢俊樹			一〇・二四	立松記者逮捕
岸②	愛知揆一		昭和三三(一九五八)年		
			昭和三四(一九五九)年	三・三〇	砂川事件伊達判決(無罪)、東京地検最高
		清原邦一			裁に跳躍上告
	井野碩哉			一二・一六	砂川事件最高裁判決(破毀差戻)
			昭和三五(一九六〇)年	一・一九	日米安保条約調印
				六・一〇	ハガチー事件(安保闘争)
				六・一七	河上丈太郎暗殺未遂事件

池田①	小島徹三			七・一四	岸信介前首相暗殺未遂事件
				一〇・一二	浅沼社会党委員長暗殺事件
池田②	植木庚子郎			一一月	岸本義広、衆議院議員選挙に当選。公職選挙法違反で検挙
			昭和三六（一九六一）年	三・二七	砂川事件　東京地裁（差戻審）有罪判決
				九・四	武州鉄道事件強制捜査
	中垣国男		昭和三七（一九六二）年		
池田③	賀屋興宣		昭和三八（一九六三）年	一二・七	砂川事件上告棄却（有罪確定）
		馬場義続	昭和三九（一九六四）年	一・八	馬場義続、検事総長に就任
佐藤①	高橋等			三月	岸本義広、公職選挙法違反で有罪判決（大阪地裁堺支部）
			昭和四〇（一九六五）年	三・一五	東京都議会汚職
	石井光次郎			四・二三	吹原産業事件
			昭和四一（一九六六）年	八・五	田中彰治事件強制捜査
				一〇・二六	全逓中郵事件判決
				一二・八	共和製糖事件強制捜査
	田中伊三次			一二・二七	黒い霧解散
佐藤②	赤間文三		昭和四二（一九六七）年	一〇・三〇	日通事件強制捜査
		井本台吉		一一・二五	大阪タクシー汚職強制捜査
			昭和四三（一九六八）年	九・二	花蝶事件発覚
	西郷吉之助			一〇月	栃木実父殺害事件
			昭和四四（一九六九）年	五・二九	栃木実父殺害事件、宇都宮地裁判決、検察控訴

佐藤③	小林武治	竹内寿平	昭和四五(一九七〇)年	三・三一	日航機「よど号」ハイジャック事件
	植木庚子郎		昭和四六(一九七一)年	五・一二	栃木実父殺害事件、東京高裁実刑判決
	前尾繁三郎				
			昭和四七(一九七二)年	二・一九	連合赤軍浅間山荘事件
				三・二七	沖縄密約漏洩事件(西山事件)
田中①	郡祐一			七・七	第一次田中角栄内閣
田中②	田中伊三次			九・二九	日中国交正常化
		大沢一郎	昭和四八(一九七三)年	三月	殖産住宅巨額脱税事件
	中村梅吉			四・四	最高裁、尊属殺重罰規定違憲判決
	浜野清吾				
三木	稲葉修		昭和四九(一九七四)年		
		布施健	昭和五〇(一九七五)年	八・四	クアラルンプール事件
			昭和五一(一九七六)年	二・二四	ロッキード事件強制捜査
				七・二七	ロッキード事件で田中角栄(前首相)逮捕
福田	福田一			八・四	鬼頭判事補ニセ電話事件
	瀬戸山三男	神谷尚男	昭和五二(一九七七)年	九・二八	ダッカ事件
			昭和五三(一九七八)年		
大平①	古井喜實				
			昭和五四(一九七九)年	一・九	ダグラス・グラマン事件捜査開始
		辻辰三郎		五・一五	ダグラス・グラマン事件捜査終結
大平②	倉石忠雄				
鈴木	奥野誠亮		昭和五五(一九八〇)年		
	坂田道太	安原美穂	昭和五六(一九八一)年		

中曽根①	秦野章		昭和五七(一九八二)年		
			昭和五八(一九八三)年	七・一五	免田事件(再審)無罪判決
				一〇・一二	ロッキード事件(丸紅ルート)東京地裁、田中角栄に実刑判決
中曽根②	住栄作	江幡修三		一一・二八	田中判決解散
			昭和五九(一九八四)年	三・一二	財田川事件(再審)無罪判決
	嶋崎均			七・一一	松山事件(再審)無罪判決
	鈴木省吾	伊藤栄樹	昭和六〇(一九八五)年		
			昭和六一(一九八六)年	五・一	撚糸工連事件強制捜査
中曽根③	遠藤要			七・六	平和相互銀行事件
				一一月	共産党緒方国際部長盗聴事件発覚
			昭和六二(一九八七)年	七・二九	ロッキード事件(丸紅ルート)東京高裁、控訴棄却
竹下	林田悠紀夫				
		前田宏	昭和六三(一九八八)年	一・三〇	砂利船事件強制捜査
				九・五	リクルート事件追及の手を緩める代わりに金銭を渡そうとする一部始終を隠し撮りした映像が全国放送される
				九・八	楢崎衆院議員、リクルート事件を刑事告発
	長谷川峻				
	高辻正己			一二・二四	消費税等関連法案成立

宇野	谷川和穂		平成元(一九八九)年	一・七	昭和天皇崩御
海部①	後藤正夫			四・二五	竹下首相辞任表明
				六・三	宇野宗佑内閣発足
				八・一〇	第一次海部俊樹内閣発足
海部②	長谷川信	筧栄一	平成二(一九九〇)年		新庁舎(中央合同庁舎第六号館)竣工
	梶山静六				
	左藤恵				
			平成三(一九九一)年	二月	バブル経済崩壊
宮沢	田原隆			七・二三	イトマン事件
	後藤田正晴			一二・二六	ソ連崩壊
		岡村泰孝	平成四(一九九二)年	一・一四	共和汚職事件
				九・二八	東京佐川急便事件で金丸信を略式起訴
					検察庁の石碑に黄色いペンキ投げつけられる
				一一・五	〝ほめ殺し〟調書朗読
			平成五(一九九三)年	三・六	金丸信、脱税容疑で逮捕
				六・二九	ゼネコン汚職事件強制捜査
細川	三ヶ月章			八・九	細川連立内閣発足
		吉永祐介		一二・一三	吉永祐介、検事総長に就任
				一二・一六	田中角栄死去
羽田	永野茂門		平成六(一九九四)年	三・一一	ゼネコン汚職　中村喜四郎前建設相を逮捕
	中井洽				
村山	前田勲男		平成七(一九九五)年	二・二二	ロッキード事件、最高裁、公訴棄却

	田沢智治 宮澤弘			三・二〇　地下鉄サリン事件 五・一〇　二信組事件強制捜査 一二・六　二信組事件　山口敏夫元労相を逮捕
橋本① 橋本②	長尾立子 松浦功	土肥孝治	平成八（一九九六）年	八月　薬害エイズ事件
			平成九（一九九七）年	一・二八　オレンジ共済会事件強制捜査 三・二五　総会屋に対する利益供与事件
			平成一〇（一九九八）年	二・一八　新井将敬衆院議員に逮捕許諾請求、翌日自殺 三・五　大蔵省接待汚職事件強制捜査 五月　防衛庁調達実施本部背任事件 一〇・二九　中島洋次郎事件（政党助成法違反）
小渕	下稲葉耕吉 中村正三郎 陣内孝雄 臼井日出男	北島敬介	平成一一（一九九九）年	四・九　則定衛東京高検検事長（当時）女性問題発覚 四・一四　光市母子殺害事件
森① 森②	保岡興治 高村正彦		平成一二（二〇〇〇）年	七・一　金融庁発足
小泉①	森山眞弓	原田明夫	平成一三（二〇〇一）年	一・六　中央省庁再編 三・一　KSD事件、村上正邦元労相ら逮捕 九・一一　アメリカ同時多発テロ事件
			平成一四（二〇〇二）年	六・一九　鈴木宗男衆院議員、収賄容疑で逮捕
	野沢太三		平成一五（二〇〇三）年	三・七　衆院議員坂井隆憲を政治資金規正法違反で逮捕

小泉②	南野知恵子	松尾邦弘	平成一六(二〇〇四)年	四月	日歯連ヤミ献金事件
小泉③	杉浦正健		平成一七(二〇〇五)年	七月	橋梁談合事件
			平成一八(二〇〇六)年	一・二三	ライブドア事件
安倍①	長勢甚遠	但木敬一		六・五	村上ファンド事件
			平成一九(二〇〇七)年	一・一九	氷見事件、誤認逮捕が実刑服役後に発覚
				二・二三	志布志事件、鹿児島地裁、被告人全員に無罪判決
福田	鳩山邦夫			六・二八	朝鮮総連本部ビル売却事件
				一一・二八	山田洋行事件、前防衛事務次官守屋武昌ら逮捕
	保岡興治	樋渡利秋	平成二〇(二〇〇八)年	四・二二	光市母子殺害事件、広島高裁死刑判決
麻生	森英介		平成二一(二〇〇九)年	三・三	西松建設政治献金疑惑、小沢一郎の第一公設秘書らを逮捕
				五・二一	裁判員制度施行、検察審査会の決定に法的拘束力
鳩山	千葉景子			六・一四	厚労省官僚の村木厚子を虚偽有印公文書作成等の容疑で逮捕
菅	柳田稔	大林宏	平成二二(二〇一〇)年	九・一〇	大阪地裁、村木厚子に無罪判決
				一〇月	村木事件で証拠改竄をした大阪地検特捜部前田恒彦、特捜部部長大坪弘道ら逮

	仙谷由人				捕・起訴
		笠間治雄		一二・二七	大林宏検事総長、伊藤鉄男次長検事が引責辞任
	江田五月		平成二三（二〇一一）年	一月	小沢一郎・民主党元代表、陸山会事件で検察審査会の議決に基づく強制起訴
				三・一一	東日本大震災
野田	平岡秀夫				
	小川敏夫 滝実		平成二四（二〇一二）年	二・二〇	光市母子殺害事件、最高裁、被告人の上告棄却、死刑確定
	田中慶秋			四・一	判検交流人事廃止
	滝実	小津博司	平成二五（二〇一三）年	九・九	東京地検、東電福島原発事故で菅直人元首相ほか関係者全員を不起訴処分
安倍②	谷垣禎一			七・二九	窃盗事件で誤認逮捕発覚。大阪地検堺支部次席検事が謝罪
				一一月	徳洲会グループによる公職選挙法違反事件立件
	松島みどり 上川陽子	大野恒太郎	平成二六（二〇一四）年	五・三〇	内閣官房に内閣人事局設置
安倍③					
	岩城光英		平成二七（二〇一五）年	三・五	藤井浩人美濃加茂市長受託収賄罪事件名古屋地裁、無罪判決

			平成二八(二〇一六)年	五・二	田母神俊雄公職選挙法違反で東京地裁に起訴
	金田勝年			七・二	田母神俊雄(横領容疑)不起訴処分
		西川克行	平成二九(二〇一七)年	五・二二	田母神俊雄に東京地裁、執行猶予付有罪判決
	上川陽子				
安倍④				一一・二八	藤井美濃加茂市長に名古屋高裁、有罪判決
				一二・一一	藤井美濃加茂市長に最高裁、上告棄却
				一二・一八	藤井美濃加茂市長、最高裁に上告棄却異議申立

倉山満（くらやまみつる）
1973年香川県生まれ。憲政史家。中央大学大学院文学研究科日本史学専攻博士後期課程単位取得満期退学。大学講師やシンクタンク所長などを経て現職。現在は著述業の他、インターネット上で大日本帝国憲法を学ぶ「倉山塾」、毎日YouTubeで配信している動画番組「チャンネルくらら」を主宰。主な作品に『検証 財務省の近現代史』（光文社新書）、『嘘だらけの日米近現代史』（扶桑社新書）、『国際法で読み解く世界史の真実』（PHP新書）、『大間違いの織田信長』（KKベストセラーズ）などがある。

検証《けんしょう》 検察庁《けんさつちょう》の近現代史《きんげんだいし》

2018年3月20日初版1刷発行
2018年4月10日　2刷発行

著　者 —— 倉山満
発行者 —— 田邉浩司
装　幀 —— アラン・チャン
印刷所 —— 堀内印刷
製本所 —— フォーネット社
発行所 —— 株式会社光文社
東京都文京区音羽1-16-6(〒112-8011)
https://www.kobunsha.com/
電　話 —— 編集部03(5395)8289　書籍販売部03(5395)8116
業務部03(5395)8125
メール —— sinsyo@kobunsha.com

落丁本・乱丁本は業務部へご連絡くだされば、お取替えいたします。
 ISBN 978-4-334-04341-4

935
検証 検察庁の近現代史
倉山満

国民の生活に最も密着した権力である司法権。警察を上回る権限を持つ検察とはいかなる組織なのか。注目の憲政史家が、一つの官庁の歴史を通して日本の近現代史を描く渾身の一冊。

978-4-334-04341-4

936
最強の栄養療法「オーソモレキュラー」入門
溝口徹

がん、うつ、アレルギー、発達障害、不妊、慢性疲労…etc. 全ての不調を根本から改善し、未来の自分を変える「食事と栄養素の力」とは。日本の第一人者が自身や患者の症例を交え解説。

978-4-334-04342-1

937
住みたいまちランキングの罠
大原瞠

便利なまち、「子育てしやすい」をアピールするまち、イメージのよいまち、ランキング上位の住みたいまちは、本当に住みやすいのか？ これまでにない、まち選びの視点を提示。

978-4-334-04343-8

938
空気の検閲
大日本帝国の表現規制
辻田真佐憲

エロ・グロ・ナンセンスから日中戦争・太平洋戦争時代まで、大日本帝国期の資料を丹念に追いながら、一言では言い尽くせない、摩訶不思議な検閲の世界に迫っていく。

978-4-334-04344-5

939
藤井聡太はＡＩに勝てるか？
松本博文

コンピュータが名人を破り、今や人間を超えた。しかし藤井はじめ天才は必ず現れ、歴史を着実に塗り替えていく。奇蹟の中学生とコンピュータの進化で揺れる棋界の最前線を追う。

978-4-334-04345-2